Carl Beseke

Der Nord-Ostsee-Kanal, seine Entstehungsgeschichte, sein Bau und seine Bedeutung

EHV
HISTORY

Carl Beseke

Der Nord-Ostsee-Kanal, seine Entstehungsgeschichte, sein Bau und seine Bedeutung

ISBN/EAN: 9783955640712

Auflage: 1

Erscheinungsjahr: 2013

Erscheinungsort: Bremen, Deutschland

EHV
HISTORY

Der Nord-Ostsee-Kanal.

Seine

Entstehungsgeschichte, sein Bau und seine Bedeutung

in

wirthschaftlicher und militärischer Hinsicht.

Von

C. Beseke.

Mit drei Karten, sowie zahlreichen Skizzen, Tabellen und graphischen Darstellungen.

Vorwort.

Die hohe Bedeutung, welche der vom Deutschen Reiche zur Verbindung der Nord- und Ostsee erbaute Nord-Ostsee-Kanal für die maritime Wehrkraft des Reiches sowohl, als auch für seine Handelsschiffahrt hat, ließ es dem Verfasser angezeigt erscheinen, eine zusammenfassende Darstellung über die Vorgeschichte, die Bauausführung und die endgültige Gestaltung dieses See-Kanals zu versuchen.

Besondere Anregung hierzu gab das Interesse, welches ersichtlich gegenüber allen Mitteilungen sich kund that, die dies Bauwerk und seine Ausführung betrafen und von Zeit zu Zeit in der Presse gegeben wurden. Handelte es sich doch hier um die Herstellung eines Werkes auf dem Gebiete des Wasserbaues, wie es in ähnlich großartigen Maßverhältnissen und von annähernd so weitreichender Bedeutung in Deutschland bisher nicht seines Gleichen hat. Ja selbst die hervorragendsten theils fertigen, theils in Angriff genommenen Kanalbauten alter und neuer Zeit in irgend welchen Staaten oder Welttheilen stehen meist in Hinsicht der Längenausdehnung des Baues, und immer in Betracht der für die große Seeschiffahrt geeigneten Abmessungen ihres Querschnitts hinter dem Nord-Ostsee-Kanal zurück.

Neben der Bedeutung des Kanals in Betreff seiner Einwirkungen auf die Kriegsmarine sowie auf Handel und Verkehr weiterer, auch nichtdeutscher Gebiete, bildet die Art und Weise seiner Bauausführung sowie die Gestaltung der Arbeiterverhältnisse bei demselben großes Interesse, da auf diesem Gebiete ein Theil der Sozialpolitik des Deutschen Reiches mit Erfolg von Staats wegen in die Praxis übertragen worden ist.

Die nachfolgende Darstellung strebt, soweit dies dem Verfasser zur Zeit möglich war, umfassend und möglichst erschöpfend zu sein. Nichtsdestoweniger werden sich im Verlaufe der bis Mitte 1895 dauernden Bauausführung des Kanals, theils infolge kleiner Änderungen im Bau- oder Arbeitsplan, theils weil die zukünftige Gestaltung des Betriebs zur Zeit noch nicht feststeht, hier und da Abweichungen bemerkbar machen, die nach Möglichkeit nachgetragen oder bei einer Wiederholung der Herausgabe berücksichtigt werden sollen. Als Grundlage für die vorliegende Darstellung haben theils die Projekte für einen Seekanal zwischen Ost- und Nordsee aus früheren Jahrhunderten bis auf die neueste Zeit, insbesondere eine zusammenfassende Arbeit des um das Zustandekommen des Nord-Ostsee-Kanals hochverdienten Schiffsrheders H. Dahlström, sodann die veröffentlichten amtlichen Pläne und Verdingungsausschreibungen der kaiserlichen Kanal-Kommission in Kiel und schließlich mehrere eigene militärische, wirthschaftliche und kartographische Arbeiten des Verfassers über den Gegenstand gedient.

Bei Darstellung eines so vielgestaltigen, nach Ursache und Wirkung in die verschiedensten Gebiete hineinragenden Werkes kann es selbstverständlich nicht ausbleiben, daß hier und da noch Lücken bemerkbar werden. In solchem Falle bitte ich um gütige Nachsicht und Benachrichtigung, um später etwa erforderliche Ergänzungen vornehmen zu können.

Kiel, im Januar 1893.

C. Beseke.

Inhaltsverzeichnis.

Anlagen.

Kartenblatt 1: Die Strandungen in den Meeresteilen zwischen Nord- und Ostsee mit 4 Diagrammen.

Kartenblatt 2: I. Schematische Vergleichung zwischen Eiderkanal und Nord-Ostsee-Kanal.

II. Zum Schiffstonnen-Verkehr zwischen Nord- und Ostsee.

III. Die Norddeutschen Wasserstraßen.

IV. Graphische Darstellung des Sundverkehrs nach Schiffszahl, Tonnengehalt und Schiffsgrößen.

Kartenblatt 3: Lageplan des Nord-Ostsee-Kanals, nebst seinen Endschleusen, Längen- und Querprofilen.

Quellen.

Neben einigen eigenen, im Druck erschienenen volkswirtschaftlichen und kartographischen Arbeiten des Verfassers über den Kanal (Festschrift zur Grundsteinlegung u. a.) und über die Kriegsmarine haben als Quelle gedient:

1. Die amtlich veröffentlichten Pläne und Ausschreibungen der Kaiserlichen Kanalkommission in Kiel.
2. Mehrere Monatshefte zur Statistik des Deutschen Reichs.
3. „Der Nord-Ostseekanal", „Die Ertragsfähigkeit eines Schleswig-Holsteinischen Seekanals" und „Erläuterungsberichte zu den generellen Vorarbeiten für den Bau des Nord-Ostsee-Kanals", alle drei von H. Dahlström, Verlag von L. Friederichsen & Co. Hamburg.
4. Die amtlichen Reichstagsdrucksachen, sowie Baensch: Vom Bau des Nord-Ostsee-Kanals, aus dem „Centralblatt der Bauverwaltung".
5. „Kiel und der Nord-Ostsee-Kanal" von August Sartori, Geheimer Kommerzienrat, Kiel 1890.
6. „Die Kieler Schiffswerften" von Prof. Busley, Zeitschrift des Vereins deutscher Ingenieure.
7. Strandings in the Danish Waters 1858—1885 compiled by J. S. Hohlenberg, Copenhagen, 1887, Jacob Lund.
8. Einige Zeitungsberichte.

I.

Vorgeschichte des Nord-Ostsee-Kanals.

(Vergleiche die Karte der früheren Kanalprojekte auf Seite 8.)

Große Unternehmungen sind nicht das Produkt des Augenblickes, und wie der Suez- und Panama-Kanal, so hat auch der Nord-Ostsee-Kanal seine Geschichte. Das Streben, die Nordsee mit dem Baltischen Meere durch eine der See-Schiffahrt dienende Wasserstraße zu verbinden, ist nachweislich über ein halbes Jahrtausend alt. Wenn man die ältesten Versuche, durch binnenländische Verbindungen von Flußläufen einen umständlichen indirekten Wasserweg zwischen den genannten Meeren herzustellen, außer Acht läßt, da dieselben ja keineswegs auf Schaffung eines der See-schiffahrt dienenden Wasserweges abzielten, so können wir als erste Unternehmungen bezw. Projekte, die gleichsam als Vorläufer des gegenwärtig im Bau befindlichen Kanals anzusehen sind, doch eine recht erkleckliche Anzahl in den letzten fünf Jahrhunderten verzeichnen. Und dies ist nur naturgemäß, denn einerseits war eine unmittelbare Verbindung der an den einander sehr nahe benachbarten Küsten von Nord- und Ostsee belegenen Handelsplätze untereinander wie mit dem Stromgebiete Deutschlands an sich schon äußerst wünschenswerth, andererseits bot der weite Umweg um die Nordspitze der jütischen Halbinsel der durchgehenden Schiffahrt zwischen Nord- und Ostsee soviel Unbequemlichkeiten, Zeitverluste und Gefahren, daß deren Umgehung von großem wirthschaftlichen Nutzen für die betreffenden Kreise sein mußte.

Die ältesten Angaben, welche von der Entstehung des Planes einer solchen Verbindung auf uns gekommen sind, reichen bis in das 14. Jahrhundert zurück. Bei den Handelsverhältnissen und dem Stande der Technik jener Zeit konnte ein Wasserweg für den Waarentransport, welcher durch Verbindung von zwei, mit ihren Wasserscheiden zwischen der Nord- und Ostsee liegenden Flußgebieten hergestellt wurde, allerdings nur als reine Handelsstraße, als Zubringer für den Seeverkehr beider Küstenstrecken gelten. Je mehr aber in neueren Zeitläuften der Werth der Zeit sich praktisch geltend machte, um so empfindlicher wurden die Unvollkommenheiten der Passage durch den nicht immer strömungsfreien Sund und um Skagen herum bemerkbar. Dann traten noch als besonders treibender Umstand die namentlich nach der Wiederaufrichtung des Deutschen Reiches ins Gewicht fallenden militärischen Interessen hinzu, die schließlich, nachdem schon zu Ende der vierziger Jahre eine äußerst lebhafte Bewegung für die Herstellung eines Marinekanals zwischen Nord- und Ostsee entfacht war, etwa vier Jahrzehnte später den endgültigen Anstoß zur Inangriffnahme des gegenwärtigen Baues gaben.

Von früheren, zum allergrößten Teil unausgeführt gebliebenen Kanalprojekten sind seit dem 16. Jahrhundert nicht weniger wie 16 Pläne zu verzeichnen, von denen 9 in die Zeit von 1863 bis 1881 fallen. In chronologischer Ordnung sind dies die folgenden Projekte:

1) Der Stecknitz-Kanal; er war der älteste, wenn auch indirekte Wasserweg zwischen Nord- und Ostsee. Derselbe verbindet die Stecknitz, einen rechten Nebenfluß der Trave, mit der Delvenau, einem rechten Nebenflüßchen der Elbe, und also mittelbar Lübeck über Mölln und Lauenburg mit Hamburg, der Unterelbe und der Nordsee. Der Kanal wurde 1391—98, also vor etwa einem halben Jahrtausend, von Lübeck erbaut, allerdings nur um dem Binnenverkehr der beiden mächtigen Hansastädte zu dienen. Er hatte für die Seeschiffahrt gar keine Bedeutung, denn seine Tiefe ist nur für flachgehende Fahrzeuge der Binnenschiffahrt berechnet. Es ist bekannt, daß man sich in Lübeck seit längerer Zeit ernsthaft mit einer gründlichen Korrektur und einem Ausbau dieser für Lübeck eventuell sehr wichtig werdenden Wasserstraße trägt. Der Stecknitz-Kanal, der noch heute der Schiffahrt dient, ist eine der ältesten bestehenden Kanalverbindungen Europas.

Als um die Mitte des sechzehnten Jahrhunderts das damals unter der Herrschaft Cromwells stehende England eine Kanalverbindung von Wismar durch den Schweriner See nach der Elbe plante, suchte sich Lübeck mit der holländischen Republik zu dem Zwecke zu verbinden, auf gemeinschaftliche Kosten und zu gemeinsamem Nutzen den Stecknitzkanal so weit auszubauen, daß derselbe auch für Seeschiffe geeignet werde. Als die Holländer auf diesen Plan eingingen und drei Baumeister nach Lübeck sandten, veranlaßte die dänische Regierung im Hinblick auf die für die Sundschiffahrt drohende Konkurrenz den Herzog von Lauenburg, durch dessen Gebiet der Kanal geführt werden mußte, die ihm seitens Lübeck gemachten Vorschläge abzulehnen. Dadurch wurde die Erweiterung des Stecknitz-Kanals zu einer Seeschiffahrtsstraße vereitelt.

Eine zweite und direktere Verbindung zwischen Lübeck und Hamburg kam dann vermittelst

2) des Alster-Kanals im Jahre 1525 zu Stande, der die Beste, ein rechtes Nebenflüßchen der bei Lübeck mündenden Trave, mit der in Hamburg in die Elbe mündenden Alster verbindet. Die Herrlichkeit dauerte jedoch nicht lange, denn nach kaum 25 Jahren ließ der anwohnende Besitzer der Güter Borstel und Jersbeck, Detlev von Buchwald, bei Gelegenheit eines Streites um Landbesitz den Kanal einfach zuschütten. Die kleinen Dimensionen des Kanals erleichterten dies Verfahren allerdings sehr, denn der Kanal hatte kaum 3 Fuß Wassertiefe, er konnte nur als Barkenkanal bezeichnet werden. — Die Trace dieses Kanals, welcher eine natürliche, durch

die vorhandenen Flußläufe gegebene Verbindung vervollständigt, ist noch drei Mal in späteren Zeiten Gegenstand des Projekts gewesen. Im Jahre 1818 wurde eine, diese Kanallinie mit erweiterten Profilmaßen in Vorschlag bringende Arbeit des dänischen Kapitän von Justi und des Dr. Lorenzen von der „Hamburger Gesellschaft zur Beförderung der Künste und nützlichen Gewerbe" preisgekrönt. In den Jahren 1854 bis 1857 beschäftigte sich sodann eine Brüsseler Gesellschaft mit derselben Trace, jedoch erfolglos, da Dänemark die Wahl Travemünde's als Ostseemündung des Kanals nicht zuließ; und schließlich wurde noch im Jahre 1873 eine von Michaelis bearbeitete Kanallinie in derselben Richtung projektirt, die bei Teufelsbrück, unterhalb Altona, in die Elbe münden sollte. Alle diese Projekte kamen jedoch nicht zur Ausführung.

3) Eine Kanallinie Ribe-Kolding bzw. Ribe-Hadersleben wurde während der Regierungszeit des Königs Christian III. von Dänemark um 1539 und 1559 geplant. Diese Linie sollte genügende Profilmaße erhalten, um der Seeschiffahrt sowie den militärischen Interessen zu dienen. König Christian wollte durch den Kanal die Möglichkeit erhalten, jederzeit Schiffe aus der Nordsee nach dem Baltischen Meere zu ziehen, ohne die Passage um Skagen machen zu müssen. Da König Christian die drei nordischen Reiche unter seinem Szepter vereinigte, ihn die Gefahr einer Sperrung des Sunds also nicht zu dem Projekt nöthigen konnte, so muß man annehmen, daß die große Gefährlichkeit der Passage um Skagen die Ursache zu diesem Projekt gewesen ist. Der Kanal kam jedoch nicht zur Ausführung.

4) Die Linie Ballum-Apenrade wurde etwa hundert Jahre später von dem Nachfolger, Christian IV., projektiert; inzwischen hatten sich die politischen Verhältnisse in den drei nordischen Reichen wesentlich zu Ungunsten Dänemarks verschoben, Schweden war jederzeit in der Lage, den Sund zu sperren. — Aber trotzdem blieb auch diese Linie, welche, wenn ausgeführt, 11 Fuß Wassertiefe erhalten sollte, nur Projekt.

Die beiden unter 3 und 4 aufgezählten Linien sind diejenigen der kürzesten und der am meisten nördlich belegenen Projekte zur Durchstechung der jütischen Halbinsel. Der Vollständigkeit halber möge hier noch erwähnt werden, daß im Jahre 1626 Wallenstein einen Plan zur Verbindung von Ost- und Nordsee faßte, demzufolge eine sehr weit südlich und binnenländisch belegene, große Umwege nehmende Route gewählt wurde. Eine eigentliche Durchquerung der jütischen Halbinsel war hier nicht geplant, vielmehr sollte die Trace die schon einmal kurz erwähnte Linie von Wismar aus verfolgen. Thatsächlich sind Erdarbeiter zum Zweck der Inangriffnahme der Arbeiten bereits zusammengezogen gewesen, als Wallenstein, welcher „General der ganzen kaiserlichen Schiffsarmada zu Meer wie auch des Oceanischen und Baltischen Meeres General" war, von seinem Kommando entsetzt wurde, womit dies Projekt fiel.

Anscheinend dieselbe binnenländische Linie Wismar—Schweriner See—Elde—Elbe bei Boizenburg verfolgte ein von dem „Protektor der vereinigten Republik England, Schottland und Irland", Oliver Cromwell um die Mitte des siebzehnten Jahrhunderts entworfener Plan, behufs dessen Verwirklichung man Wismar den Schweden abkaufen wollte. Aber der 1658 erfolgende Tod Cromwells machte diesem Vorhaben ein Ende.

Von eigentlichen, eine direkte Nord-Ostsee-Verbindung anstrebenden Kanalprojekten, welche die jütische Halbinsel durchqueren sollten, sind dann weiter zu nennen

5) die Linie Tondern-Flensburg, welche im Jahre 1761 von dem bereits einmal genannten dänischen Kapitain von Justi vorgeschlagen wurde. Es ist dies noch eine der nördlichsten Linien, dieselbe blieb jedoch reines Projekt. Derselbe Urheber projektierte dann ferner eine Linie

6) Husum-Schleswig-Eckernförde, und zwar im Jahre 1761. Dieselbe Trace wurde dann 1848 von dem Deichinspektor Petersen bearbeitet, und im Jahre 1866 im Auftrage eines Kanalkomitees der interessirten Städte von dem holländischen Ingenieur Stieltjes umgearbeitet. Die hierbei in Betracht gezogenen Dimensionen (128 Fuß Breite im Wasserspiegel, 50 Fuß an der Sohle, 22 Fuß Tiefe) waren bereits solche, daß damit einem Durchgangsverkehr der Seeschiffahrt in erheblichem Maße Rechnung getragen war. Zur Ausführung kam jedoch auch dieses Projekt nicht. Inzwischen war nämlich der im Juni 1777 in Angriff genommene

7) Eider-Kanal im Jahre 1784 eröffnet worden, der im Auftrage des Königs Christian VII. gebaut war. Dieser Kanal, der zur Zeit noch besteht, hat eine noch um zwei Jahrhunderte weiter zurückreichende Geschichte. In einem Schreiben des Herzogs Adolf von Schleswig-Holstein-Gottorp an Kaiser Maximilian II. vom Jahre 1571 war bereits der Linie Erwähnung gethan, die 1784 zum Kanal benutzt wurde. Das Schreiben, welches sich auf der Universitätsbibliothek in Kiel befindet, empfahl nämlich diese Kanallinie mit folgenden Worten:

> „Vndt wirdt bei meiner Stadt Kiell an der Ost Sehe
> „belegen die gelegenheit erspuret vndt befunden, das man
> „einen graben vngefehrlich zweytausent Rutten lang eine
> „Schiffarth durch etzlichen Sehe vndt Awen bis In den
> „Wasserflusz, di Eider genandt, kant gemachet werden,
> „Welcher Wasserflusz an Im selbst Schiffreich ist vndt
> „in die West Sehe seinen Fall hat".

Hiermit ist schon genau die Linie bezeichnet, in welcher die Obereider vom Flemhuder See aus in der Thalsenkung der Levensau entlang über Knoop und Holtenau mit dem Kieler Hafen, und somit, da die Eider vom Flemhuder See westlich über Rendsburg und Tönning in die Nordsee fließt, die Ostsee mit der Nordsee verbunden werden könnte. Zwei Jahrhunderte später also, 1784, kam diese Kanalverbindung zu stande.

Nach dem aufgestellten Plane sollte dieser Kanal für alle Arten von Seeschiffen benutzbar sein, im Laufe der Ausführung ergaben sich aber

Schwierigkeiten, welche dazu führten, daß der Kanal in kleineren Maßen, als ursprünglich beabsichtigt, ausgeführt wurde. Der Kanal ist ein Schleusenkanal von ca. 7 m Scheitelhöhe, und zwar steigt derselbe von Holtenau nach dem Flemhuder See mittels dreier Schleusen bei Holtenau, Knoop und Rathmannsdorf hinauf und von da mittels zweier Schleusen bei Königsförde und Kluvensiek nach Rendsburg und dort vermittelst noch einer Schleuse nach der Untereider hinab. Die Untereider selbst steht unter dem Einflusse der sich bis Rendsburg bemerkbar machenden Flutbewegung der Nordsee. Die Wassertiefe des Kanals beträgt nur 3,5 m, seine obere Breite im Durchschnitt nur 31 m, so daß ihn nur die kleinsten Kanonenboote und Torpedofahrzeuge durchfahren können. Trotzdem er also einem Seeverkehr nur in höchst unvollkommenem Maße dient, weist er eine Frequenz von ca. 4500 Schiffen im Jahre auf. Der durch den Kanal geschaffene Wasserweg hat eine Länge von 172,7 Kilometern, seine Baukosten beliefen sich nach jetzigem Gelde auf 9 044 750 Mk., und es waren an ihm abwechselnd zwischen 2- und 3000 Arbeiter beschäftigt gewesen.

Obgleich der Eiderkanal wegen seiner Abmessungen für das Passiren der Seeschiffe nicht geeignet war und daher für den großen Verkehr und in politischer Beziehung nur eine untergeordnete Bedeutung hatte, so scheint doch die Ausführung desselben seiner Zeit, namentlich in England, großes Aufsehen erregt zu haben. Im Archive zu Hannover findet sich eine ganze Anzahl von Bänden, welche die über diesen Kanal geführten diplomatischen Verhandlungen, soweit diese Hannover betrafen, enthalten. Es geht daraus hervor, daß im Interesse des englischen Handels ein Konkurrenz-Unternehmen, bei welchem der alte Stecknitzkanal benutzt werden sollte, geplant wurde. Napoleon I., der Hannover durch französische Truppen besetzen ließ, vereitelte die Ausführung dieser Pläne.

Gegen Ende der siebenziger Jahre ließ die preußische Regierung Untersuchungen darüber anstellen, ob der schleswig-holsteinische Kanal sich in einen den Bedürfnissen des Handelsverkehrs und der Kriegsflotte entsprechenden Stand werde setzen lassen. Die Untersuchungen ergaben, daß dieser Plan, hauptsächlich mit Rücksicht auf die Unmöglichkeit, die vor der Eidermündung befindliche Barre zu beseitigen, unausführbar ist.

Ein ferneres, seinen Ausgang direkt in die Nordsee nehmendes Kanalprojekt, wie dies bei sämmtlichen (bis auf 1. und 2.) vorgenannten Projekten der Fall gewesen, ist

8) das Projekt Büsum-Eckernförde, im Jahre 1863 von Jessen als eine Abzweigung eines andern (des Christensenschen) Projekts entworfen. Wegen der unbrauchbaren Hafenverhältnisse bei Büsum hatte es jedoch von vornherein keine Aussicht auf Verwirklichung.

Die nun folgenden acht Projekte nehmen sämtlich ihren westlichen Ausgang an der Unterelbe, während die Ostmündungen zwischen Eckernförde, Kiel und der Lübecker Bucht hin- und herschwanken. Die Linie

9) Brunsbüttel-Rendsburg-Eckernförde, von dem Hafenorte Brunsbüttel an der Unterelbe ausgehend, wurde von den Gebrüdern

C. F. und H. Christensen im Jahre 1848 projektiert, hatte eine Länge von 87 km, Tiefe 24 Fuß, drei Schleusen und sollte nur 33 Millionen Mk. kosten.

10) Brunsbüttel-Kiel. Als im Jahre 1848 der deutsche Einheitsgedanke kräftig erwachte, wurde mit den Plänen zur Gründung einer deutschen Flotte auch der Gedanke der Durchstechung der jütischen Halbinsel wieder wachgerufen. Der Kieler Flotten-Ausschuß der damaligen deutschen Nationalversammlung beauftragte den Major Christensen mit der Aufstellung eines Projektes für einen Nord-Ostsee-Kanal. Nach dem Entwurfe desselben sollte der Kanal von Kiel über Westensee, Bokelholm, Lütjenwestedt, Hanerau, Hohenhörn und Burg führen und zwischen Brunsbüttel und Büttel an der Unterelbe enden. In dem Entwurfe waren indessen sechs Schleusen vorgesehen, wodurch die Brauchbarkeit des Kanals für Kriegszwecke natürlich sehr beeinträchtigt worden wäre. Die Tiefe des Kanals war auf 25 Fuß, seine Herstellungssumme auf ca. 80 Millionen Mark veranschlagt. Aber es waren nicht technische Mängel, wegen deren der Plan unausgeführt blieb, er scheiterte, wie auch der Gedanke an die Schöpfung einer deutschen Flotte, an der unseligen Zerrissenheit, aus der Deutschland damals noch nicht herauskommen konnte.

11) Auch das Projekt Störort-Kiel, von der Mündung der Stör in die Unterelbe ausgehend, wurde im Jahre 1849 von dem vorgenannten Kieler Flottenausschuß bearbeitet. Dieselbe Linie verfolgte ein in späterer Zeit von dem Engländer Dr. Bartling 1880 bearbeitetes Projekt, welches mit dem, dem schließlichen Regierungsprojekt zu Grunde liegenden Dahlström'schen in Konkurrenz trat. Wegen der ungünstigen Terrainverhältnisse, da diese Linie die höchsten Stellen des holsteinschen Höhenrückens durchschneiden mußte, kam es jedoch nicht weiter in Frage.

12) St. Margarethen-Haffkrug. Im Jahre 1860 nahm die dänische Regierung den Plan eines Nord-Ostsee-Kanals wieder auf. Es wurde damals von einem amerikanischen Ingenieur C. Hansen ein Entwurf aufgestellt für einen Kanal von der Neustädter Bucht (Haffkrug) über Cosebeck, Steenrade, Heidmühlen, Bramstedt und St. Margarethen (bei Brunsbüttel) zur Elbe. Die Tiefe des Kanals war zu 25 Fuß, die Baukosten waren bei nicht weniger als sieben Schleusen auf 141 Millionen Mark veranschlagt, also außerordentlich hoch. Diese Wasserstraße sollte in ähnlicher Weise wie der Suezkanal in völkerrechtlich verbindlicher Weise als eine neutrale anerkannt werden. Ehe diese Pläne indessen greifbarere Gestalt gewannen, starb König Friedrich VII. von Dänemark (15. November 1863) und die darauf folgenden Ereignisse führten die Lostrennung Schleswig-Holsteins von Dänemark und deren Wiedervereinigung mit Deutschland herbei, was auch auf die Kanalfrage einen wesentlichen Einfluß hatte.

13) Im Jahre 1863 projektierte J. Sturz die Linie Störort-Niendorf, ein rein lübeckisches Lokalprojekt, welches, an der enormen Länge von 121 km krankend, auch den alten Alster-Kanal (man sehe unter 2.) benutzen wollte. Nicht viel anders war es mit

14) dem Projekt St. Magarethen-Travemünde, welches von einer Lübecker Nord-Ostsee-Kanalkommission im Jahre 1865 in die Hand genommen wurde. Auch dieses war übermäßig lang, 124 km, und sollte 150 Millionen Mark kosten.

Hiermit ist die Aufzählung der mehr oder weniger unfruchtbaren Projekte, in denen jedoch eine große Summe von Vorarbeiten enthalten war, beendet, und wir haben nun nur noch diejenigen beiden Projekte anzuführen, aus deren Verschmelzung das endliche Regierungsprojekt hervorgegangen ist. Es ist dies zunächst die Linie:

15) St. Margarethen-Rendsburg-Eckernförde, ein im Jahre 1864 vom preußischen Oberbaurath Lentze bearbeitetes Projekt, welches in der Hauptsache den von den Gebrüdern Christensen 1848 bearbeiteten Projekten (siehe unter 9) sich anschloß. Oberbaurath Lentze führte die Vorarbeiten im Jahre 1864 im Auftrage des preußischen Handelsministeriums aus. Hier war zum erstenmal der Kanal als reiner Durchstich auf Meereshöhe, ohne Schleusen, deren die Gebrüder Christensen noch 3 vorgesehen hatten, projektiert, und nur an der Elbmündung sollte, wie ja unvermeidlich, ein Schleusensystem den Kanal gegen die Fluth- und Ebbebewegung der Nordsee abschließen. Die Schleusen sollten mit hydraulischer oder mit Dampf-Kraft betrieben werden. Die Kanaltiefe war auf 31 Fuß, die obere Breite auf 224, die Sohlenbreite auf 76 Fuß projektiert, also ganz bedeutende Dimensionen; die Länge würde ca. 85 km betragen haben, die Baukosten ca. 85 Millionen Mark. Da das preußische Kriegsministerium forderte, daß der Kanal an den Hafen von Kiel angeschlossen werden sollte, so wurde seine Ostmündung dementsprechend projektiert. Die preußische Regierung war damals (1865) geneigt, eine Gruppe großer Finanzfirmen zu unterstützen, welche sich erboten hatte, das Unternehmen unter staatlicher Betheiligung ins Werk zu setzen. Die Verhandlungen waren bereits soweit gediehen, daß in der Thronrede vom Januar 1866 die baldige Inangriffnahme des Kanals erwähnt und die Bereitstellung der erforderlichen Geldmittel in Aussicht genommen wurde. Diese Pläne kamen in Folge der politischen Ereignisse des Jahres 1866 nicht zur Ausführung. Daß die preußische und später die deutsche Regierung nach Beendigung der Kriege von 1866 und 1870/71 nicht rascher, als es geschehen, zur Ausführung des Kanalbaues schritten, lag hauptsächlich daran, daß man in den zuständigen Kreisen zunächst mehr eine wirkliche Verstärkung der Seestreitkräfte anstrebte, als eine mittelbare durch die Gewährung der Möglichkeit, die kleine vorhandene Flotte mit Benutzung eines Kanals bald in diesem, bald in jenem Meere verwenden zu können.

16) Die Kanallinie Brunsbüttel-Kiel wurde schließlich von dem Hamburger Schiffsrheder H. Dahlström im Jahre 1878 aufgenommen. Derselbe veröffentlichte damals eine Schrift unter dem Titel: „Die Ertragsfähigkeit eines schleswig-holsteinischen Seeschiffahrtskanals“ und erhielt von der preußischen Regierung die Erlaubnis, Vorarbeiten zu einem Kanal von Brunsbüttel über Rendsburg nach Kiel zu machen. Dahlström

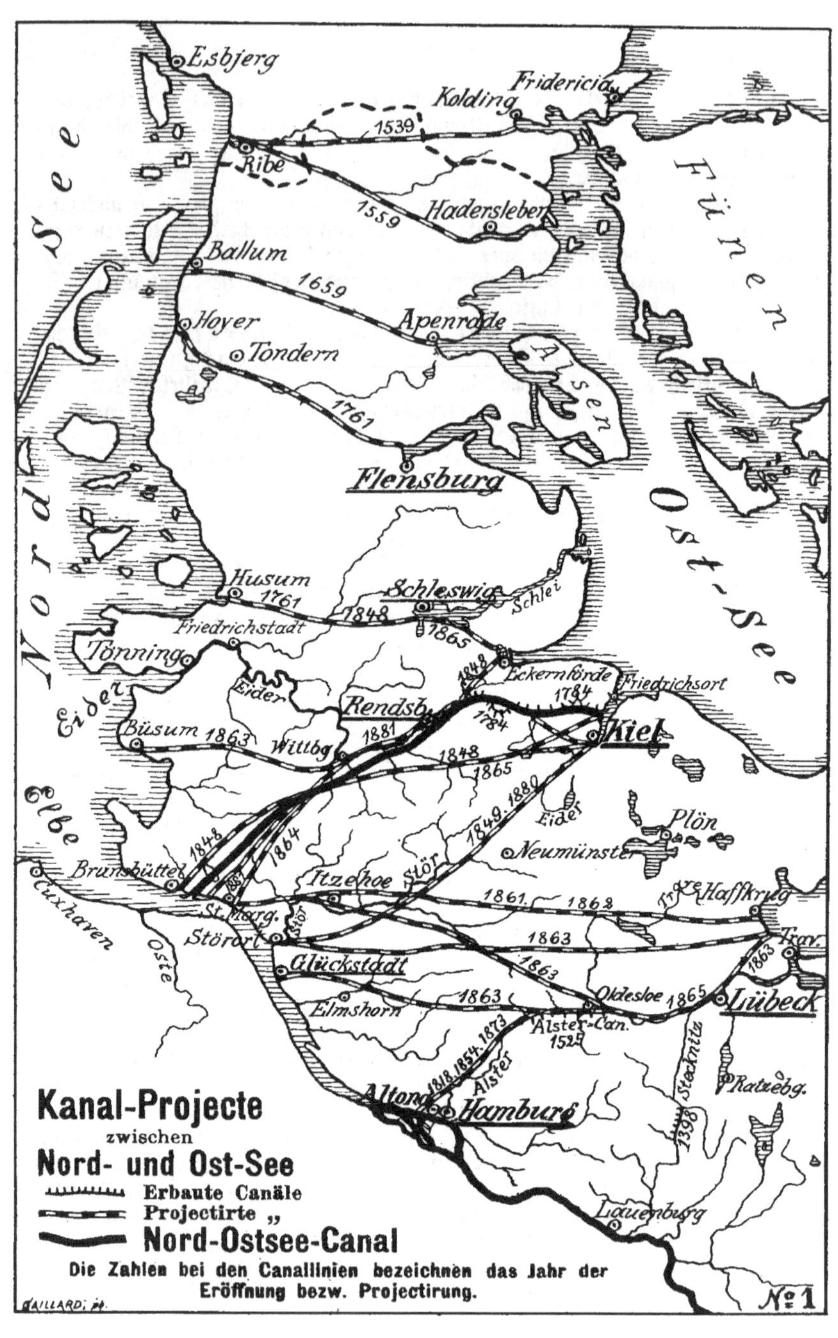
Kanal-Projecte
zwischen
Nord- und Ost-See
Erbaute Canäle
Projectirte „
Nord-Ostsee-Canal
Die Zahlen bei den Canallinien bezeichnen das Jahr der Eröffnung bezw. Projectirung.
№ 1
Nord See
Ost-See
Fünen
Alsen
Elbe
Eider
Esbjerg
Fridericia
Kolding
Ribe
Hadersleben
Ballum
Hoyer
Tondern
Apenrade
Flensburg
Husum
Schleswig
Schlei
Friedrichstadt
Tönning
Eckernförde
Friedrichsort
Rendsb.
Kiel
Büsum
Wittbg.
Plön
Neumünster
Brunsbüttel
Cuxhaven
Itzehoe
Stör
St. Marg.
Störort
Glückstadt
Elmshorn
Oldesloe
Lübeck
Haffkrug
Trave
Trav.
Alster-Can.
Alster
Altona
Hamburg
Stecknitz
Ratzebg.
Lauenburg
Oste
1539
1559
1659
1761
1848
1865
1784
1863
1881
1864
1849. 1880
1861
1862
1525
1818. 1854. 1873
1398

beabsichtigte ursprünglich unter Betheiligung Preußens oder des Deutschen Reiches mit einem Zuschusse à fonds perdu eine Aktiengesellschaft zu bilden, da die Ausführung des Kanals damals durch den preußischen Staat oder das Reich ausgeschlossen erschien. Die von Dahlström alsbald mit Hülfe des Wasserbauinspektors Boden gefertigten Vorarbeiten wurden 1881 der preußischen Regierung eingereicht, und bildeten sodann die Grundlage zu dem definitiv zur Ausführung gelangenden Reichsprojekt des Nord-Ostsee-Kanals. Nach dem Dahlström'schen Entwurf*) sollte der Kanal von Brunsbüttel über Wittenberge, Rendsburg, Steinrade und Knoop nach Holtenau an der Kieler Bucht führen und im Ganzen eine Länge von 98,7 km erhalten. Der Entwurf wurde in wiederholten Berathungen in den Jahren 1881, 1883 und 1884 von preußischen und Reichsbehörden eingehender Prüfung in militärischer, wirthschaftlicher und baulicher Beziehung unterworfen und nachdem er, soweit dies erforderlich erschien, abgeändert worden war, der Vorlage an die gesetzgebenden Körperschaften — Reichstag und preußischer Landtag — zu Grunde gelegt. Das Projekt war von Dahlström als reiner Durchstich auf Meereshöhe entworfen, und der Kanal sollte nur mit Endschleusen bei Kiel und an der Elbe gegen die wechselnden Wasserstände versehen werden.

Mit vorstehender Aufzählung ist die Reihe derjenigen Projekte, welche dem schließlich zur Ausführung gekommenen Nord-Ostsee-Kanal vorhergingen, gegeben. Die auf Seite 8 abgedruckte Karte bietet nun eine bildliche Übersicht über die zahlreichen verschiedenen, zur Durchstechung der jütischen Halbinsel geplanten Kanallinien, einschließlich der definitiven Linie des Nord-Ostsee-Kanals. Bezüglich des Näheren wird auf die Zeichenerklärung in der Karte verwiesen.

II.

Das Reichs-Kanalprojekt.

Die Versuche Dahlströms zur Bildung einer Aktien-Gesellschaft behufs Herstellung des Nord-Ostsee-Kanals scheiterten, bezw. kamen nicht zum Abschluß, da inzwischen die Reichsregierung den Bau in die Hand zu nehmen beschloß. So entstand

das Reichs-Kanalprojekt, welches zur Ausführung des gegenwärtigen Nord-Ostsee-Kanals hinleitete. Am 19. October 1883 befahl der Kaiser in einem Erlaß an den Reichskanzler die erneute Anstellung von Untersuchungen für die Ausführung eines Kanalbaues zwischen Kiel und der Unterelbe. Die hierauf von den betheiligten Behörden des

*) H. Dahlström, Erläuterungsberichte zu den generellen Vorarbeiten für den Bau des Nord-Ostsee-Kanals. Hamburg 1881. L. Friederichsen u. Co.

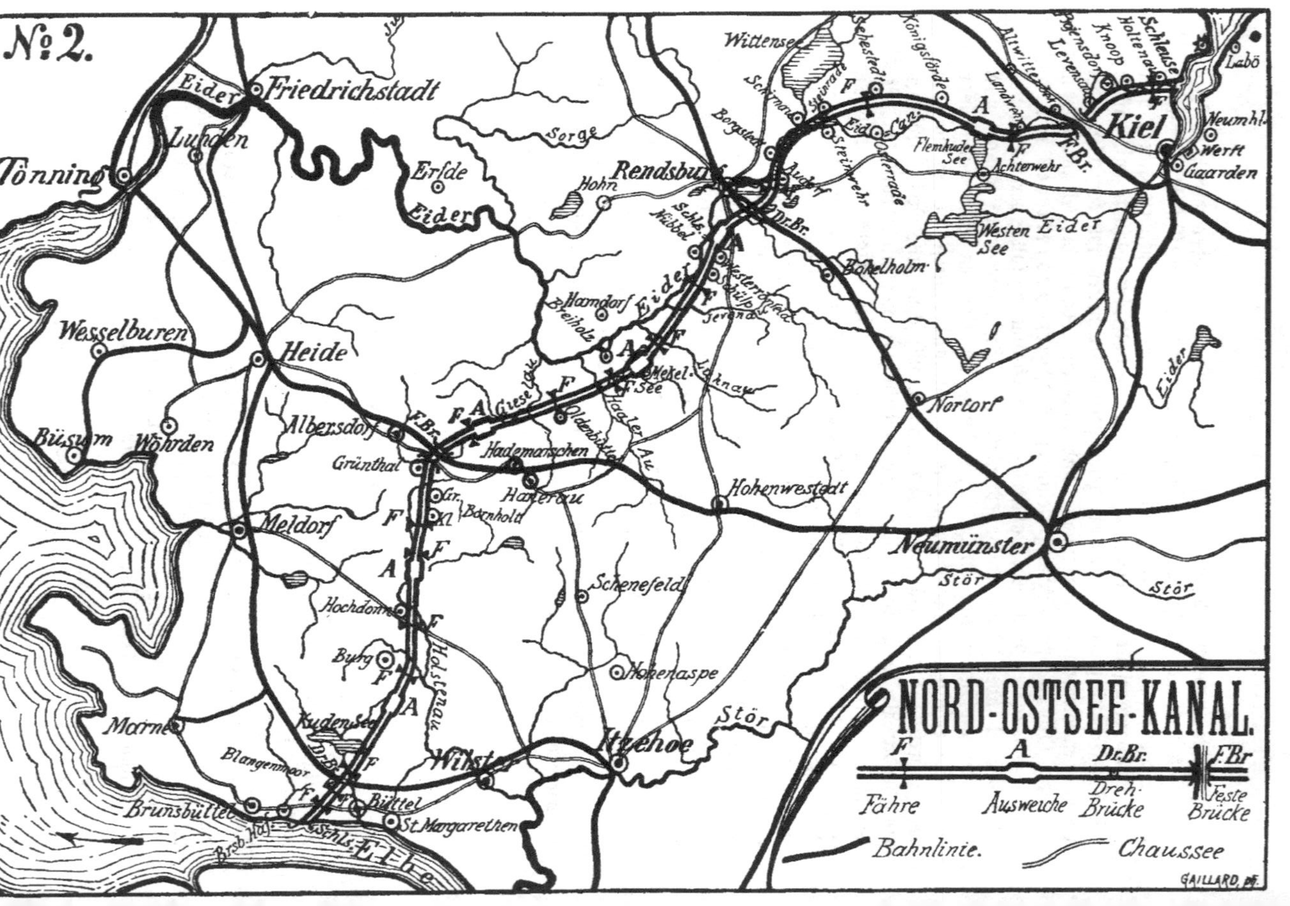

No 2.
NORD-OSTSEE-KANAL.
F
Fähre
A
Ausweiche
Dr.Br.
Dreh-Brücke
F.Br
Feste Brücke
Bahnlinie.
Chaussee
Friedrichstadt
Tönning
Lunden
Eider
Erfde
Sorge
Rendsburg
Hohn
Wesselburen
Heide
Büsum
Wöhrden
Albersdorf
Grünthal
Hademarschen
Hanerau
Meldorf
Hochdonn
Burg
Kudensee
Marne
Blangenmoor
Brunsbüttel
Büttel
St. Margarethen
Elbe
Wilster
Itzehoe
Hohenaspe
Schenefeld
Holstenau
Hohenwestedt
Neumünster
Stör
Nortorf
Bokelholm
Westen See
Flemhuder See
Achterwehr
Osterrade
Steinwehr
Sehestedt
Königsförde
Landwehr
Altwittenbek
Levensau
Projensdorf
Knoop
Holtenau
Schleuse
Kiel
Labö
Neumühl
Werft
Gaarden
Wittensee
Schirnau
Borgstedt
Audorf
Schülp
Westerrönfeld
Jevenau
Luhnau
Haaler Au
Oldenbüttel
Breiholz
Hamdorf
Giesel Au
GAILLARD

Reichs und Preußens eingeleiteten Erörterungen führten zu dem Vorschlage des Reichskanzlers an den Kaiser, für den Kanal die Linie **Brunsbüttel-Rendsburg-Kieler Bucht** mit je einer Schleusenanlage an beiden Mündungen in Aussicht zu nehmen, die Bauausführung dem Reich unter Gewährung eines Beitrages im Voraus von Seiten Preußens zu übertragen. Der Bundesrath und der Reichstag, sowie die Häuser des preußischen Landtages haben die ihnen vorgelegten Gesetzentwürfe nach eingehender Erwägung sämtlicher in Betracht zu ziehender Interessen fast ohne Widerspruch im Jahre 1886 mit nur geringen Abänderungen angenommen. Durch Reichsgesetz vom 16. März 1886 wurde bestimmt:

„Es wird ein für die Benutzung durch die deutsche Kriegsflotte geeigneter Seeschiffahrtskanal von der Elbmündung über Rendsburg nach der Kieler Bucht unter der Voraussetzung hergestellt, daß Preußen zu den auf 156,000,000 Mark veranschlagten Gesamtherstellungskosten desselben den Betrag von 50,000,000 Mark im Voraus gewährt." Dieser letzteren Bedingung wurde genügt durch das preußische Landesgesetz vom 16. Juli 1886, durch welches bestimmt wird:

„Zu den Kosten der Herstellung des Nord-Ostsee-Kanals durch das Reich wird ein besonderer Beitrag von 50,000,000 Mark gewährt."

Zur Ausführung des Kanalbaus wurde durch Allerhöchsten Erlaß vom 17. Juli 1886 mit Zustimmung des Bundesraths eine besondere Behörde unter der Bezeichnung „Kaiserliche Kanal-Kommission" eingesetzt. Dieselbe erhielt ihren Sitz in Kiel.

Die Kanallinie, deren Schaffung durch Gesetz vom 16. März 1886 beschlossen wurde, sollte im Großen und Ganzen die folgende Gestalt erhalten:

Der Kanal nimmt seinen Ausgang zwischen St. Margarethen und Brunsbüttel an der Unterelbe, wendet sich dann, den Kuden-See, in sumpfiger Moorgegend gelegen, durchschneidend, dem Thal des Flüßchens Burger Au folgend, über Burg (km 15) nach Gröndal (km 30), der höchstgelegenen Gegend der Kanaltrace zu; dann sollte er im Thal der Giesel-Au zur Untereider nach Wittenbergen (km 42) führen und hier in die Eider übergehen. Weiter sollte die Trace, unter Ausgleichung einiger Krümmungen, der Eider aufwärts bis nach Rendsburg (km 62) folgen, dieses an der Nordseite umgehen, dann der Obereider folgen und durch die Obereiderseen führen, letztere bei km 75 verlassen, dann erhebliche Krümmungen abschneiden und die Nordseite des Flemhuder Sees durchqueren, sodann wiederum dem jetzigen Eider-Kanal folgen und, bei Knoop eine Ecke abschneidend, bei Holtenau (km 99) in die Westseite des Kieler Hafens einmünden.

Bei Wittenbergen sollte ein Abschluß gegen die zur Nordsee führende Untereider durch eine Schleuse bewirkt werden. Später trat jedoch im mittleren Theile eine Verlegung der ursprünglich projektierten Kanallinie ein, indem der Kanal bei Wittenbergen noch nicht in die Eider eingeführt wurde, sondern bis hinter Rendsburg, dieses selbst südlich umgehend, ganz auf die Südseite (linke Uferseite) der Eider verlegt wurde, so daß er seinen Anschluß an das Eidergewässer erst östlich (oberhalb) Rendsburgs durch Einmündung in den Audorfer See erhielt. Eine den Übergang der Schiffahrt aus dem Nord = Ostsee = Kanal in die Untereider vermittelnde Schleuse wurde demzufolge eben westlich (unterhalb) Rendsburgs dort projektiert, wo die Linie des Nord=Ostsee=Kanals sich bei Westerrönfeld der Untereider am meisten nähert. Von der bestehenden Wasserverbindung zwischen Nord= und Ostsee, dem Eider=Kanal nebst Eiderfluß, wird also nur das östliche Drittel, zwischen Rendsburg und Holtenau am Kieler Hafen, vom Nord=Ostsee=Kanal in Anspruch genommen.

An der Ostseemündung wird durch eine Schleuse Sicherung gegen den wechselnden Wasserstand der Ostsee geschaffen. An der Elbmündung werden die Schleuseneinrichtungen mit Rücksicht auf die Bedürfnisse der Handels= und der Kriegsmarine ganz besonders ausgedehnte werden und außer einer großen und einer kleinern Kammerschleuse noch eine sehr große sogenannte Kesselschleuse erhalten, die gleichzeitig vier Panzerschiffe zu fassen vermag. Diese Endschleusen haben ausschließlich den Zweck, den Wasserspiegel des Kanals gegen die wechselnden und dann Strömung verursachenden Wasserstände der Ostsee und der Elbe zu schützen. Der Kanal selbst ist ein reiner Durchstich auf Meereshöhe (Ostseespiegel), so daß er in einer Tour von den Schiffen passiert werden kann, ohne daß diese durch eine Reihe von Kammerschleusen zu einem höheren Niveau, der Scheitelhaltung des Kanals, hinauf= und von jenem vermittelst Schleusen wieder zum Meeresniveau herabsteigen brauchen. Die Ostseeschleuse wird fast das ganze Jahr, die Elbschleuse fast täglich zu gewissen Stunden des mittlern Wasserstandes geöffnet bleiben können. Daß für die nöthigen Kohlenstationen sowie Befestigungs=Anlagen an den Mündungspunkten gesorgt wurde, liegt auf der Hand.

Die totale Länge des Kanals beträgt rund 98,65 km. Die Breite im Wasserspiegel ist im Durchschnitt 60 m, an der Sohle 22 m, die Tiefe 8,5 m. Der wasserhaltende Querschnitt des Kanals wird demnach 365 $^1/_2$ Quadratmeter, gleich dem sechsfachen desjenigen der größten für die Nord=Ostsee=Fahrt zu verwendenden Handelsdampfer von 6 m Tiefgang und 12 m Breite mit etwa 61 $^1/_5$ Quadratmeter Querschnitt, betragen. In der Unterkante der Kiellinie dieser größten Handelsschiffe der Ostsee erhält der Kanal eine Breite von 36 Metern, welche für das Begegnen zweier Fahrzeuge dieser Abmessungen bei entsprechender Vorsicht ausreicht. Es können im Kanal ohne Kollisionsgefahr nicht nur zwei der größten Handelsdampfer, sondern selbst ein großer Handelsdampfer und das Panzerschiff „König Wilhelm“ aneinander vorbeipassieren. Besondere Ausweichestellen wie im Suez= und im Panama=Kanal werden ebenfalls angelegt, um den Bedürfnissen der Kriegsmarine zu entsprechen, welche es erheischen, daß die Möglichkeit geboten wird, daß selbst die größten Panzerschiffe in entgegengesetzter Fahrt im Kanal in diesen Ausweichestellen aneinander vorbeipassieren können.

In nachstehender Skizze ist das Größenverhältnis des Kanalausschnittes, wie dasselbe sich normaler Weise auf den geraden Strecken des Kanals gestaltet, in Bezug auf den von dem Querschnitt der passierenden

Schiffe eingenommenen Raum dargestellt. Es ist hierbei zum Vergleich ein Handelsdampfer größerer Art, wie sie in der Ostseefahrt vorkommen, und das früher größte Kriegspanzerschiff der deutschen Marine, der „König Wilhelm", von 9757 Tonnen Deplacement, gewählt.

Querschnitt des Nord-Ostsee-Kanals.

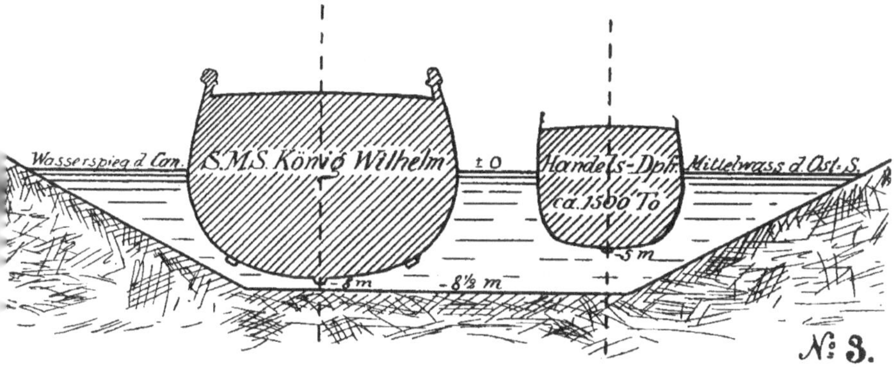

№ 3.

Die Führung der Kanallinie ist so eingerichtet, daß, obgleich dieselbe sich nach Möglichkeit dem Gelände anpaßt, die Krümmungen ihrer Zahl nach thunlichst beschränkt und stets mit möglichst großem Radius geführt sind. Von der Kanallinie entfallen

auf gerade Strecken:		64,39 km	= 65,4 %
„ Krümmungen m. d. Halbmesser	6000 m:	4,82 „	= 4,9 „
„ „ „ „	5000 „	5,52 „	= 5,6 „
„ „ „ „	3000 „	11,91 „	= 12,0 „
„ „ „ „	2500 „	3,77 „	= 3,8 „
„ „ „ „	1700 „	1,99 „	= 2,0 „
„ „ „ „	1500 „	3,04 „	= 3,1 „
„ „ „ „	1000 „	3,21 „	= 3,2 „
	Summa	98,65 km	Totallänge.

Der mittlere Wasserstand im Kanal wird ungefähr gleich dem mittleren Wasserstande des Kieler Hafens (+ 19,77 über einer auf 20 Meter unter Normal-Null angenommenen Horizontale) sein. Bedeutende Schwankungen kommen durchschnittlich nur an etwa 25 Tagen im Jahre vor, sodaß die Schleusen an der Ostseemündung fast immer geöffnet sein werden. Die Sohle liegt von der Mündung bei Holtenau bis Rendsburg auf eine Strecke von rund 38 Kilometern (bis km 60) wagerecht. Von hier bis zur Mündung bei Brunsbüttel erhält sie ein geringes Gefälle, und zwar zunächst auf 20 km 1 : 200,000, dann auf 15 km 1 : 50,000, dann auf 12 km 1 : 33,333 und endlich an der Mündung auf 12 km 1 : 25,000.

Die gesamte Ausschachtung des Erdreichs ist auf rund 64 Millionen cbm berechnet, was einen Aufwand an Arbeitslohn von ca. 71 Millionen Mark erfordert hat. Der höchste Punkt, an welchem bis zur Kanalsohle etwa 30 m tief einzuschneiden war, liegt bei km 24 östlich von Gröndal. Jedoch ist der Boden fast durchweg leicht zu bearbeitender Sand, resp. sandiger Lehm; nur in der Umgebung des Kuden-Sees waren einige, aber durchaus nicht unüberwindliche Schwierigkeiten bei Durchschneidung des Moorbodens desselben zu bewältigen.

Die Kanallinie wird, wie aus unserer Skizze ersichtlich, von vier Eisenbahnlinien gekreuzt: Itzehoe-Heide, Neumünster-Heide, Neumünster-Rendsburg und Kiel-Eckernförde. Die Überführung findet bei zweien (Itzehoe-Heide und Neumünster-Rendsburg) vermittelst eiserner Drehbrücken statt, ebenso bei den beiden Chausseen bei Rendsburg und zwischen Kiel und Eckernförde; zur Überführung der Bahnlinien Neumünster-Heide und Kiel-Eckernförde sind feste Hochbrücken gebaut, unter denen die Schiffe mit voller Bemastung hindurchfahren können. Zur Überführung der Landstraßen wurden Dampf- und Handfähren angelegt. Die Drehbrücken wurden sämtlich eingeleisig ausgeführt, sodaß die zweigeleisigen Bahnen für jedes ihrer Geleise eine selbständige Brücke erhalten. Dadurch ist den Bahnen ermöglicht, falls eine der Drehbrücken betriebsunfähig werden sollte, den Verkehr beider Richtungen zeitweise über eine Brücke zu leiten. Die lichte Durchfahrtsweite zwischen den Pfeilern der Brücke beträgt im Wasserspiegel 36 Meter.

Bauherr des Kanals, dessen Grundzüge wir zunächst vorstehend skizzirt haben, während alle Einzelheiten weiter hinten ihre Darstellung finden, ist das Deutsche Reich; der Kanal erfordert einen Kostenaufwand von 156 Millionen Mark, zu welchem Preußen einen Präzipualbeitrag von 50 Millionen Mark leistet.

Am 28. August des Jahres 1886 trat in Kiel unter dem Vorsitz Seiner Excellenz des Herrn Staatssekretär v. Bötticher eine Konferenz von Vertretern des Ministeriums, der Provinzial-Behörden, der betheiligten Kreise, Städte und einzelner Korporationen zur Berathung über die Organisation der Arbeiter-Verhältnisse 2c. bei dem Bau zusammen. Durch Allerh. Erlaß vom 17. Juli 1886 wurde die Bildung einer Kaiserl. Kanalbaukommission angeordnet, die ihren Sitz in Kiel erhalten hat; Mitglieder dieser Kommission sind die Herren Regierungsrath Löwe aus Berlin und Regierungsbaurath Fülscher aus Schleswig. Außer diesen beiden Herren ist eine größere Zahl von technischen Beamten aus verschiedenen Theilen des Reiches nach Kiel gezogen worden.

An dem endlichen Zustandekommen des gewaltigen Bau-Unternehmens gebührt dem Hamburger Kaufmann Dahlström ein ganz hervorragendes Verdienst. Zu einer Zeit, da ein vielfach mißverstandener Ausspruch des Grafen Moltke, welcher die zu einem Kanalbau aufzuwendenden Mittel vorerst (1872) als nothwendiger für die Vermehrung unserer jungen Flotte bezeichnete, auf absehbare Zeit einem solchen Kanalbau alle Aussicht genommen zu haben schien, strebte Herr Dahlström in unermüdlichster Weise danach, die praktische Inangriffnahme des hochwichtigen Schiffahrtsweges trotz der größten Schwierigkeiten zu bewirken, und weitschauende Männer in Hamburg wie in Kiel standen ihm mit Rath und That zur Seite.

III.

Die Abkürzung des Seeweges zwischen Nord- und Ostsee.

Die militärische wie die volkswirtschaftliche Bedeutung des Kanals liegt in der bedeutenden Abkürzung, welche der Seeweg zwischen Nord- und Ostsee durch die Benutzung des Kanals erfährt. Im allgemeinen rechnet man, bei einer Dauer der Durchfahrt durch den Kanal von 13 Stunden, für Dampfer eine durch die Wegeabkürzung eintretende Zeitersparnis von etwa 22 Stunden, wenn man eine mittlere Fahrgeschwindigkeit von 8,25 Knoten in offener See und von 5,3 Knoten im Kanal annimmt; für Segler, welche im Kanal geschleppt werden, stellt der Zeitgewinn sich auf mindestens 3 Tage. Da nun ein Dampfschiff etwa 12 Doppelreisen per Jahr zwischen Nord- und Ostsee macht, so würde dasselbe im Jahresmittel 11 Tage gewinnen. Für Segelschiffe kommt hierbei noch in Betracht, daß die Fahrt durch den Sund bei widriger Windrichtung oft tage-, ja wochenlang verzögert wird.

Die mit dem Zeitgewinn erzielte Kostenersparnis interessiert in erster Linie unsere Handelskreise. Der frühere Vorsteher des deutschen Nautischen Vereins, Herr John Gibsone in Danzig, berechnete dieselbe in einem auf Veranlassung des Urhebers der Kanalidee in neuerer Zeit, Herrn Dahlström in Hamburg, an die nautischen Vereine in den deutschen Hafenplätzen erlassenen Rundschreiben auf ca. 65 Mark bei Dampfern und 16 Mark bei Seglern für jede 100-Registertons pro Tag. Bei einer Durchschnittsgröße von 700 Registertons für erstere und 450 Registertons für letztere ergiebt sich somit für die Dampfer 450 Mark und für die Segler 72 Mark Gewinn pro Tag. Dem Gewinn aus dieser Kostenersparnis stehen die zu erhebenden Kanalgebühren gegenüber, die jedoch jedenfalls in einem für die Frequenz des Kanals günstigen Sinne normiert werden, und bei deren Festsetzung das Urteil der nautischen Interessenten in Deutschland unbedingt in's Gewicht fallen wird.

Hat nun zwar die große Schiffahrt den am meisten in die Augen springenden Gewinn von dem Kanal, so trifft dies doch in nicht unbedeutendem Maße auch für die Küstenschiffahrt zu und für die Hebung der deutschen Hochsee-Fischerei. Was die erstere anbetrifft, die selbst in Fachkreisen noch häufig unterschätzt wird, so bezifferte sich nach der Statistik des Deutschen Reichs die Schiffsbewegung des Jahres 1879 im Verkehr der deutschen Häfen unter sich auf 55,788 Schiffe mit rund 2,400,000 Registertons, von denen 83 Prozent auf deutsche, 17 Prozent auf fremde Flaggen entfielen. Von den deutschen Ostseehäfen wird später die deutsche Nordseeküste, die zur Zeit am weitesten von ihnen entfernt ist, am leichtesten erreichbar sein, während an der Ostsee jetzt die englische Schiffahrt aus der Nordsee gegenüber der deutschen überwiegt; der Seeweg von der nördlichen englischen Küste nach der deutschen Ostseeküste ist kürzer, als der von den deutschen Nordseehäfen aus. Es haben z. B. jetzt die Schiffe, die an der Ems oder in den Weserhäfen nach der Ostsee abgeladen werden, fast 300 Seemeilen mehr zu machen, als die von nördlichen englischen Häfen nach der Ostsee fahrenden. Es ist also anzunehmen, daß mit gründlicher Änderung dieses Verhältnisses sich ein ganz neuer deutscher Nord-Ostsee-Verkehr entwickeln wird. Die bisher durch ihren Umweg vom Welthandelsverkehr nahezu ausgeschlossenen Ostseehäfen werden demselben in der Zukunft erheblich näher kommen und in wirksamen Wettbewerb mit den deutschen und ausländischen Nordseehäfen zu treten vermögen.

Über die Bedeutung und das Maß der Abkürzung des Seeweges zwischen Nord- und Ost-See seien hier diejenigen amtlichen Angaben mitgeteilt, welche der Begründung des Gesetzentwurfs zur Erbauung des Nord-Ostsee-Kanals s. Z. beigegeben waren. Diese amtliche Begründung enthielt folgende Ausführungen:

„Die Lage der beiden deutschen Kriegshäfen, Wilhelmshaven und Kiel, an der Nordsee und an der Ostsee, bot bisher die Möglichkeit, daß durch eine feindliche Streitmacht die Ostsee bei den dänischen Inseln gesperrt, und dadurch ein Zusammenwirken der in den genannten Meeren getrennt stationierten Flottenteile gehindert werde. Dies ließ nach Erfüllung der nächsten, auf Errichtung einer an schwimmendem Material genügend starken Kriegsflotte abzielenden Aufgaben, die endliche Verwirklichung des Nord-Ostsee-Kanalprojekts dringend erscheinen. Der Kanal hatte dabei den Größenanforderungen der Kriegsflotte zu entsprechen.

„Erst durch die Herstellung eines quer durch Holstein führenden Kanals, welcher sämtlichen, auch den größten Schiffen der deutschen Kriegsmarine den Durchgang und damit eine Vereinigung bezw. ein Zusammenwirken der beiden Flottenteile in jedem der beiden Meere ermöglicht, wird eine wirksame Verteidigung der deutschen Seeküsten mit den vorhandenen Kräften gewährleistet. Anderenfalls besteht die Gefahr, daß die Teile isoliert werden und es genügte bisher schon ein Mehr über die Hälfte der deutschen Seestreitkräfte auf Seiten der feindlichen Macht, um eine Überlegenheit der letzteren über den in dem einen Meere befindlichen Teil der deutschen Flotte herbeizuführen.“

Durch den projektierten Kanal wird der Seeweg zwischen der Ostsee und der Nordsee von allen südlich der geographischen Breite von Hull belegenen Häfen nach einem in der Mitte zwischen der zu Rügen gehörigen Halbinsel Wittow und Torp an der südschwedischen Küste belegenen Punkte der Ostsee und umgekehrt, gegenüber der Umfahrung von Skagen um eine Entfernung abgekürzt, welche nach genauen Messungen zu mindestens 238 Seemeilen anzunehmen ist. Auf Seite 18 ist tabellarisch nachgewiesen, welche Abkürzung an Raum und Zeit sich für die inbetracht kommenden Nordseehäfen im Verkehr mit den Ostseehäfen östlich der bezeichneten Linie Wittow-Torp bei Benutzung der Fahrt durch den Kanal ergiebt. Die Abkürzung wird noch entsprechend größer nach den westlich dieser Linie belegenen deutschen Ostseehäfen Rostock, Lübeck und Kiel.

Wir lassen hier weiter auf Seite 19 eine kartographische Darstellung der Abkürzung des Seeweges, welche eine dementsprechende Veränderung der Schifffahrt zwischen Nord- und Ostsee bewirken wird, folgen.

Zu der auf Seite 19 abgedruckten Karte der voraussichtlichen Verschiebung der Seeschifffahrt infolge der Abkürzung des Seeweges zwischen Nord- und Ostsee durch den Nord-Ostsee-Kanal ist erläuternd folgendes zu bemerken: Die in der Karte angegebenen, zwischen den Nordsee- und Ostsee-Häfen gezeichneten Schifffahrtslinien treffen südlich des Sundes, auf der Linie Wittow-Torp ungefähr in dem dort durch einen Kreisstern in unserer Karte angedeuteten Punkte bei der Fahrt aus einem Meere in's andere zusammen. Dieser Punkt liegt etwa auf dem 55° N.-Br. und dem 13° O.-L. von Greenwich. Von diesem Punkte aus führen die Schifffahrtslinien aus der Ost- zur Nordsee vor Eröffnung des Kanals in gemeinsamer Route durch den Sund, um Skagen herum und durch das Skagerrak zur Nordsee und wenden sich vom Skagerrak aus in strahlenförmigem Auseinanderlaufen den einzelnen Bestimmungshäfen zu. Alle jene Routen nun, die westlich hier einen Hafen an der englischen Küste aufsuchen, der südlich von Leith liegt, werden durch den Nord-Ostsee-Kanal eine Abkürzung erfahren, deren genaues Maß aus der auf Seite 18 abgedruckten Tabelle für die Hauptseehäfen angegeben ist.

In unserer Karte sind nun diejenigen Schifffahrtsstraßen, die zwischen den Haupthäfen der Ostsee und denen der Nordsee, sowie durch den Kanal la Manche gehend befahren werden, und die auch nach Eröffnung des neuen Nord-Ostsee-Kanals in Benutzung bleiben würden, da für sie keine Fahrtabkürzung eintreten würde, durch einfache dünne Linien ——————— bezeichnet; es ist dies die gesamte Ostseefahrt östlich von Bornholm kommend bis zur Vereinigung der Fahrtlinien etwa vor dem Sund, sowie derjenige Teil der weitern Fahrt nach der Nordsee, der von diesem Vereinigungspunkte aus sich durch den Sund nach den Häfen nördlich von Newcastle (sowie nach norwegischen und einigen dänischen, resp. schwedischen Häfen) wendet. Der übrige Teil der jetzigen Routen, der nach Eröffnung des Nord-Ostsee-Kanals als unverhältnismäßiger Umweg erscheinen und daher alsdann nicht mehr befahren werden würde, ist mit feinen Strichlinien ▬ ▬ ▬ ▬ ▬ ▬

Übersicht der Abkürzung an Raum und Zeit für den Verkehr zwischen den Nordseehäfen und den östlich der Linie Wittow-Torp gelegenen Ostseehäfen.

Weg nach der Ostsee	1.	2.	3.	4.	5.	6.	7.	8.	9.	10.	11.	12.
	unter Benutzung des Nord-Ostsee-Kanals								unter Benutzung des Schiffsweges um Skagen bis zum gemeinschaftlichen Schnittpunkt sämmtlicher Schiffswege in der Ostsee gegenüber Möen			
	bis zur Canalmündung	Fahrzeit bis zur Canalmündung bei einer Geschwindigkeit von 8,25 Seemeilen in der Stunde	Länge des Canals	Fahrzeit durch den Canal bei einer Geschwindigkeit von 5,3 Seemeilen in der Stunde	Entfernung von der Canalmündung b. Kiel bis zum gemeinschaftl. Schnittpunkt sämtlicher Schiffswege in der Ostsee gegenüber Möen	Fahrzeit von der Canalmündung in der Ostsee bis zum Schnittpunkt bei Möen bei 8,25 Seemeilen in der Stunde	Gesamte Länge des Weges (Summe der Spalten 1, 3 u. 5)	Gesamte Fahrzeit unter Hinzurechnung von 3 Stunden Aufenthalt bei den Schleusen usw. (Summe der Spalten 2, 4 u. 6)	Länge des Weges	Fahrzeit bei 8,25 Seemeilen Geschwindigkeit in der Stunde	Gewinn an Wegelänge infolge der Benutzung des Canals (Unterschied zwischen Spalte 7 u. 9)	Zeitgewinn infolge der Benutzung des Canals (Unterschied zwischen Spalte 8 u. 10)
	Seemeilen*)	Stunden	Seemeilen	Stunden	Seemeilen	Stunden	Seemeilen	Stunden	Seemeilen	Stunden	Seemeilen	Stunden
Von Hamburg	40	4,84	53,2	10,04	128	15,51	221,2	33,39	646	78,30	**424,8**	**44,91**
„ Bremerhafen	91	11,03	—	—	—	—	272,2	39,58	595	72,12	**322,8**	**32,54**
„ Emden	165	20,00	—	—	—	—	346,2	48,55	629	76,24	**282,8**	**27,69**
„ Amsterdam	269	32,60	—	—	—	—	450,2	61,15	687	83,27	**236,8**	**22,12**
„ Rotterdam	298	36,12	—	—	—	—	479,2	64,67	716	86,78	**236,8**	**22,11**
„ Antwerpen	359	43,51	—	—	—	—	540,2	72,06	777	94,18	**236,8**	**22,12**
„ Dünkirchen	380	46,06	—	—	—	—	561,2	74,61	800	96,96	**238,8**	**22,35**
„ London	410	49,69	—	—	—	—	591,2	78,24	830	100,60	**238,8**	**22,36**
„ Hull	355	43,03	—	—	—	—	536,2	71,58	717	86,90	**180,8**	**15,32**
„ Hartlepool	390	47,27	—	—	—	—	571,2	75,82	692	83,88	**120,8**	**8,06**
„ Newcastle	410	49,69	—	—	—	—	591,2	78,25	698	84,60	**106,8**	**6,36**
„ Leith	465	56,36	—	—	—	—	646,2	84,91	730	88,48	**83,8**	**3,57**

*) 1 Seemeile ist = 1/60 des Äquatorgrades = 1/4 geographische Meile = 1,855 Kilometer.

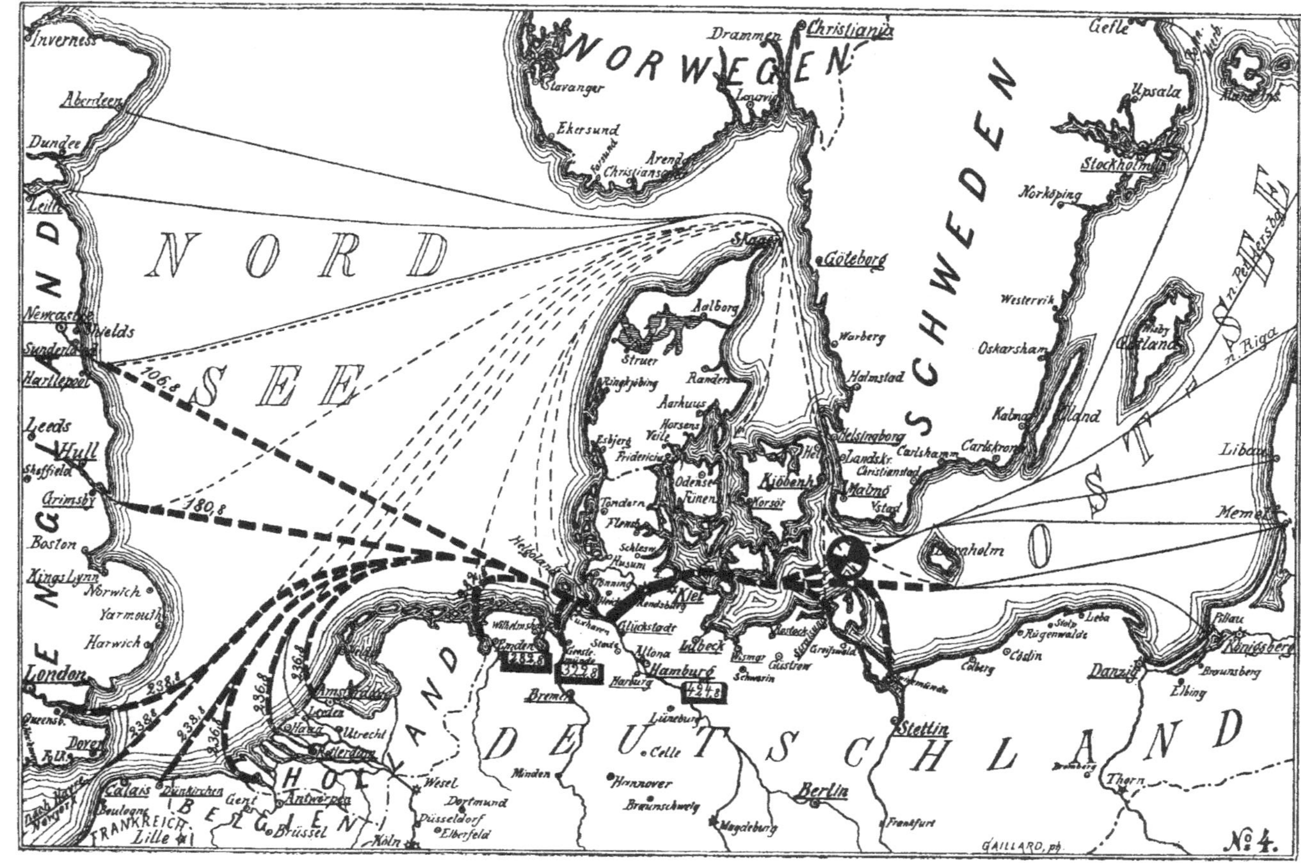

NORD SEE
OST SEE
ENGLAND
NORWEGEN
SCHWEDEN
DEUTSCHLAND
HOLLAND
BELGIEN
FRANKREICH
Inverness
Aberdeen
Dundee
Leith
Newcastle
Shields
Sunderland
Hartlepool
Leeds
Hull
Sheffield
Grimsby
Boston
Kingslynn
Norwich
Yarmouth
Harwich
London
Dover
Calais
Dünkirchen
Boulogne
Lille
Gent
Antwerpen
Brüssel
Rotterdam
Haag
Utrecht
Leiden
Amsterdam
Köln
Wesel
Dortmund
Düsseldorf
Elberfeld
Minden
Hannover
Braunschweig
Magdeburg
Celle
Lüneburg
Bremen
Emden
Wilhelmshaven
Cuxhaven
Stade
Harburg
Hamburg
Altona
Glückstadt
Rendsburg
Kiel
Lübeck
Wismar
Schwerin
Güstrow
Rostock
Stralsund
Greifswald
Stettin
Berlin
Frankfurt
Colberg
Cöslin
Rügenwalde
Stolp
Leba
Danzig
Elbing
Braunsberg
Pillau
Königsberg
Thorn
Bromberg
Memel
Libau
n. Riga
n. Petersburg
Bornholm
Gotland
Wisby
Öland
Kalmar
Carlskrona
Carlshamn
Christianstad
Ystad
Malmö
Landskr.
Helsingborg
Halmstad
Warberg
Göteborg
Westervik
Oskarsham
Norköping
Stockholm
Upsala
Gefle
Christiania
Drammen
Laurvik
Stavanger
Ekersund
Arendal
Christiansand
Skagen
Aalborg
Struer
Randers
Ringkjöbing
Aarhus
Horsens
Veile
Esbjerg
Fridericia
Odense
Fünen
Korsör
Kjöbenh
Tondern
Flensburg
Schleswig
Husum
Tönning
Helgoland
106,8
180,8
238,8
236,8
283,8
329,8
424,8
GAILLARD, ph.
№ 4.

angegeben; es ist dies der gesamte Ost-Nordsee-Verkehr durch den Sund (oder Belt) nach englischen Häfen südlich von Newcastle, nach sämtlichen französischen, belgischen, niederländischen und den deutschen Nordseehäfen, sowie der durch den Kanal la Manche gehende mittelländische und transatlantische Verkehr.

Die durch den Nord-Ostsee-Kanal führenden, eine erhebliche Wegeabkürzung bewirkenden Schiffsrouten sind in unserer Karte mit dicker Strichlinie ▬ ▬ ▬ ▬ bezeichnet. Bei den Nordsee-Häfen dieser Linien ist zugleich die Zahl von Seemeilen angegeben, um welche sich die Nord-Ostsee-Fahrt verkürzt. Der Kanal selbst, von Kiel über Rendsburg zur Unterelbe führend, ist in der Karte mit einer dicken Linie ▬▬▬▬ angegeben. Die Zeichnung läßt durch den Unterschied der dünnen und der starken Linien den zukünftigen Verlauf der Nord-Ostsee-Fahrt (und vice versa) deutlich hervortreten und veranschaulicht somit klar die bedeutende Verschiebung, die in der Lage der befahrenen neuen gegen die alten Routen eintreten wird.

Für die Häfen der Nordsee wird der aus der Benutzung des Kanals entspringende Vorteil um so erheblicher, je südlicher dieselben gelegen sind. Die erheblichste Abkürzung des Seewegs tritt jedoch für die Häfen der deutschen Nordseeküste, Emden, Bremen und Hamburg, ein, für welche dieselbe fast das Doppelte des Gewinnes von der Themse aus beträgt. Es wird daher von der gesamten, zur Zeit auf die Fahrt um Skagen angewiesenen Schiffsbewegung die deutsche den größten Vorteil aus der Kanalanlage ziehen.

Es ist sonach anzunehmen, daß der größere Teil derjenigen Schiffe den Weg durch den Kanal benutzen wird, für welche sich hierbei eine wesentliche Ersparung an Zeit und damit an Geld bietet.

Zur Zeit passieren den Sund jährlich durchschnittlich 35,000 Schiffe. Nach Ermittelungen des statistischen Amts belief sich der Schiffsverkehr der deutschen, russischen, finnischen und schwedischen Ostseehäfen und des Hafens von Kopenhagen mit Häfen außerhalb der Ostsee ausschließlich der für die Frage der Abkürzung des Seeweges durch den Kanal nicht in Betracht kommenden dänischen und schwedischen Häfen am Kattegatt und Skagerrak, der dänischen Nordseehäfen, der norwegischen Häfen, der russischen Hafenplätze am Weißen Meere und dem Eismeere, sowie der englischen und schottischen Häfen nördlich von Sunderland, nach dem ermittelten Durchschnitt der fünf Jahre von 1877—81 auf jährlich 24,000 Dampf- und Segelschiffe mit rund 8,300,000 Registertons Raumgehalt. (1 Registerton = 100 Kubikfuß engl. = 2,8316 Kubikmeter.)

Wird nun angenommen, daß auch nach der Fertigstellung des Kanals noch eine größere Zahl von Schiffen, welchen es nicht besonders auf Zeitersparniß ankommt, oder welche besonders günstige Wind- und Wetterverhältnisse antreffen, die Fahrt um Skagen wählen wird, so wird doch immerhin die Zahl derjenigen Schiffe, welche den Kanal benutzen werden, auf mindestens jährlich 18,000 mit etwa 5,500,000 Registertons Raumgehalt geschätzt werden können.

Zu diesen dem amtlichen Material entnommenen Berechnungen sei bemerkt, daß der Schiffsverkehr sich schon während der Baujahre seit jener Zeit erheblich über das Maß des jenen Berechnungen zu Grunde gelegten Verkehrs von 1877—81 hinaus gesteigert hat. Namentlich hat die Zahl der Dampfer in starkem Maße zugenommen, während die Segelschiffe an Zahl zurückgegangen sind. Schon von 1875—1882 war im Sundverkehr die Zahl der Dampfer von 7000 auf 12,396, die Zahl der Segelschiffe aber nur von 24,183 auf 26,392 gestiegen. Inzwischen war das Verhältnis nach der Schrift von Dahlström: „Die projektierten Bau- und Betriebsverhältnisse des Nord-Ostsee-Kanals" für die Dampfer noch wesentlich günstiger geworden, während die Zahl der Segelschiffe eine Abnahme aufwies. Es betrug nämlich die Zahl der

	1882	1883	1884	1885	1886	1887	1888	1889
Segelschiffe	26 392	22 998	20 328	17 356	17 750	18 303	16 811	14 114
Dampfer	12 396	13 960	14 182	13 800	13 450	14 804	17 135	16 448
Zusammen	38 788	36 958	34 510	31 156	31 200	33 107	33 946	30 562

Es betrug der Raumgehalt in den drei letzten Jahren

	1887		1888		1889	
	Im Durchschnitt Reg. Tons	Zusammen Reg. Tons	Im Durchschnitt Reg. Tons	Zusammen Reg. Tons	Im Durchschnitt Reg. Tons	Zusammen Reg. Tons
Segler	341	5 548 548	341	5 091 525	341	4 226 778
Dampfer	723	10 586 215	723	12 310 011	723	11 795 291
Zusammen		16 134 763		17 401 536		16 022 069

Es ist also die Größe der Schiffe bei Dampfern und Seglern gewachsen, die Anzahl der Dampfer ist ebenfalls in stetem Wachsen, diejenige der Segelschiffe in starker Abnahme, sodaß die Gesamtzahl der Schiffe infolgedessen gegenwärtig stetig abnimmt, während deren Rauminhalt erheblich zugenommen hat. Es sind dies Verhältnisse, die für den Kanal durchweg günstig genannt werden müssen.

Außer der Abkürzung der Fahrzeit ergiebt sich aber für die Schiffahrt durch den Kanal noch eine sehr wesentlich in's Gewicht fallende Verminderung der Gefahr. Die Fahrt um das Kap Skagen gehört anerkanntermaßen noch heute zu den außergewöhnlich gefährlichen Seereisen. Nach amtlichen Angaben sind in den vorgenannten fünf Jahren auf der Fahrt zwischen Ost- und Nordsee um das Kap in den Meeren, welche bei derselben berührt werden müssen, nämlich dem Sund und den Belten, dem Kattegatt, dem Skagerrak, dem nördlichen Teile der Nordsee bis zur schottischen Küste und der Nordsee an der jütischen und schleswig-holsteinischen Westküste bis zur Elbmündung allein 92 deutsche Schiffe mit rund 20,000 Registertons Raumgehalt und einem nach den bekannt gewordenen Versicherungsbeträgen abzuschätzenden Gesamtwert (der

Schiffe ohne Ladung) von 3 bis 4 Millionen Mark vollständig verloren gegangen. Bezüglich dieser Schiffe steht genau fest, an welchen Punkten der bezeichneten Meeresteile sie verunglückt sind, sodaß kein Zweifel darüber obwaltet, daß jene Meeresteile bei Benutzung des Kanals nicht berührt worden wären. Hiernach muß angenommen werden, daß diese Schiffe bei der Fahrt durch den Kanal erhalten geblieben wären. Beispielsweise ist von deutschen Kriegsschiffen s. Z. auch die als Schiffsjungenschulschiff dienende Segelbrigg „Undine" an der dänischen Küste bei Agger gestrandet und wrack geworden. Diese Küstenstrecke führt den sehr bezeichnenden Namen „Kirchhof der Schiffe" bezw. die „eiserne Küste", deren Gefährlichkeit durch häufig eintretende veränderliche Strömungen noch erhöht wird.

Die vorstehend erwähnte Zahl der in dieser Beziehung inbetracht kommenden Schiffe wird aber noch vermehrt durch diejenigen, welche auf der Fahrt zwischen der Nord- und Ostsee verloren gegangen sind, ohne daß man den Ort des Unterganges kennt, oder bei denen die Thatsache des Verlustes nicht bekannt wurde, weil sie verschollen sind. Diese letzteren sind, wie nicht anders anzunehmen, ebenfalls gänzlich verloren. Ihre Zahl betrug in den Jahren 1877—1881 38, während die Gesamtzahl der deutschen Schiffe, welche auf der Nord-Ostsee-Fahrt verunglückten, ohne daß der Ort des Untergangs feststeht, in dem gleichen Zeitraum sich auf 69 bezifferte. Auch von dem größeren Teile dieser Schiffe muß angenommen werden, daß ihnen der Kanal zugute gekommen wäre und ihre Erhaltung herbeigeführt hätte.

Überblickt man einen etwas weiteren Zeitraum, sofern Zahlen über die Schiffsverluste in demselben vorliegen, so gewinnt man einen verstärkten Eindruck von der Gefährlichkeit der Passage um Skagen. Vom Jahre 1858 bis 1885 sind beispielsweise längs der dänischen und schwedischen Küste nicht weniger als 6316 Strandungen von Dampfern und Segelschiffen vorgekommen, und hierbei 91 Dampfer und 2742 Segelschiffe verloren gegangen. In den Jahren 1877 bis 1881 sind dabei 708 Personen um's Leben gekommen auf Strecken, welche nach Fertigstellung des Nord-Ostsee-Kanals nicht mehr befahren zu werden brauchen.

Nach früheren Berechnungen beläuft sich die Zahl der bei der Fahrt um das Kap Skagen verunglückten Schiffe aller Nationen jährlich durchschnittlich auf zweihundert, eine recht erkleckliche Zahl! Im Maximum betrug die Zahl in einem Jahr (1872) 423, im Minimum (1870) 154 Schiffe.

IV.

Bau- und Betriebskosten.

Die erheblichen, durch den Kanal zu erlangenden Vorteile für die Reichsmarine wie auch die Handelsschiffahrt rechtfertigten vollauf den hohen Betrag der Baukosten, die, wie schon erwähnt, auf 156,000,000 Mark veranschlagt wurden. An jährlichen Unterhaltungskosten des Kanals sind, einschließlich einer Erneuerungsrate von 100,000 Mark für die der Abnutzung unterliegenden Bauteile, 1,900,000 Mark vorgesehen.

Im Einzelnen ist über den dem Bau zu Grunde gelegten Kostenanschlag folgendes mitzuteilen:

			ℳ
I.	Grunderwerb (1318,6 ha zu erwerben) und Nutzungsentschädigungen		9,900,000
II.	Erd- und Baggerarbeiten (im Ganzen sind 63,374,025 cbm Erde zu bewegen)		70,900,000
III.	Befestigung der Ufer und Böschungen und Bezeichnung des Fahrwassers in den Seen . . .		7,200,000
IV.	Hafen- und Kaianlagen und zwar:		
	1. Vorhafen der westlichen Mündung	7,966,500 ℳ	
	2. Schleusen an der Elbe . .	15,450,000 „	
	3. Binnenhafen an den Elbschleusen	800,000 „	
	4. Eiderschleuse bei Wittenberge .	850,000 „	
	5. Binnenhafen an der östlichen Mündung	700,000 „	
	6. Ostseeschleusen	6,600,000 „	
	7. Östliche Kanalmündung . .	3,400,000 „	
	8. Sonstige Bauanlagen . . .	483,500 „	36,250,000
V.	Brücken und Fähren . . . . (Die Kanallinie wird von 4 Eisenbahnen, 5 Chausseen und einer größeren Zahl von Wegen untergeordneter Bedeutung gekreuzt. Die 4 Eisenbahnen und die Chausseen bei Rendsburg und Kiel-Eckernförde sollten ursprünglich mit Drehbrücken überführt, für die 3 anderen Chausseen Dampffähren, für die übrigen Wege Handfähren eingerichtet werden.)		6,700,000
Va.	Militärische Anlagen . . . . (Zum Schutz der westlichen Kanalmündung sollen Verteidigungswerke angelegt werden, auch erfordert das militärische Bedürfnis die Bereitstellung zweier Pontonbrücken.)		1,000,000
VI.	Gebäude (Maschinen- und Kesselhäuser, Magazine, Direktionsgebäude, Hafen- und Schleusenmeister-Wohnungen usw.)		1,300,000
VII.	Betriebseinrichtungen und Maschinenanlagen (Beschaffung von 12 Schleppdampfern, Dampfmaschinen und hydraulischen Einrichtungen für die Bedienung der Schleusenanlagen usw.)		2,250,000
VIII.	Bauleitungskosten, sowie für unvorhergesehene Arbeiten usw.		20,500,000
		Zusammen	156,000,000

Die Mehrkosten, welche dadurch erwachsen, daß der Kanal nicht nur für den gewöhnlichen Handelsverkehr, sondern auch für die Zwecke der Kriegsmarine brauchbar gemacht werden mußte, berechnete sich auf 51,000,000 Mark. Für diese letzteren Zwecke war es vor allem erforderlich, daß der Kanal bei Kiel in die Ostsee führte.

Nach der vom Geheimen Ober-Baurat Lentze im Jahre 1864 vorgenommenen Veranschlagung verhalten sich die Kosten eines Handelskanals nach Kiel zu einem solchen nach Eckernförde wie 97,500,000 zu 73,000,000. Indem man dieses Verhältnis zu Grunde legte, haben sich die Mehrkosten für einen Handelskanal, der in Kiel statt in Eckernförde mündet, zu 35,200,000 Mark ergeben. Hierzu traten dann noch die Mehrkosten, welche durch die für Kriegsschiffe erforderliche tiefe Ausbaggerung, die Vergrößerung der Hafen- und Schleusenanlagen, die Anlage einer besonderen Kesselschleuse an der westlichen Mündung usw. entstanden, mit zusammen 15,800,000 Mark.

Bei Bemessung des Betrages von 50,000,000 Mark, welche nach den zwischen dem Reiche und Preußen getroffenen Abmachungen letzteres im Voraus zu gewähren hatte, kam zunächst inbetracht, daß Preußen durch den Bau des neuen Kanals von der Notwendigkeit befreit wurde, den vor hundert Jahren angelegten den Ansprüchen der Gegenwart durchaus nicht mehr genügenden Eiderkanal in einen dem Schiffsverkehr einigermaßen entsprechenden Zustand zu versetzen. Die Kosten dieser Arbeiten sind auf 35- bis 40,000,000 Mark berechnet worden. Sodann waren die bereits erwähnten erheblichen Vorteile in Anschlag zu bringen, welche in landwirtschaftlicher Beziehung infolge der durch den Kanal herbeizuführenden Entwässerung großer, gegenwärtig unter mangelhaftem Wasserabfluß leidender Landflächen erzielt werden.

Zur Deckung der jährlichen Unterhaltungs- und Betriebskosten (1,900,000 Mark) und zur wenigstens teilweisen Verzinsung des Anlagekapitals soll von den Handelsschiffen eine angemessene Abgabe entrichtet werden. Die Festsetzung des hierfür zu erlassenden Tarifs wurde weiterer gesetzlicher Regelung vorbehalten. Bis zum Ablauf des ersten Jahres nach Inbetriebsetzung der ganzen Kanalstrecke wurde dem Kaiser im Einvernehmen mit dem Bundesrate die Feststellung des Tarifes überlassen. Zunächst ist der Betrag dieser Abgabe zu durchschnittlich 0,75 Mark für die Registertonne Reinladefähigkeit angenommen worden. Da, wie oben angegeben, nach vorsichtiger Schätzung anzunehmen war, daß jährlich etwa 18,000 Schiffe mit ungefähr 5,500,000 Registertons Ladefähigkeit den Kanal benutzen würden, so ergiebt dies Einnahmen in Höhe von 4,125,000 Mark. Werden hiervon die Unterhaltungs- und Betriebskosten abgezogen, so bleiben 2,225,000 Mark, welche fast genau zur vierprozentigen Verzinsung eines Kapitals von 55 Millionen Mark genügen, also desjenigen Betrages, welcher von den sich auf 156 Millionen beziffernden Baukosten übrig bleibt, wenn man die Aufwendungen zu Zwecken der Landesvertheidigung (51 Millionen) und die Vorausbezahlung Preußens (50 Millionen) in Abzug bringt.

Der vorstehend angegebene Tarifsatz von 75 Pfennig per Registertonne Reinladefähigkeit dürfte nach den s. Z. eingezogenen gutachtlichen Äußerungen der nautischen Vereine den Schiffsverkehr 2c. durch den Kanal nicht derartig belasten, daß dadurch die aus der Benutzung des Kanals sich ergebenden Vorteile aufgewogen würden. Gegen Entrichtung der Abgabe sollen den Schiffen auch alle Einrichtungen bei dem Kanal, wie Lootsengestellung, Schlepper für Segelschiffe, Beleuchtung der Fahrzeuge für die Nachtfahrt 2c. gewährt werden. Für die Passage der Segelschiffe wurde von Anfang an ein Bugsierdienst vermittelst einer reichlich bemessenen Anzahl von Dampfbooten ins Auge gefaßt.

V.

Die Grundsteinlegung zum Bau-Beginn.

Der durch Legung eines Grundsteines in üblicher Weise bezeichnete Beginn der Bau-Arbeiten am Nord-Ostsee-Kanal wurde am 3. Juni 1887 in besonders feierlicher Weise veranstaltet. Der damals regierende deutsche Kaiser Wilhelm I. vollzog diesen Akt in höchsteigener Person. Für die Feier war ursprünglich ein Programm festgesetzt, in welchem die Teilnahme des Kaisers nicht vorgesehen war, jedoch wurde dies durch besonderen Befehl geändert, weil der Kaiser selbst die Feier vollziehen zu wollen erklärte. Über den Verlauf der Festtage, an denen Kaiser Wilhelm I. zum letzten Male in Kiel weilte, sei hier nach den damals in Zeitungen und einer vom Verfasser herausgegebenen „Festschrift“ enthaltenen Berichten folgendes zusammenfassend mitgeteilt.

Am Donnerstag, 2. Juni 1887, Abends 9 Uhr 15 Minuten traf der kaiserliche Extrazug im Bahnhofe ein. Kaiser Wilhelm, dessen wohles Aussehen alle zum Empfang Anwesenden überraschte, trat zunächst in die geschmackvoll dekorierten fürstlichen Empfangsraume des Bahnhofes. Hier wurde der Kaiser durch seinen Enkel, den damaligen Kapitänlieutenant Prinz Heinrich, sowie den gerade in Kiel weilenden Prinzen Oskar von Schweden, den Prinzen Leopold, ferner durch das Staatsministerium, die höchsten Würdenträger des Reiches, die Generalität und Admiralität, die Spitzen der Behörden und die Mitglieder der Stadt-Kollegien und der Handelskammer, welche unmittelbar am Bahnhofe Aufstellung genommen hatten, empfangen. Als Komitee für die Stadt Kiel waren Seitens des Magistrats die Herren Ober-Bürgermeister Mölling und Stadtrat Lorenzen designiert, während vom Stadtverordneten-Kollegium die Herren Konsul Kruse, Rentier Schweffel, Kommerzienrat Sartori, Architekt Haack und Kaufmann Seibel gewählt waren.

In der Begleitung des Kaisers war auch Prinz Wilhelm mit erschienen; im Programm war ferner die Anwesenheit des Reichskanzlers Fürst Bismarck vorgesehen, jedoch war derselbe am Erscheinen verhindert und wurde durch den Staats-Sekretär von Bötticher vertreten.

Der Einzug des Kaisers in Kiel gestaltete sich zu einem höchst festlichen, bei welchem dem greisen Monarchen stürmische Ovationen seitens der Bevölkerung dargebracht wurden.

Der Kaiser fuhr vom Bahnhofe aus trotz der späten Abendstunde in offener Equipage, an seiner Seite Prinz Heinrich, im nächsten Wagen folgte Prinz Wilhelm mit dem Grafen Herbert Bismarck. Der Kaiser begab sich durch die vom Bahnhofe bis zur Klinke reichende Via triumphalis sodann durch die Klinke, Vorstadt, Holstenstraße, über den Markt, durch die Dänischestraße und Burgstraße nach dem Schloß. Eine unabsehbare Menschenmenge hielt die Straßen an den Seiten resp. die einmündenden Querstraßen besetzt. Die Gewerke und Korporationen mit ihren Fahnen und Emblemen waren bereits geraume Zeit vor dem Eintreffen des kaiserlichen Extrazuges die Straßen entlang in Spalierbildung bis zum Schlosse hin aufgestellt Der Festzug umfaßte die Abteilung der Freiwilligen Feuerwehr, den Kampfgenossen-Verein von 1848/51, den Kampfgenossen-Verein von 1870 71, den Allgemeinen Krieger-Verein von 1870,71, die Grüne Schützengilde, die Wilhelminengilde und den Kieler Schützenverein. Ferner die Gewerke der Böttcher, Bäcker, den Bäckergesellen-Sängerbund, die Schneider, Schuhmacher, Maler, das Schlachteramt, die Fleischer-Innung, Klempner, Reifschläger, Schlosser, Schmiede, Tischler, Barbiere, Glaser, Töpfer, Sattler, Maurer, Bauhütte, Schornsteinfeger, Schriftsetzer, Buchbinder, Maschinenbauer, Marine-Werkmeister, Seemannskasse, Ruderklub, Liedertafel, Germania, Concordia, Eintracht, Turnvereine, Radfahrer, Howaldt'sche Feuerwehr, Gaardener Feuerwehr, Abteilung der freiwilligen Feuerwehr. Sodann die Städtischen Lehrer mit den Schülern der oberen Klassen, und die Studentenschaft in vollem Wichs und mit der Fahne der Christiana Albertina. Etwa 4000 Personen mit 6 Musikcorps nahmen an dem Festzuge aktiv Teil.

Am 3. Juni fand gemäß dem Festprogramm um 10 Uhr Vormittags die feierliche Grundsteinlegung zur Ostseeschleuse des Nord-Ostsee-Kanals bei Holtenau statt. Morgens um $9^1/_2$ Uhr begab sich der Kaiser, nachdem die Prinzen Wilhelm, Heinrich, Leopold und Prinz Oskar von Schweden bereits vorausgefahren, in offener Equipage vom Schloß aus durch die herrliche Düsternbroker Allee nach der Holtenauer Schleuse, von wo aus der Wagen am Ufer des alten Eider-Kanals entlang nach dem Festplatz an der Mündung desselben lenkte. Der Kaiser wurde von den jubelnden Ovationen der unzählbaren Menschenmenge in der herzlichsten Weise begrüßt, und dankte nach allen Seiten mit freundlichen Grüßen.

Der Platz, auf welchem die feierliche Grundsteinlegung sich vollzog, befindet sich unmittelbar am Ufer des bei Holtenau in den Kieler Hafen mündenden Eider-Kanals und war für die Feier in besonderer Weise hergerichtet.

An der Mündung des alten Eider-Kanals, auf dem Holzplatze der Firma Grimm, war eine von den Gebrüdern Stenner & Ströh im Auftrage der Kaiserlichen Kanal-Kommission errichtete Tribüne aufgeschlagen.

Dieselbe, als imposanter stumpfwinkliger Flügelbau vor dem alten Zoll-Speicher im Norden des Festplatzes mit der Front nach der Kanalmündung sich erhebend, war in der Mitte durch einen, zum Teil mit Eisenkonstruktion versehenen Schiffsrumpf geteilt, welcher den vollgetakelten Vordermast eines Kriegsschiffs, mit Stengen, Raaen, Segeln und Wanten ꝛc. trug, dessen Raaen bei der Feier von Matrosen in Parade-Uniform bemannt wurden. Vorn auf dem Bug des Schiffsrumpfs erhob sich in Gyps die Kollossal-Figur der Germania. Vor dem Steven des Schiffsrumpfs war der Pavillon für den Kaiser erbaut, der von energisch-modellierten Delphinen flankiert wurde. Zwei mächtige bronzierte Kandelaber lenkten das Auge auf die Mitte hin. Vor dem kaiserlichen Thronsessel öffnete sich eine breite bequeme Rampe gegen den Grundstein hin, der unmittelbar vor derselben aufgestellt war.

Dem Stein gegenüber befand sich die Kanzel, von welcher Ober-Hofprediger Dr. Kögel die Weiherede hielt. Hinter diesem Platz war ein Podest für die Mitglieder des Reichstags und des preußischen Landtages erbaut, an dessen Rückseite sich die Tribüne für den Chor und die Musik befand. Höchst instruktive, und mehrere Meter im Quadrat haltende Pläne und Zeichnungen, welche in schweren, bronzierten Rahmen an passenden Wandflächen der Tribüne angebracht waren, gaben eine übersichtliche Darstellung des Kanal-Bauwerkes und der geplanten Arbeiter-Einrichtungen (Barackenlager).

Gerade dem Festplatze gegenüber befand sich die reich mit Flaggenmasten und Guirlanden gezierte Anlegebrücke für den Aviso Pommerania, mit welchem der Kaiser nach beendigter Feier zur Stadt zurückzukehren gedachte. Weiter nach dem Kanal hinein war eine besondere Anlegestelle hergerichtet für diejenigen Dampfer, welche die Besucher einer, an der westlichen Seite des Festplatzes aufgeschlagenen, auf 1000 Personen berechneten Privattribüne heranfuhren. Gegenüber dem Festplatze waren auf dem südlichen, holsteinischen Ufer des Kanals eine Reihe von Sitz- und Stehplätzen für weitere Besucher angelegt.

Auf dem Festplatze befand sich ein kleiner unscheinbarer Turm, der ehemalige Leuchtturm, und unmittelbar neben dem nördlichen Ufer ein 7 m hoher Obelisk in Stein, die dänische Königskrone tragend, als Denkmal der im Jahre 1784 stattgehabten Vollendung des von König Christian VII. erbauten Kanals; der Stein trägt auf seiner Westseite die Inschrift: Patriae et populo; ein ähnliches Denkmal, früher auf der anderen Seite des Kanals befindlich, lag, von einem Schiffe umgesegelt, hier am Grunde des Meeres.

Der hier beigedruckte Plan des Festplatzes zeigt die Lage der zur Feier hergerichteten Baulichkeiten und läßt die Beziehungen der alten Mündungsstelle zu der neuen Ausmündung des Nord-Ostsee-Kanals insofern erkennen, als die Mittellinie dieses letzteren eingezeichnet ist.

Von der Wasser-Allee in Kiel bis hinaus zum Festplatz von Holtenau nahmen in weitem Bogen die Kriegsschiffe der Marine Parade-Aufstellung.

Der Festplatz in Holtenau.

Zur Feier der Grundsteinlegung zur Ostseeschleuse.

In der Nähe der Mündung des Eider-Kanals bei Holtenau lag die I. und II. Torpedoboots-Division mit dem Flottillenfahrzeuge Aviso „Blitz", sodann in 300 m Abstand das Manöver-Geschwader, bestehend aus den Panzern „König Wilhelm" (Flaggschiff), „Kaiser", „Oldenburg", Aviso „Pfeil", und an dieses sich anschließend „Friedrich Carl" und „Hansa", sodann folgte das Schulgeschwader mit den umgepanzerten Schiffen „Stein" (Flaggschiff), „Moltke", „Gneisenau" und „Prinz Adalbert", ferner die Schulschiffe „Ariadne", „Luise", „Niobe" und zum Schluß die Reserve-Division mit den Panzerschiffen

„Sachsen“ (Stammschiff), „Baden“, „Bayern“ und „Württemberg“. S. M. Torpedo-Schulschiff „Blücher“ behielt seinen ständigen Ankerplatz bei der Marine-Akademie bei. Neben der Fregatte „Niobe“ hatte die anläßlich der Festlichkeiten am 3. Juni in Kiel anwesende schwedische Korvette „Edda“ ihren Ankerplatz genommen. Sämtliche Schiffe lagen von 8 Uhr Morgens an in großer Flaggengala.

Die Feier der Grundsteinlegung vollzog sich nach dem folgenden

Programm:

Um $9^1/_2$ Uhr hatten sich die zur Feier geladenen Personen auf dem Festplatze versammelt. Der Staatssekretär von Bötticher, in Vertretung des verhinderten Reichskanzlers Fürst Bismarck, die Mitglieder des Bundesrats, der Präsident und die Vice-Präsidenten des Reichstags, die Chefs und die höheren Beamten der Reichsämter traten neben den Grundstein, rechts von dem kaiserlichen Pavillon aus, die Mitglieder des preußischen Staats-Ministeriums, die Präsidenten beider Häuser des preußischen Landtags und die Chefs der Behörden der Provinz Schleswig-Holstein neben den Grundstein, links vom Pavillon aus.

Die Mitglieder des Reichstags, des preußischen Landtags und der Provinz Schleswig-Holstein traten auf den Podest gegenüber dem Pavillon. Die der kaiserlichen Kanal-Kommission unterstellten höheren Beamten stellten sich vor dem Podest auf; vor denselben, zwischen Podest und Kanzel, die Geistlichen.

Die Offizier-Corps von Kiel und Friedrichsort schlossen das Viereck, indem dieselben, und zwar die Offiziere der Marine rechts vom Pavillon, die Offiziere der Armee links von demselben, sich zwischen Pavillon und Podest aufstellten.

An der Landungsstelle lag bereits der zur Aufnahme des Kaisers bei der Rückfahrt bestimmte Radaviso „Pommerania“; auf Deck desselben sah man die Großherzogin von Baden, welche, zur Überraschung ihres greisen Vaters, am Morgen incognito eingetroffen war. Die Großherzogin, welche mit zärtlichster Liebe und Verehrung an ihrem Vater hängt, wollte in den Tagen der für den Neunzigjährigen höchst strapaziösen Feierlichkeiten in seiner unmittelbaren Nähe sein, um mit Sorgfalt über sein Wohlbefinden wachen zu können. Es ist bekannt, mit welcher Liebe Kaiser Wilhelm seinerseits an seiner Tochter hing, die einst am Tage jenes fluchwürdigen Attentates in Berlin, mit ihrem Leibe ihren Vater gegen die tückischen Geschosse eines Meuchelmörders deckte.

Zur Teilnahme an der Feier waren offiziell geladen:

I. Staatsminister: Fürst von Bismarck, Reichskanzler, derselbe war am Erscheinen verhindert; von Puttkamer, Vize-Präsident des Königlich Preußischen Staatsministeriums, Staatsminister und Minister des Innern. Maybach, Staatsminister und Minister der öffentlichen Arbeiten, Chef des Reichsamts für die Verwaltung der Reichseisenbahnen.

Dr. Lucius, Staatsminister für die Landwirtschaft, Domainen und Forsten. Dr. Friedberg, Staats- und Justizminister. von Boetticher, Stellvertreter des Reichskanzlers, Staatsminister und Staatssekretär des Innern, Dr. von Goßler, Staatsminister und Minister der geistlichen, Unterrichts- und Medizinal-Angelegenheiten. Dr. von Scholz, Staats- und Finanzminister. Bronsart von Schellendorf, Staats- und Kriegs-Minister.

II. Die Chefs der Reichsämter: Dr. von Stephan, Wirkl. Geh.-Rat, Staatssekretär des Reichs-Postamts. Dr. von Schelling, Wirklicher Geh.-Rat, Staatssekretär des Reichs-Justizamts, von Caprivi, Generallieutenant, Chef der Kaiserlichen Admiralität. Dr. Jacobi, Wirkl. Geh.-Rat, Staatssekretär des Reichs-Schatzamts. Graf Herbert von Bismarck-Schönhausen, Staatssekretär des Auswärtigen Amts, von Dechend, Wirklicher Geh.-Rat und Reichsbank-Präsident.

III. Die Hauptbevollmächtigten zum Bundesrate: Vom Königreich Preußen, Bayern, Sachsen, Württemberg, Großherzogtum Baden, Hessen, Mecklenburg-Schwerin, Sachsen-Weimar, Oldenburg, Herzogtum Braunschweig-Lüneburg, Sachsen-Meiningen, Sachsen-Altenburg, Sachsen-Coburg-Gotha, Anhalt, Fürstenthum Schwarzburg-Rudolstadt, Waldeck-Pyrmont, Reuß (ält. L.), Reuß (jüng. L.), Schaumburg-Lippe, Lippe, Lübeck, Bremen, Hamburg, sowie die Kommission der Landes-Verwaltung für Elsaß-Lothringen.

IV. Die Gesamtvorsteher des Seniorenkonvents 2c. des Reichstages, sowie die XI. Kommission von 1886. Präsidium, Schriftführer, Quästoren, Vorsitz. d. Abt. Senioren-Convent.

V. Gesamt-Vorstand II. und III. Kommission von 1886.

VI. Gesamt-Vorstand 2c. des preußischen Abgeordnetenhauses. Präsidium, Schriftführer, Quästoren, Vorsitz d. Abt., Mitglieder der XVIII. Kommission.

VII. Die 4 Bureau-Direktoren des Bundesrates, des Reichstages, des preußischen Herren- und Abgeordnetenhauses.

VIII. Höhere Beamte 2c. Kommissarien betr. Nord-Ostsee-Kanal von 1884. Schultz, Geh. Ober-Reg.-Rat. Wagner, Geh.-Rat. Karcher, Kapitän z. S. Wenolt, Königl. Wirkl. Geheimer Ober-Regierungs-Rat. Hübner, Geh. Ober-Regierungs-Rat. Dr. Thiel, Königl. Geh. Regierungs-Rat. Kunisch, Königl. Geh. Reg.-Rat. Gesmoer, Geh. Ober-Finanz-Rat. Vogel von Falckenstein, Oberst. Herrfohrold, Oberst.

IX. Akademie des Bauwesens.

X. Dr. Kögel, Ober-Hof- und Domprediger.

XI. Von dem Ober-Präsidenten vorgeschlagene Personen. a. Fürstlichkeiten und Gefolge. Seine Hoheit der Herzog Friedrich Ferdinand zu Schleswig-Holstein Glücksburg-Grünholz. Freiherr von der Reck, Hofchef in Bienenbeck. b. Militär und Marine. von Treskow, General.

von Stuckrad, Oberst. von Reibnitz, Generallieutenant. von Prittwitz und Gaffron, Generalmajor. von Renthe gen. Fink, Generalmajor. Freiherr von Dörnberg, Oberst. Freiherr von Rosen, Generalmajor. von Wickede, Vize-Admiral z. D. von Blank, Vize-Admiral z. D. von Roques, Oberst. von Werner, Kapitän z. S. Ober-Werft-Direktor. von Levetzow, Kapitän z. S. z. D. Paschen, Contre-Admiral. von Kall, Contre-Admiral Köster, Kapitän z. S. Frantzius, Hafenbaudirektor. Graf von Monts, Vize-Admiral von Radowitz, Generalmajor. Blechen von Schmeling, Oberst. v. d. Wense, Oberst. von Beczwarzowsky, Major. Hollmann, Kapitän z. S. Deinhard, Kapitän z. S. c. Chefs ꝛc. der Zivil-Behörde. Steinmann, Ober-Präsident. Freiherr von Patow, Regierungs-Rat. Rimal, Landrat. Griesebach, Reg.-Vize-Präsident. von Uckro, Geh. Reg.-Rat. Wiechers, Reg.-Rat. Suadicani, Baurat. Boden, Wasserbau-Inspektor. Krieger, Geh. Ober-Finanz-Rat. Krahn, Eisenbahn-Dir.-Präsident. Dr. Struckmann, Oberlandesger.-Präsident. Dr. Mommsen, Konsistorial-Präsident. Starke, Ober-Staatsanwalt. Husadel, Ober-Postdirektor. Liesegang, Reichsbank-Direktor. von Graba, Landesrat, Jessen, Landes-Baurat. Dr. Hensen Professor. Mölling, Ober-Bürgermeister. Kruse, Konsul. Jensen, General-Superintendent. Kaftan, General-Superintendent (Schleswig). Freiherr von Heintze, Landrat. Brütt, Landrat. Jürgensen, Landrat. Edens, Wasserbau-Inspektor. Lund, Schifffahrts-Inspektor. Rühle von Lilienstern, Bürgermeister. Wiggers, Justiz-Rat. d. Provinzialstände und ständische Verwaltungs-Organe, sowie die Stellvertreter, die an der 20. Diät des Schleswig-Holsteinschen Landtags teilgenommen. e. Sonstige notable Personen. H. Dahlström, Vorsitzender des Deutschen Rhederei-Vereins. Bokelmann, Stadtverordneter. A. Sartori, Königl. Kommerzien-Rat. Freiherr von Scheel-Plessen, Ober-Präsident a. D.

Kaiserliche Kanal-Kommission. Loewe, Königl. Reg.-Rat. Fülscher, Königl. Reg.-Rat. Keller, Wasserbau-Inspektor. Kuntze, Wasserbau-Inspektor. Tolkmitt, Wasserbau-Inspektor. Allendorf, Wasserbau-Inspektor. Reverdy, Königl. Bayr. Bau-Amtmann. Ferner die Regierungs-Baumeister Werneburg, Schulze, Mehliß, Düsing, Siebert, Réer, Brandt, Sympher, Scholer, Dohrmann, v. Liliencrohn, Nestle, Goelkel, Schüler, Lütjohann, Frentzen, Möller und Rothe.

Um 10¼ Uhr traf der Kaiser in vierspänniger Equipage auf dem Festplatz ein. Derselbe wurde von den Königlichen Prinzen, dem Staatsminister von Boetticher sowie der Kaiserlichen Kanal-Kommission empfangen und zum Kaiserpavillon geleitet, während die Musik Fanfare blies. Nunmehr erteilte der Kaiser dem Minister von Boetticher die Erlaubnis zum Beginn der Feier, und der Sängerchor trug einen Chor aus dem 21. Psalm von Händel: „der Fürst wird sich freuen Deiner Macht“ vor.

Alsdann verlas Staatssekretär von Boetticher die Urkunde, welche zur Versenkung in den Grundstein bestimmt war. Dieselbe befand sich in einem Umschlage von dunkelrotem Sammet, war datiert: Holtenau, den 3. Juni, unterzeichnet Wilhelm, und gegengezeichnet: Fürst Bismarck. Sie war in zwei Exemplaren ausgefertigt, das eine lag bereits in der Kupfer-Kassette, die in den Grundstein versenkt werden sollte; das zweite Exemplar verlas der Minister.

Die **Urkunde** lautete:

Wir Wilhelm, von Gottes Gnaden Deutscher Kaiser, König von Preußen u. s. w. thun kund und verfügen hiermit zu wissen:

Die Herstellung einer unmittelbaren Verbindung der beiden deutschen Meere durch eine für den Verkehr der Kriegs- und Handelsflotte ausreichende Wasserstraße ist seit langer Zeit das Ziel patriotischer Wünsche gewesen. So lange das Vaterland der Einigung entbehrte, lag dieses Ziel in unerreichbarer Ferne. Nachdem aber durch Gottes Fügung das Deutsche Reich neu erstanden war, konnte der Plan zur Herstellung jener Verbindung in der uns seitdem beschieden gewesenen Zeit friedlicher Entwickelung festere Gestalt gewinnen.

Durch das Reichsgesetz vom 16. März 1886 ist die Verbindung beider Meere nunmehr sichergestellt worden.

Ein Bauwerk von gewaltiger Ausdehnung soll damit unternommen, ein bleibendes Denkmal deutscher Einigkeit und Kraft geschaffen und in den Dienst nicht nur der vaterländischen Schifffahrt und der Wehrhaftigkeit, sondern auch des Weltverkehrs gestellt werden. Keine menschliche Voraussicht vermag die zukünftige Bedeutung dieses Baues in vollem Umfange zu ermessen; die Wirkungen ragen über das lebende Geschlecht und über das zur Rüste gehende Jahrhundert hinaus.

Im Hinblick auf diese Bedeutung des vaterländischen Unternehmens haben Wir beschlossen, daß im Namen der Fürsten und freien Städte des Reichs, in Gemeinschaft mit den Vertretern des Reichstages und des preußischen Landtages, der Grundstein zum Bau des Nord-Ostsee-Kanals und zwar an der Stelle gelegt werde, an welcher sich in Zukunft die Eingangsschleuse bei Holtenau erheben wird.

Möge der Bau dem deutschen Vaterlande, möge er den Elbherzogtümern zu Heil und Segen gereichen! Möge durch ihn das Gedeihen der deutschen Schiffahrt und des deutschen Handels, die friedliche Entfaltung des Weltverkehrs, die Stärkung der vaterländischen Seemacht und der Schutz unserer Küsten kräftig gefördert werden! Das walte Gott in Gnaden!

Gegenwärtige Urkunde haben Wir in zwei Ausfertigungen mit Unserer Allerhöchsteigenhändigen Namensunterschrift vollzogen und mit Unserm größeren Kaiserlichen Insiegel versehen lassen.

Wir befehlen, die eine Ausfertigung mit den dazu bestimmten Schriften und Münzen in den Grundstein der Schleuse bei Holtenau niederzulegen, die andere in Unserm Archiv aufzubewahren.

Gegeben Holtenau, den 3. Juni 1887.

Außer dieser Urkunde wurden gleichzeitig in der Kupferkassette in den Grundstein versenkt und eingemauert:

1. das Reichsgesetz, betreffend die Herstellung des Nord-Ostsee-Kanals, vom 16. März 1886,
2. das preußische Gesetz, betreffend die Gewährung eines besonderen Beitrags von 50 000 000 Mark im Voraus zu den Kosten der Herstellung des Nord-Ostsee-Kanals, vom 16. Juli 1886,
3. eine Karte der Linie des Nord-Ostsee-Kanals,

4. die Baugeschichte des Nord-Ostsee-Kanals,
5. ein vollständiger Satz der Reichsmünzen.

Das unter 1 erwähnte Reichsgesetz lautete:

Gesetz, betreffend die Herstellung des Nord-Ostsee-Kanals.
Vom 16. März 1886.

Wir Wilhelm, von Gottes Gnaden, Deutscher Kaiser, König von Preußen rc. verordnen im Namen des Reichs, nach erfolgter Zustimmung des Bundesrats und des Reichstages was folgt:

§ 1. Es wird ein für die Benutzung durch die deutsche Kriegsflotte geeigneter Seeschiffahrts-Kanal von der Elbmündung über Rendsburg nach der Kieler Bucht unter der Voraussetzung hergestellt, daß Preußen zu den auf **156 000 000** Mark veranschlagten Gesamtherstellungskosten desselben den Betrag von 50 000 000 Mark im Voraus gewährt.

§ 2. Der Reichskanzler wird ermächtigt, die Mittel zur Deckung der vom Reich zu bestreitenden Kosten bis zum Betrage von 106 000 000 Mark im Wege des Kredits zu beschaffen und zu diesem Zwecke eine verzinsliche, nach den Bestimmungen des Gesetzes vom 19. Juni 1868 (Bundes-Gesetzbl. S. 339) zu verwaltende Anleihe aufzunehmen und Schatzanweisungen auszugeben.

Die Bestimmungen in den §§ 2 bis 5 des Gesetzes vom 27. Januar 1875, betreffend die Aufnahme einer Anleihe für die Zwecke der Marine- und Telegraphen-Verwaltung (Reichs-Gesetzbl. S. 28) finden auch auf die nach dem gegenwärtigen Gesetz aufzunehmende Anleihe und auszugebenden Schatzanweisungen Anwendung.

§ 3. Von den nicht zur Kaiserlichen Marine gehörigen Schiffen, welche den Kanal benutzen, ist eine entsprechende Abgabe nach einem vom Kaiser im Einvernehmen mit dem Bundesrat festzustellenden Tarif zu entrichten.

§ 4. Die vom Reich auf Grund dieses Gesetzes alljährlich zu verwendenden Beträge sind in den Reichshaushalts-Etat des betreffenden Jahres aufzunehmen.

Urkundlich unter Unserer höchsteigenhändigen Unterschrift und beigedrucktem Kaiserlichen Insiegel.

Gegeben Berlin, den 16. März 1886. Wilhelm.
(L. S.) Fürst Bismarck.

Das unter 2 erwähnte preußische Gesetz lautet:

Gesetz, betreffend die Gewährung eines besonderen Beitrages von 50 000 000 Mark im voraus zu der Herstellung des Nord-Ostsee-Kanals.
Vom 16. Juli 1886.

Wir Wilhelm, von Gottes Gnaden, König von Preußen rc. verordnen, mit Zustimmung der beiden Häuser des Landtags der Monarchie, was folgt:

§ 1. Zu den Kosten der Herstellung des Nord-Ostsee-Kanals durch das Reich wird ein besonderer Beitrag von 50 000 000 Mark gewährt.

§ 2. Zu dem in § 1 gedachten Zwecke ist eine Anleihe durch Veräußerung eines entsprechenden Betrages von Schuldverschreibungen aufzunehmen.

Wann, durch welche Stelle und in welchen Beträgen, zu welchem Zinsfuße, zu welchen Bedingungen der Kündigung und zu welchen Kursen die Schuldverschreibungen verausgabt werden sollen, bestimmt der Finanz-Minister.

Im übrigen kommen wegen Verwaltung und Tilgung der Anleihe und wegen Verjährung der Zinsen die Vorschriften des Gesetzes vom 19. Dezember 1869 (Gesetz-Samml. S. 1197) zur Anwendung.

Urkundlich unter Unserer Höchsteigenhändigen Unterschrift und beigedrucktem Königlichen Insiegel.

Gegeben Schloß Mainau, den 16. Juli 1886.

(L. S.) Wilhelm.

Fürst von Bismarck. von Puttkamer. Maybach. Lucius. Friedberg. von Boetticher. von Goßler. von Scholz.

Die unter 4 erwähnte Denkschrift der **Baugeschichte des Kanals** gab in folgendem Wortlaut eine gedrängte Übersicht über die auf Seite 5 bis 16 eingehend behandelte Vorgeschichte:

„Der in den Jahren 1777—1785 unter dem Könige Christian VII. von Dänemark erbaute schleswig-holsteinische Kanal genügte den Anforderungen der Seeschiffahrt insofern nur unvollkommen, als derselbe nur Schiffen mittlerer Länge und mit einem Tiefgang von nicht über drei Meter den Durchgang gestattete. Die große Zahl und Schwere der Schiffsunfälle bei der Fahrt um das Cap Skagen sowie das Bedürfnis thunlichster Abkürzung des Seeweges legten namentlich seit der Benutzung der Dampfkraft für die Schiffsbewegung den Plan der Herstellung eines auch für Schiffe stärkerer Bauart benutzbaren Kanals zur Verbindung der Nord- und Ostsee nahe. Infolge dessen wurden im Laufe dieses Jahrhunderts mehrfach Entwürfe für einen solchen Kanal ausgearbeitet, welche zunächst lediglich die Zwecke und Verhältnisse der Handelsschiffahrt im Auge hatten.

In den Jahren 1848/49, bei Gründung einer deutschen Flotte, trat zum ersten Male der Gesichtspunkt, den vaterländischen Kriegsschiffen die Möglichkeit steter Vereinigung in der Ost- oder Nordsee ohne Behinderung durch eine Sperre bei den dänischen Inseln zu gewährleisten, in den Vordergrund. Bei den Entwürfen kamen verschiedene Linien für den Kanal in Betracht, je nachdem man es für ratsam erachtete, denselben in die eine oder andere natürliche Bucht an der Ost- bezw. Nordsee ausmünden zu lassen oder den einen oder den andern Flußlauf für die Kanalführung zu benutzen. Von den älteren Arbeiten sind zu erwähnen: 1) der Entwurf des Deichinspektors Petersen für die Linie Husum-Schleswig-Eckernförde mit einer Tiefe des Kanals von 22 Fuß, einer Breite auf dem Wasserspiegel von 126 Fuß und in der Sohle von 50 Fuß; 2) der Entwurf der Gebrüder Christensen für die Linie Brunsbüttel-Rendsburg-Eckernförde mit einer Tiefe von 24 Fuß, einer Breite von 150 Fuß in der Wasserlinie und von 68 Fuß in der Sohle, beide Entwürfe aus den Jahren 1848/49. Der Kieler Flottenausschuß veranlaßte in denselben Jahren 3) die Bearbeitung der Kanallinien Brunsbüttel-Kiel und Störort-Kiel. In den Jahren 1861/62 arbeitete der Ingenieur Kröhnke mit Zustimmung der königlich-dänischen Regierung 4) einen Entwurf für die Linie St. Margarethen-Haffkrug (Neustädter Bucht) aus, mit einer Tiefe von 25 Fuß, einer Breite in der Wasserlinie von 160—170 Fuß und von 62—70 Fuß in der Sohle. Im Jahre 1864 erhielt der Geheime Oberbaurat Lentze von der königlich preußischen Regierung den Auftrag, eine Untersuchung über die Ausführung eines für Handels- und Kriegsschiffe jeglicher Größe fahrbaren Kanals zwischen der Ost- und der Nordsee anzustellen. Lentze brachte für den Kanal die Linie St. Margarethen-Eckernförde, eine Breite im Wasserspiegel von 224 Fuß, in der Kanalsohle von 76 Fuß und eine Tiefe von 31—34 Fuß in Vorschlag. Später arbeitete derselbe noch den Entwurf eines Zweigkanals von dem Hauptkanal nach der Kieler Bucht aus.

Während bei den sämtlichen früher ausgearbeiteten Projekten die Anwendung von Schleusensystemen für notwendig erachtet worden war, stellte der Lentzesche Entwurf einen Durchstich auf der Höhe des Ostseespiegels mit nur einer Abschlußschleuse in der westlichen Kanalmündung dar. Die königlich preußische Regierung beabsichtigte, den Entwurf Privatunternehmern unter Gewährung einer Staatsunterstützung zur Ausführung zu überlassen. Es scheiterte indessen der Versuch der Bildung einer Privatgesellschaft. Dieser Mißerfolg ließ den Plan der Erbauung des Nord-Ostsee-Kanals nur für kurze Zeit ruhen. Wiederholt ergingen in der Folgezeit erneute Anregungen für den Bau sowohl in der Presse als aus der Mitte des deutschen Reichstages. Gegen Ende der siebenziger Jahre ließ die königlich preußische Regierung Untersuchungen darüber anstellen, ob der schleswig-holsteinische Kanal sich in einen den Bedürfnissen des Handelsverkehrs und der Kriegsflotte entsprechenden Stand werde setzen lassen. Die Untersuchungen ergaben, daß der Plan hauptsächlich mit Rücksicht auf die Möglichkeit, die vor der Eidermündung befindliche Barre zu beseitigen, unausführbar ist.

Eine wesentliche Förderung wurde dem Projekt des Nord-Ostsee-Kanals durch den Kaufmann H. Dahlström in Hamburg zuteil, welcher in den Jahren 1878—1881 auf eigene Kosten das Lentzesche Projekt überarbeiten, hierbei die östliche Ausmündung des Kanals in die Kieler Bucht verlegen ließ und die auf seine Veranlassung angefertigten Arbeiten dem königlich preußischen Minister der öffentlichen Arbeiten mit der Bitte um Gewährung des Staatsbeitrages an eine durch ihn zu bildende Gesellschaft zur Prüfung vorlegte.

Am 19. Okt. 1883 befahl Se. Maj. der Kaiser und König in einem Erlaß an den Reichskanzler die erneute Anstellung von Untersuchungen für die Ausführung des Kanalbaues. Die hierauf von den beteiligten Behörden des Reichs und Preußens unverzüglich eingeleiteteten Erörterungen führten zu dem Vorschlage des Reichskanzlers an Se. Maj. den Kaiser, für den Kanal die Linie Brunsbüttel-Rendsburg-Kieler Bucht mit je einer Schleusenanlage an beiden Mündungen in Aussicht zu nehmen, die Bauausführung dem Reich unter Gewährung eines Beitrages im voraus von seiten Preußens zu übertragen. Die Kosten des Baues waren von technischer Seite auf 156 Millionen Mark veranschlagt worden. Der von Preußen zu leistende Beitrag wurde auf 50 Millionen berechnet. Für den Kanal war eine Tiefe von 8,5 m, eine Breite in der Wasserlinie von 60 m und 26 m in der Sohle vorgesehen. Seine Majestät genehmigten diesen Plan. Demgemäß wurden die erforderlichen Gesetzesvorlagen bei den gesetzgebenden Körpern des Reichs und Preußens in den Sessionen 1885/86 eingebracht. Der Bundesrat und der Reichstag sowie die Häuser des preußischen Landtags haben die ihnen vorgelegten Gesetzentwürfe nach eingehender Erwägung sämtlicher in Betracht zu ziehenden Interessen fast ohne Widerspruch mit nur geringen Abänderungen angenommen. Zur Ausführung des Kanalbaues ist durch Allerhöchsten Erlaß vom 17. Juli 1886 mit Zustimmung des Bundesrats eine besondere Behörde unter der Bezeichnung „Kaiserliche Kanalkommission" eingesetzt worden. Dieselbe hat ihren Sitz in Kiel. Am heutigen Tage, den 3. Juni 1887, wird in Anlaß des Beginns der Arbeiten für die Herstellung des Nord-Ostsee-Kanals die feierliche Grundsteinlegung für die östliche Einlaßschleuse desselben bei Holtenau stattfinden."

Unter den getragenen Klängen des Orchestersatzes aus Mozarts „Zauberflöte“ wurde nunmehr die kupferne Kassette in den Grundstein versenkt und die Schließplatte aufgesetzt. Hierauf trat der bayerische Bevollmächtigte zum Bundesrath, Graf Lerchenfeld-Köfering vor, während der Kaiser von dem Pavillon die Treppenstufen hinab an den Grundstein trat. Der Gesandte hielt nun folgende Ansprache:

„Seit der Gründung des Reiches haben Eure Kaiserliche Majestät mit nie rastender Sorge, mit hoher Weisheit und Kraft für das Wohl Deutschlands gewirkt. Auch heute wollen Euere Kaiserliche Majestät ein Werk begründen, bestimmt dem deutschen Handel eine neue Straße zu eröffnen und über die deutschen Küsten hinaus die Macht des Reiches zu stärken. Dieselbe Hand, welche einst Deutschlands Fürsten und Völker zu einem ewigen Bund vereinigt, wird jetzt den ersten Stein zu einem Baue legen, der die deutschen Meere verbindet. Möge Gottes Segen, der so sichtlich das Wirken Eurer Kaiserlichen Majestät begleitet, auch auf diesem Werke ruhen, möge es zur Vollendung gelangen zum Heile Deutschlands und zum Ruhme seines Kaisers! Mit diesem Wunsche überreiche ich Eurer Kaiserlichen Majestät Namens des Bundesrats Kelle und Mörtel.“

Mit diesen Worten überreichte der Gesandte dem Kaiser auf blausammtenem Kissen die stählerne Kelle, welche der Kaiser ergriff, um von dem durch einen Werkmann in einer Mulde bereit gehaltenen Mörtel auf den Stein zu werfen. Die Meister des Maurer- und Steinmetzgewerkes setzten sodann das Verschlußstück auf den Stein. Hierauf überreichte der Präsident des Reichstags Freiherr von Wedell-Piesdorf dem Kaiser den stählernen Hammer mit folgenden Worten:

„Eure Kaiserliche Majestät wollen mit dem Hammer, den ich Namens der Vertretung des deutschen Volkes zu überreichen die Ehre habe, den Grundstein zu einem Werk legen, welches zwischen den beiden Meeren, die Deutschlands Küsten bespülen, eine Verbindung schaffen wird, die Deutschland allein angehört. Seit den Tagen, wo diese schöne Provinz unter Ew. Majestät Szepter trat, lebte in den deutschen Herzen die Sehnsucht, daß dieses Werk ausgeführt werde, von dem das Reich eine mächtige Stütze seiner Kriegs- und Handelsflotte erhofft.

Das deutsche Volk ist voll Dankbarkeit gegen Ew. Kaiserl. Majestät für die Erfüllung seines Wunsches. Gottes Gnade wolle dem heute begonnenen Werk den Erfolg geben.“

Nunmehr ergriff der Kaiser den Stahlhammer und vollzog, das Haupt entblößend, mit demselben drei Schläge auf den Stein, bei denen er folgende Worte sprach:

„Zu Ehren des geeinigten Deutschlands!
„Zu seinem fortschreitenden Wohle!
„Zum Zeichen seiner Macht und Stärke!“

Nach diesen Worten hatte der Kaiser das Haupt wieder bedeckt; sodann nahm derselbe den Helm nochmals ab und führte im Namen der Kaiserin drei Schläge mit folgenden Worten:

„Im Namen Ihrer Majestät der Kaiserin und Königin!“

Nach dem Kaiser führte Prinz Wilhelm drei Hammerschläge mit folgenden Worten: „Im Namen Sr. Kaiserlichen und Königlichen Hoheit des Kronprinzen des Deutschen Reiches und von Preußen.“ Sodann vollzog Prinz Wilhelm drei Hammerschläge für sich selbst, nach diesem Prinz Heinrich, Prinz Friedrich Leopold und hierauf der Reihe nach der Stellvertreter des Reichskanzlers, die stimmführenden Bevollmächtigten zum Bundesrat, der Präsident und die Vice-Präsidenten des Reichstags, die Mitglieder des Königlich preußischen Staatsministeriums, der Präsident und die Vice-Präsidenten des preußischen Herrenhauses, der Präsident und die Vice-Präsidenten des preußischen Abgeordnetenhauses, die Chefs der Reichsämter, der kommandierende General des IX. Armee-Corps, der Ober-Präsident der Provinz Schleswig-Holstein, die Chefs der Marine-Stationen der Nord- und Ostsee, der Landtags-Marschall und der Vice-Landtags-Marschall der Provinz Schleswig-Holstein und zum Schluß die Mitglieder der Kaiserlichen Kanal-Kommission.

Jedem der Herren gab der Kaiser die Hand; sodann nahm derselbe von dem Kommerzienrat Sartori ein Album mit Ansichten von Kiel und dem alten Eiderkanal entgegen. Hierauf nahm der Kaiser unter Führung des Staatsministers von Boetticher die Anlagen auf dem Festplatze in Augenschein. Nachdem sämtliche Festteilnehmer die Hammerschläge vollzogen, bestieg der Oberhofprediger Dr. Kögel in seidenem Talar die Predigerkanzel und hielt mit weittragender Stimme folgenden Weihespruch:

„Das walte Gott, Vater, Sohn und heiliger Geist! Vom Fels zum Meer, so dankt von Gottes lieber Sonne mild begrüßt, unser neunzigjähriger Kaiser für den Wunderweg, der von der Burg im Süden hierher zum Nordgestade führt. „Auf ewig ungeteilt!“ Der Nordprovinzen Spruch soll heute Losung und Gelübde des ganzen Vaterlandes sein. Nicht trennen, was zusammengehört, will der Kanal, nein, einen, was getrennt ist, in freier, ungehemmter Bahn, ein Werk deutscher Kraft, ein Spiegel deutscher Einheit. „An Gottes Segen ist alles gelegen“ — diese Weisheit der Väter soll der Söhne Erbteil bleiben. Der Kirche und der Schule stille Arbeit im Bilden und im Bauen; der redliche Fleiß am Steuer, Hammer, Pflug; die deutsche Unternehmungskraft auf Märkten und in Häfen; die Waffen unseres Heeres und die Flagge unserer Flotte, deren Anker im deutschen Herzen Grund gefunden hat — all das sei heut in feierlicher Stunde aufs neue in die Obhut der göttlichen Barmherzigkeit gestellt. „Das Meer brause und was darinnen ist vor dem Herrn“ — so ruft der Psalter einer. Wenn die Wogen der Ostsee und der Nordsee ineinander rauschen werden, dann soll auf ihr Frohlocken unsere Antwort sein: „Nicht uns, nicht uns, o Herr, sondern deinem Namen gieb die Ehre! Vater unseres Herrn Jesu Christi, segne uns und behüte Kaiser und Reich. Laß dein Angesicht über die deutschen Fürsten, freien Städte und alle Stämme und Stände leuchten und sei unserm

Volk und Vaterland gnädig. Erhebe dein Angesicht auf das heute begonnene Werk und gieb uns und unsern Nachkommen deinen Frieden. Amen."

Nach dem Weihespruch fiel der Sängerchor mit dem Hallelujah aus dem „Messias" ein, und als die Töne verklungen, brachte Staatsminister von Boetticher das Hoch auf den Kaiser aus, welches brausenden Widerhall fand, und an das sich die von allen Festteilnehmern mitgesungene Nationalhymne anschloß. Beim letzten Verse derselben entblößte der Kaiser sein weißes Haupt, so daß der frische Seewind mit den Silberlocken sein Spiel trieb — ein Bild einziger Art.

Als die letzten Klänge der dem ehrwürdigen Herrscher aus vollster Seele dargebrachten Ovationen verklungen, sprach derselbe den Ministern und Bundesratsbevollmächtigten seinen Dank aus und begab sich, vom Chef der Admiralität geleitet, durch ein Spalier von Seeoffizieren und Seekadetten an Bord der am Festplatz vertäuten „Pommerania", auf deren erhöhtem Promenadendeck ihn die vorausgeeilten Prinzen Wilhelm und Friedrich Leopold sowie Prinz Oskar von Schweden an der Seite der Großherzogin von Baden empfingen; Prinz Heinrich war sogleich nach Vollziehung der Hammerschläge an Bord seines Torpedodivisionsbootes D 2 geeilt, welches er bei der Flottenrevue kommandierte.

Als um 10 Uhr 45 Min. die „Pommerania" mit der Kaiserstandarte im Top sich in Fahrt setzte, enterten die Mannschaften auf und nahmen Paradeaufstellung auf den Raaen bezw. auf Deck. Das Panzerschiff „König Wilhelm" begann den Salut zu feuern, und 17 × 33, im ganzen also 561 mal ertönte der Donner der Geschütze in gewaltigem Zusammenklange, als der deutsche Kaiser, von dem jubelnden dreimaligen Hurrah der Schiffsmannschaft begrüßt, an der Front der Flotte vorüberfuhr. Heller Sonnenschein beleuchtete das auf von starkem Winde lebhaft bewegter Meeresfläche sich entwickelnde Schauspiel, welches ein Marinebild fesselnder, unvergeßlicher Art darbot.

Nach dem Eintreffen des kaiserlichen Avisos in Kiel begab sich der Kaiser, der trotz des rauhen Nordostwindes das Verdeck des Schiffes während der Flottenrevue nicht verlassen hatte, an der Seite seiner Tochter, der Großherzogin von Baden, in offener Kalesche nach dem Schloß. Die auf dem Thurm desselben wehende Kaiserstandarte war vom Winde in Fetzen zerrissen!

Um 2 Uhr Nachmittags fand in den festlich geschmückten Räumen des hoch auf bewaldetem Hügel am Meeresufer gelegenen schloßartigen Hotel Bellevue ein dem Kaiser von der Provinz gegebenes Festmahl statt. Pünktlich war der Kaiser erschienen, begab sich zunächst in das Fürstenzimmer und betrat wenige Minuten darauf den großen Banketsaal. Sein Platz an der Tafel war unter einem Thronhimmel, ihm zur Rechten saß Prinz Oskar von Schweden, zur Linken Prinz Wilhelm, während Prinz Heinrich der Nachbar des schwedischen Prinzen war. An 4 Tafeln im Hauptsaal, und in beiden anstoßenden Zimmern im Nebensaal speisten im Ganzen 278 Personen. Der Kaiser war in bester Laune, unterhielt sich dauernd mit seinen Nachbarn und schrieb sogar einige Zeilen nieder.

Nach dem siebenten Gang nahm der Landtagsmarschall Graf Rantzau, dem die Erlaubniß zum Ausbringen eines Trinkspruches erteilt war, das Wort.

Derselbe hob hervor, daß die Feier eine bedeutsame sei für alle Zeit. Es sei die höchste Ehre, daß unser erhabener Kaiser, dem Deutschland alles verdankt, was das Vaterland an Machtstellung, Glanz und Ruhm besitzt, ein Herrscher voll Gerechtigkeit und Milde, geliebt von seinem Volk wie kein anderer, in eigener Person das große Unternehmen habe eröffnen wollen. Dieses Unternehmen sei wichtig für die Kriegsmarine des Reichs, die Schiffs- und Handelsinteressen der Welt, für die Provinz. Die Vertreter dieser Provinz, die Provinzialstände brächten Sr. Majestät ihren unterthänigsten Dank dafür, daß Se. Majestät bei ihrem Festmahl habe erscheinen wollen. Die Feier des heutigen Tages sei für Schleswig-Holstein eine besonders bewegende. Sie erinnere an die schwere Zeit, da wir unter dem Druck der Fremdherrschaft seufzten und wir auf unseren Schiffen die uns feindlich gewordene Flagge wehen sahen. Um so erfreulicher sei der heutige Tag, da an den Gestaden unsers Hafens Kaiser und Reich erschienen sind; Se. Majestät habe uns von der Fremdherrschaft befreit und unser Land mit Preußen und Deutschland vereinigt. In glühender Dankbarkeit, inniger Liebe schlügen ihm unsere Herzen entgegen, die gleiche, treue Liebe schlage im Herzen aller treuen Unterthanen. Wir flehen zum Allmächtigen, daß er uns den Kaiser noch lange erhalte. Se. Majestät der Kaiser, er lebe hoch.

Die Versammlung brach in stürmische Ovationen aus und sang stehend die von der Musik intonierte Nationalhymne mit. Dann trat eine kurze Stille ein, und nun erklang des Kaisers Antwort an den Vertreter der Provinz in folgenden Worten:

„Mit Demut erkennen wir, daß die segensreiche Hand der Vorsehung sichtbar über unserem vergangenen Leben gewaltet hat. In meinem Alter war es sehr schwer vorherzusehen, daß ich diesen Tag mit Ihnen würde feiern können. Mit Freuden sind alle meine höchsten Beamten des Staates Ihrer Einladung gefolgt. Das gereicht uns zur größten Zufriedenheit. Das Werk, das wir unternehmen, ist so großartig, daß man es den hervorragendsten Unternehmungen der Neuzeit an die Seite stellen kann. Mit großem Danke für Ihre Einladung trinke ich jetzt auf das Wohl der Schleswig-Holsteinischen Lande und auf das Gedeihen eines Werkes, welches wir nur mit Gottes Hilfe unternehmen konnten, daß es fortgesetzt zum Wohle, zur Größe, zur Macht Deutschlands und Preußens beitragen möge. Die Provinz Schleswig-Holstein lebe hoch!"

Nach beendeter Tafel begab sich der Kaiser um $3^3/_4$ Uhr zu Wagen nach Kiel zurück, welches er, von den herzlichsten Scheidegrüßen der Bevölkerung geleitet, um $4^1/_2$ Uhr mit dem nach Berlin fahrenden Zuge, gemeinschaftlich mit der Großherzogin von Baden sowie dem Prinzen Wilhelm und Leopold, wieder verließ. Als ein kleiner, nicht uninteressanter Zug sei hier die Thatsache erwähnt, daß der Kaiser auf wiederholtes, inständiges Bitten seinen Enkel, Prinz Wilhelm, an diesem Tage à la suite des Seebataillons gestellt hatte.

VI.

Bauleitung und Arbeiterfürsorge.

Dem am 3. Juli 1887 vollzogenen Akte der feierlichen Grundsteinlegung zur Ostseeschleuse bei Holtenau durch Kaiser Wilhelm I. folgten unmittelbar die Arbeiten der Kaiserlichen Kanalkommission zur Ausführung des Baues. In erster Linie handelte es sich um Feststellung und landespolizeiliche Prüfung der Baupläne, welche letztere zu diesem Zwecke in verschiedenen Ortschaften für die Anlieger des zukünftigen Kanals öffentlich ausgelegt wurden, damit diese ihre etwaigen Einwendungen gegen die Pläne erheben konnten.

Nach Erledigung dieser gesetzlich vorgeschriebenen Formalitäten, die mangels jeder vorhandenen Spezialbearbeitung des Projekts, zu welchem s. Zt. die generellen Vorarbeiten von dem Hamburger Kaufmann H. Dahlström in Pausch und Bogen übernommen waren, einen ziemlich bedeutenden Zeitraum in Anspruch nahmen, erfolgte die Grunderwerbung in den verschiedenen Kanalgebieten. Zum Zweck derselben war die ganze Kanalstrecke in vier Abschnitte geteilt, in deren jedem zwei Taxatoren ihres Amtes walteten. Die Kanalkommission war meist genötigt, vom Kanal durchschnittene Grundstücke ganz zu erwerben, da die Besitzer den Teilverkauf ablehnten. Einerseits wurden diese Grundstücke mit zur Ablagerung des auszuhebenden Bodens verwendet, andernteils für die Dauer des Kanalbaues in eigene landwirthschaftliche Verwaltung genommen, um sie nach Fertigstellung des Kanals wieder zu veräußern. Der Grunderwerb vollzog sich, wenige Einzelfälle ausgenommen, ohne Schwierigkeiten, da die Angebote der Kanalkommission durchweg reichlich bemessen waren; im Enteignungsverfahren, welches nur selten Platz zu greifen brauchte, wurden den Verkäufern ganz wesentlich niedrigere Verkaufspreise zuerkannt. Im Ganzen waren für den Bau des Kanals Landgebiete zu einem Gesamtpreise von ca. Mk. 9,200,000 zu erwerben.

Zum Zweck der Bauausführung wurde die gesamte Kanalstrecke in 4 Bauamtsdistrikte eingeteilt, deren jeder unter Oberleitung eines Bauinspektors stand, welchem eine Anzahl von Baubeamten beigegeben waren.

Die vier Bauämter umfaßten folgende Strecken des Kanals:

Bauamt I von der Elbmündung bis zu km 3,87. Dasselbe enthielt die Bauten der großen Doppelschleuse nebst Binnenhafen an der Elbmündung nebst den beiden Molen im Elbstrom, und nur einen kurzen Teil der Kanalstrecke selbst. Der Sitz des Bauamts war in Brunsbüttelerhafen.

Bauamt II reichte von km 3,87 bis km 38. Dasselbe umfaßte die im Trockenen auszuhebende Baustrecke zwischen Elbe und Eider, zwei Eisenbahnübergänge, unter denen der Bau der Hochbrücke bei Grünthal (km 30) zur Überführung der Chaussee und der westholsteinischen Eisenbahn besonders bemerkenswert sind. Ferner war eine eigenartige Arbeit die Durchbauung der Moore im Gebiet des Kudensees. Sitz des Bauamts war Burg. Dies Bauamt zerfiel noch in 3 Bauabteilungen mit je einem Regierungsbaumeister an der Spitze.

Bauamt III reichte von km 38 bis km 65,15. Dasselbe umfaßte jene Strecke des Kanals, die gegenüber dem ursprünglichen Entwurf, welcher die Strecke zum Teil in das Bett der Untereider verlegte, verändert wurde. An Stelle der Benutzung der Untereider und der Durchquerung Rendsburgs wurde die Linie parallel am linken Untereiderufer im Trockenen geführt, das fiskalische Reitmoor und den Meckel-See durchschneidend, und erreichte den Eiderlauf erst oberhalb Rendsburgs. Seitlich abzweigend von dieser Strecke fand eine Verbindung des Nord-Ostsee-Kanals mit der Untereider vermittelst einer Schiffahrtsschleuse in Rendsburg statt. In das Gebiet dieses Bauamts fiel auch der Bau der doppelten Eisenbahndrehbrücke südlich von Rendsburg. Sitz des Bauamts war Rendsburg; dasselbe zerfiel ebenfalls in 3 Bauabteilungen unter je einem Regierungsbaumeister.

Bauamt IV umfaßte die Strecke von km 65,15 bis zur Ausmündung in den Kieler Hafen (km 98,6). Dieselbe lag, unter Abschneidung zahlreicher Krümmungen, durchweg im Gebiet der durch den Schleswig-holsteinischen Kanal mit dem Kieler Hafen verbundenen Obereider, die bekanntlich durch Schleuseneinrichtung schiffbar gemacht war. In das Gebiet dieses Bauamts fielen die Wasserspiegelsenkungen der Obereider, die Ausführung der Schleusenbauten an der Ostsee und die Überführung der Kiel-Flensburger Bahn bei der Höhe von Projensdorf-Knoop vermittelst einer Hochbrücke über den Kanal. Sitz des Bauamts war Kiel, dasselbe zerfiel ebenfalls in 3 Bauabteilungen unter je einem Regierungsbaumeister.

Im Jahre 1892 wurde von diesem vierten Bauamt ein die Schleusenanlage bei Holtenau umfassendes Bauamt V abgeteilt.

Die Oberleitung des Kanalbaus lag in den Händen der Kaiserlichen Kanalkommission in Kiel. Die Kanalkommission sowie die Bauämter hatten die Ausführung der Bauarbeiten zu überwachen. Diese Ausführung selbst erfolgte durch Unternehmer, an welche im öffentlichen Verdingungswege die einzelnen Bauarbeiten übertragen wurden. Nur einen Teil besonderer, mit der Bauleitung bezw. der Materialbeschaffung zusammenhängender Arbeiten hatte sich die oberste Baubehörde selbst zur Ausführung vorbehalten.

Über die Ausführung der Bauarbeiten wurde von der Kanalverwaltung auf Grund sehr eingehend gehaltener allgemeiner und besonderer „Vertragsbedingungen über die Ausführung von Bauten und Lieferungen im Geschäftsbereich der Kaiserlichen Kanalkommission“ eine sehr scharfe Kontrole geübt, so daß Benachteiligungen des Baues durch schlechte Materialien, nachlässige oder zweckwidrige Arbeitsausführung oder Verzögerungen der Fertigstellung der Arbeiten thatsächlich ausgeschlossen waren. Ziemlich im Anfange des Baubeginnes hatte die Kaiserliche Kanalkommission Veranlassung, einen Unternehmer im Bereich des Elbschleusenbauterrains aus dem Vertrage zu entlassen, weil derselbe die Fertigstellung der übernommenen Arbeiten nicht in dem von der Bauverwaltung im Verdingungsvertrage vorgesehenen Tempo ausführte.

Die für die Unternehmer verbindlichen vorgenannten Vertragsbedingungen enthielten eine Reihe von Vorschriften für die Bauunternehmer, welche neben einer möglichst vollkommenen Sicherung der Bauausführung auch die Arbeiterverhältnisse in einer dem Geiste der deutschen sozialpolitischen Gesetzgebung entsprechenden Weise regelten. Aus diesen Vertragsbedingungen sind folgende Einzelheiten von dauerndem Interesse.

Im Einzelnen bestimmte sich Art und Umfang der dem Unternehmer obliegenden Bauleistungen nach den Verdingungsanschlägen. Abänderungen der Bauentwürfe anzuordnen, blieb der Kaiserlichen Kanalkommission vorbehalten. Leistungen, welche in den Bauentwürfen nicht vorgesehen sind, konnten dem Unternehmer nur mit seiner Zustimmung übertragen werden.

Die dem Unternehmer zukommende Vergütung wurde nach den wirklichen Leistungen bezw. Lieferungen unter Zugrundelegung der vertragsmäßigen Einheitspreise berechnet. Es wurde also die Submission auf Einheitspreise für die einzelnen Leistungen gestellt, und nach Maßgabe der effektiv geleisteten Arbeiten nachher der Vergütungsbetrag festgesetzt. Die Vergütung für Tagelohnsarbeiten erfolgte nach den vertragsmäßig vereinbarten Lohnsätzen.

Ohne ausdrückliche schriftliche Genehmigung der Bauleitung durfte ein Unternehmer keinerlei Nebenarbeiten neben dem Verdingungsanschlage ausführen. Im Falle infolge Veränderung od. dgl. die Vertragsleistung sich gegen die festverdungene Menge verminderte, so hatte der Unternehmer Anspruch auf Ersatz des ihm hierdurch nachweislich entstandenen Schadens.

Der Beginn, die Fortführung und Vollendung der Arbeiten und Lieferungen hatten nach den in den besonderen Bedingungen festgesetzten Fristen zu erfolgen. Die Arbeit oder Lieferung mußte im Verhältnis zu den bedungenen Vollendungsfristen fortgesetzt angemessen gefördert werden. Die Zahl der zu verwendenden Arbeitskräfte und Geräte, sowie die Vorräte an Materialien mußten allezeit den übernommenen Leistungen entsprechen. Eine im Vertrage bedungene Konventionalstrafe galt nicht für erlassen, wenn die verspätete Vertragserfüllung ganz oder teilweise ohne Vorbehalt angenommen worden war.

Durch die vorstehend wiedergegebenen Bestimmungen war die rechtzeitige Fertigstellung aller einzelnen Bauausführungen der zahlreichen Arbeitsloose, auf welche im allgemeinen Reichsinteresse großer Wert gelegt wurde, gesichert, damit die Vollendung des Gesamtbaues, der von der Grundsteinlegung (1887) an gerechnet 8 Baujahre in Anspruch nehmen sollte, zu dem vorausberechneten Termine gewährleistet war. Die Bestimmungen dieses Abschnittes haben sich auch im Verlaufe der Arbeiten als durchaus wirksam erwiesen.

Der Unternehmer konnte im Fall einer durch die Kanalkommission bewirkten Unterbrechung oder gänzlichen Abstandnahme von der Bauausführung den Ersatz des ihm nachweislich entstandenen wirklichen Schadens beanspruchen. Eine Entschädigung für entgangenen Gewinn konnte in keinem Falle beansprucht werden. In gleicher Weise war der Unternehmer zum Schadenersatz verpflichtet, wenn die betreffenden, die Fortführung des Baues hindernden Umstände von ihm verschuldet waren, oder auf seiner Seite sich zugetragen hatten. Bei Unterbrechung durch Naturereignisse konnte der Unternehmer einen Schadenersatz nicht beanspruchen. Dauerte die Unterbrechung der Bauausführung länger als 6 Monate, so stand seitens der beiden Vertragsparteien ein Rücktritt vom Vertrage frei. Irgend eine nennenswerte, etwa dieser Voraussetzung gleichkommende Unterbrechung ist jedoch während des ganzen Verlaufes des Kanalbaues nicht eingetreten.

Die Arbeitsleistungen mußten den besten Regeln der Technik und den besonderen Bestimmungen des Verdingungs-Anschlages und des Vertrages entsprechen. Bei den Arbeiten durften nur tüchtige und geübte Arbeiter beschäftigt werden. Arbeitsleistungen, welche den gedachten Bedingungen nicht entsprachen, waren sofort und unter Ausschluß der Anrufung eines Schiedsgerichts zu beseitigen und durch untadelhafte zu ersetzen. Arbeiter, welche nach dem Urteile des bauleitenden Beamten untüchtig waren, mußten auf Verlangen entlassen und durch tüchtige ersetzt werden. Materialien, welche dem Anschlage bezw. den besonderen Bedingungen oder den dem Vertrage zu Grunde gelegten Proben nicht entsprachen, waren auf Anordnung des bauleitenden Beamten von der Baustelle zu entfernen. Behufs Überwachung der Ausführung der Arbeiten stand dem bauleitenden Beamten oder den von demselben zu beauftragenden Personen jederzeit während der Arbeitsstunden der Zutritt zu den Arbeitsplätzen und Werkstätten frei.

Die Kaiserliche Kanalkommission war befugt, dem Unternehmer die Arbeiten und Lieferungen ganz oder teilweise zu entziehen und den noch nicht vollendeten Teil auf seine Kosten ausführen zu lassen oder selbst für seine Rechnung auszuführen, wenn a) seine Leistungen untüchtig, oder b) die Arbeiten nach Maßgabe der verlaufenen Zeit nicht genügend gefördert waren, oder c) der Unternehmer den von der Kaiserlichen Kanalkommission getroffenen Anordnungen, betreffend seine Verbindlichkeiten gegen Arbeiter und Handwerker, nicht nachkam. Bei Entziehung der Arbeit konnte dem Unternehmer aufgegeben werden, die zur Fertigstellung derselben erforderlichen Maschinen, Geräte u. s. w. ohne besondere Entschädigung der Kaiserlichen Kanalkommission zu überlassen. — Von dieser Befugnis der Arbeitsentziehung hat die Kanalkommission dem ersten Unternehmer des Schleusenbaues an der Unterelbe gegenüber Gebrauch machen müssen.

Der Unternehmer trug die Verantwortung für die gehörige Stärke und sonstige Tüchtigkeit der Rüstungen. Dieser Verantwortung unbeschadet war er aber auch verpflichtet, eine von dem bauleitenden Beamten angeordnete Ergänzung und Verstärkung der Rüstungen unverzüglich und auf eigene Kosten zu bewirken. Auch haftete er für alle von seinen Bevollmächtigten oder Arbeitern in Ausführung des Vertrages vorgenommenen Handlungen persönlich. Über die Abnahme der Arbeit wurde in der Regel eine Verhandlung aufgenommen; auf Verlangen des Unternehmers mußte dies geschehen. Von der Verhandlung wurde dem Unternehmer auf Verlangen beglaubigte Abschrift mitgeteilt; die Verhandlung war dann die Grundlage der Berechnungen über die Vergütung für die Arbeitsleistungen.

Die Schlußzahlung erfolgte auf die vom Unternehmer einzureichende Kostenrechnung alsbald nach vollendeter Prüfung und Feststellung derselben. Abschlagszahlungen wurden dem Unternehmer in angemessenen Fristen auf Antrag nach Maßgabe des jeweilig Geleisteten, bis zu der von dem bauleitenden Beamten mit Sicherheit vertretbaren Höhe gewährt.

Die in den besonderen Bedingungen des Vertrages vorgesehene, in Ermangelung solcher nach den allgemeinen gesetzlichen Vorschriften sich bestimmende Frist für die dem Unternehmer obliegende Gewährleistung für die Güte der Arbeit oder der Materialien begann stets erst mit dem Zeitpunkte der Abnahme der Arbeit oder Lieferung.

Ohne Genehmigung der Kanalkommission war eine Übertragung der Arbeiten seitens des Unternehmers an einen Dritten nicht zulässig. — Streitigkeiten wurden, sofern die vorerst einzufordernde Entscheidung der Kanalkommission nicht anerkannt wurde, durch ein Schiedsgericht zur Erledigung gebracht.

Bei der Vergebung von Arbeiten oder Lieferungen hatte Niemand Aussicht, als Unternehmer angenommen zu werden, der nicht für die tüchtige, pünktliche und vollständige Ausführung derselben — auch in technischer Hinsicht — die erforderliche Sicherheit bot. Die Angebote auf Arbeiten oder Lieferungen mußten die Angabe der geforderten Preise und zwar sowohl für die Einheiten, als auch die Gesamtforderung enthalten; stimmte die Gesamtforderung mit den Einheitspreisen nicht überein, so sollten die letzteren maßgebend sein; ferner mußten die Angebote die etwa vorgeschriebenen Angaben über die Bezugsquellen von Fabrikaten enthalten.

Die Behörde war nicht verpflichtet, dem Mindestfordernden den Zuschlag zu erteilen. Dieser wurde vielmehr nur auf ein in jeder Beziehung annehmbares, die tüchtige und rechtzeitige Ausführung der betreffenden Arbeit oder Lieferung gewährleistendes Gebot erteilt. — Innerhalb 14 Tagen nach erfolgtem Zuschlag war vom Unternehmer die erforderte Kaution zu bestellen. Zu den Kosten der Verdingung hatte derselbe nicht beizutragen.

Nach Maßgabe der vorstehend mitgeteilten Bedingungen wurden zunächst die Erdarbeiten für den Kanalbau in 15 Loosen ausgeschrieben und im Frühjahr bzw. Sommer 1888 an eine Anzahl von Unternehmern übertragen. Es ergab dies folgendes Resultat:

1) Loos I von km 1,25 bis km 3,87 an Bauunternehmer Friedrich Hirt aus Berlin, Verdingungspreis 1 173 264 Mk.

2) Loos II von km 3,87 bis km 5,60 an denselben, Verdingungspreis 666 725 Mk.

3) Loos III und IV von km 5,60 bis km 13,20 an Bauunternehmer C. Vering aus Hannover, Verdingungspreis 3 775 347 Mk.

4) Loos V von km 13,20 bis km 26,20 an denselben, Verdingungspreis 8 419 464 Mk.

5) Loos VI von km 26,20 bis km 38 an Bauunternehmer M. Sager aus München, Verdingungspreis 9 909 902 Mk.

6) Loos VII von km 38 bis km 48 an den unter 3 genannten Unternehmer, Verdingungspreis 5 210 082 Mk.

7) Loos VIII von km 48 bis km 60 an die Unternehmer O. Frühling, Polenzky und Zoellner aus Berlin bzw. Driesen i. N/M., Verdingungspreis 5 552 605 Mk.

8) Loos IX von km 60 bis km 65,1 an die Bauunternehmer Ph. Holzmann & Co. in Frankfurt a. M., Verdingungspreis 2 959 285 Mk.

9) Loos X von km 65,1 bis km 68,4 an die unter 7 genannten Unternehmer, Verdingungspreis 177 356 Mk.

10) Loos XI von km 70,74 bis km 74,63 an die unter 7 und 9 genannten Unternehmer, Verdingungspreis 2 465 476 Mk.

11) Loos XII von km 74,63 bis km 81,22 an die Bauunternehmer v. Kintzel & Lauser aus Kassel, Verdingungspreis 6 111 862 Mk.

12) Loos XIII von km 81,22 bis km 84,36 an die unter 8 genannte Firma, Verdingungspreis 3 384 328 Mk.

13) Loos XIV von km 84,36 bis km 91,93 an die unter 8 und 12 genannte Firma, Verdingungspreis 8 929 093 Mk.

14) Loos XV von km 91,93 bis km 94,45 an die Bauunternehmer L. Degen & O. Wiegand aus Thorn bezw. Mainz, Verdingungspreis 2 804 509 Mk.

Außerdem wurden noch die Erdarbeiten für die Herstellung der beiden großen Schleusenbaugruben, bei Brunsbüttelhafen und bei Holtenau, erstere an C. Vering-Hannover, letztere an Ph. Holzmann & Co.-Frankfurt am Main verdungen. — Der Betrag, zu welchem der Kubikmeter Bodenaushub bei den Erdarbeiten verdungen wurde, schwankte zwischen 72 und 109 Pfennig.

Die weiteren Verdingungen von Arbeitsloosen erfolgten in den späteren Baujahren nach Maßgabe der durch das Fortschreiten der grundlegenden Erdarbeiten entstehenden Möglichkeit, die weiteren Bauarbeiten am Kanal in Angriff zu nehmen. Sie betrafen dann meist Brücken-, Hoch- und Wasserbauten, Kai- und Uferdeckungen, Fähren, Bahn- und Wegeverlegungen, Entwässerungsanlagen, Ausbaggerungen vor den Kanalmündungen und im Rendsburger Obereidergebiet, die Herstellung von Schleppdampfern für den dereinstigen Schiffahrtbetrieb. Sie alle einzeln hier aufzuzählen würde zu weit führen.

Die Arbeiterverhältnisse.

Neben den weiter oben inhaltlich mitgeteilten Vertragsfestsetzungen für die Bauarbeiten sind von hervorragendem Interesse diejenigen Gesichtspunkte, welche für die Festsetzung besonderer, die von den Unternehmern angestellten Arbeiter betreffenden Bestimmungen maßgebend gewesen sind. Die Kanalkommission wahrte sich das Recht, die Beziehungen zwischen Unternehmer und Arbeiter in gewissen Fällen zu regeln, schon um den Fortgang der Arbeiten nicht in Frage zu stellen. So hatte der Unternehmer ihr oder dem bauleitenden Beamten über die mit Handwerkern und Arbeitern in Betreff der Ausführung der Arbeit geschlossenen Verträge jederzeit auf Erfordern Auskunft zu erteilen. Sollte das angemessene Fortschreiten der Arbeiten dadurch in Frage gestellt werden, daß der Unternehmer Handwerkern oder Arbeitern gegenüber seine Verpflichtungen aus dem Arbeitsvertrage nicht oder nicht pünktlich erfüllte, so blieb der Kaiserl. Kanalkommission das Recht vorbehalten, die von dem Unternehmer geschuldeten Beträge für dessen Rechnung unmittelbar an die Berechtigten zu zahlen.

Als Arbeiter durften nur männliche Personen über 17 Jahre, und fünfzehnjährige nur mit ihrem Vater zusammen, bei mindestens achttägiger Kündigung angenommen werden. Frauen waren ausgeschlossen. Trunkfällige, widerspenstige und rauflustige Arbeiter konnten ohne weiteres entlassen werden. Die Arbeiter ihrerseits konnten die Arbeit verlassen bei Nichterfüllung der Verpflichtungen seitens der Unternehmer, oder wenn durch Fortsetzung der Arbeit erweislich eine Gefahr für ihre Gesundheit oder ihr Leben entstanden sein würde.

Deutschen Arbeitern war bei sonst gleichen Eigenschaften und Leistungen vor fremdländischen der Vorzug zu geben. Der anarchistischen und sozialdemokratischen Partei angehörende oder ihren Bestrebungen Vorschub leistende Arbeiter durften beim Kanalbau nicht beschäftigt werden.

Jeder Arbeiter war vor dem Eintritt in das Arbeitsverhältnis bei dem Kanalbau durch den von der Bauverwaltung für die betreffende Strecke bestellten Arzt zu untersuchen, dessen Urteil über die Zulässigkeit der Annahme entschied. Mit ansteckenden oder ekelerregenden Krankheiten behaftete Personen wurden zur Arbeit selbstverständlich nicht zugelassen.

Mit jedem Arbeiter war ein besonderer Arbeitsvertrag durch Ausstellung eines Arbeitsbuches abzuschließen, welcher die Bestimmungen über Annahme und Entlassung der Arbeiter enthielt, als Arbeitsbescheinigung diente, aber nicht zur Eintragung von Zeugnissen verwendet werden durfte.

Die tägliche Arbeitszeit war eine 10stündige, Nachtarbeit nur mit Genehmigung der Kanalkommission zulässig, Sonntagsarbeit möglichst ausgeschlossen; unbedingt war festzuhalten, daß jeder Arbeiter jeden zweiten Sonntag ganz frei hatte.

Die Lohnzahlungstermine waren 14tägige, die Auszahlung des Lohnes durch Mittelspersonen war untersagt, um dem Trucksystem nicht Eingang zu verschaffen.

Zur Schlichtung etwaiger Streitigkeiten zwischen Arbeitern und Unternehmern wurden Schiedsgerichte eingesetzt; das schiedsrichterliche Verfahren richtete sich im Allgemeinen nach den Vorschriften des 10. Buches der Civilprozeßordnung vom 30. Januar 1877. Die durch das schiedsgerichtliche Verfahren entstehenden Kosten trug der Kanalbaufonds. Den Parteien und Zeugen wurden Entschädigungen aus dem Kanalbaufonds nicht gewährt. Stellte das Schiedsgericht fest, daß der Kläger keinen Anlaß hatte, die Entscheidung des Schiedsgerichts anzurufen, oder daß der Beklagte gänzlich unbegründete Einwendungen vorbrachte, so konnte es über die schuldige Partei eine Ordnungsstrafe in Höhe von 1 bis 30 Mk. verhängen, welche zur Baukrankenkasse der Kaiserlichen Kanalkommission floß.

Seitens der Kanalkommission wurde nämlich eine Baukrankenkasse eingerichtet, der alle beim Nord-Ostsee-Kanal beschäftigten Arbeiter &c. nach näherer Bestimmung des Statuts beitreten mußten, soweit sie nicht in der den gesetzlichen Vorschriften genügenden und von der Kanalkommission genehmigten Betriebskrankenkasse der Unternehmer versichert waren. — Auf Kosten der Kanalverwaltung wurden Arbeiter im praktischen Samariterdienst sowie im Feuerwehrdienst in bestimmten Lehrstunden und Übungen ausgebildet. — Ordnungsstrafen der Arbeiter flossen in eine zu Arbeiterunterstützungen und gemeinnützigen Zwecken für die Arbeiter verwendbare, von der Kanalkommission verwaltete Kasse. — Hausierer und Händler durften auf den Bauplätzen nicht geduldet werden. — Die Kanalkommission konnte durch Festsetzung von Ordnungsstrafen bis zu 1000 Mk. und schließlich durch Androhung der Entlassung aus dem Kontrakt die Unternehmer zur Innehaltung ihrer auf die Arbeiterverhältnisse Bezug habenden Verpflichtungen anhalten.

Beim Ausgraben der Kanallinie war die Möglichkeit vorhanden, daß in irgend welcher Hinsicht wertvolle oder historische Funde gemacht würden. Mit Rücksicht hierauf war bestimmt, daß, wenn Gegenstände von naturgeschichtlichem, archäologischem oder sonstigem Werte gefunden oder andere für die Denkmalpflege wichtige Funde gemacht würden, dieselben, welche sofort Eigentum des Reichs unter Ausschluß aller weiteren Ansprüche des Finders u. s. w. wurden, sofort an die bauleitenden Beamten abzuliefern waren. Dasselbe galt von allen Funden an edlen Metallen oder Bernstein. Die beteiligten Arbeiter erhielten ein Fundgeld oder für gute Erhaltung der fraglichen Gegenstände besondere Belohnungen, über welche die Kanalkommission entschied.

Was die Unterkunft der Arbeiter anbetrifft, so war es überflüssig, für eine solche auf denjenigen Strecken zu sorgen, wo das Bett des Nord-Ostseekanals ausschließlich oder doch zum größten Teil durch Schwimmbagger ausgehoben werden konnte, da an Bord der Bagger wie der Baggerprähme hinreichend Platz für die Unterkunft des Personals vorhanden war. Allein an solchen Strecken, wo bedeutende Erdmassen auf trockenem Wege, sei es durch Handarbeit oder durch Trockenbagger, entfernt werden mußten, mußten die vielen Hunderte von Arbeitern beherbergt und beköstigt werden. Beides geschah in Baracken. Verheiratete Arbeiter konnten ihren eigenen Hausstand halten; die unverheirateten mußten, soweit sich dies mit den örtlichen Arbeitsverhältnissen vereinbaren ließ, in Arbeiterbaracken wohnen, die für die Bauverwaltung von Unternehmern nach bestimmten Vorschriften hergestellt wurden.

Die **Barackenwohnungen** waren in Form von Einzelbaracken oder durch Vereinigung mehrerer solcher als Barackenlager erbaut. Zu letzteren gehörte dann ein Verwaltungsgebäude nebst einem gemeinsamen Speisesaal für die Arbeiter. Die Einzelbaracken waren je nach der bei ihnen belegenen Arbeitsstätte für eine Anzahl von 25 bis 100 Mann eingerichtet. Ein Barackenlager bildete einen ganzen Gebäudekomplex, teils aus Fachwerk, teils aus Ständerwerk mit doppelter (innerer und äußerer) Verschaalung errichtet und mit Pappe gedeckt. Vorbei an einem, den Eingang beherrschenden Wächterhäuschen, das Tags über als Unterkunft für den Thorwächter, Nachts als zeitweiliger Aufenthaltsraum für den Nachtwächter diente, betrat man den mit kleineren Gartenanlagen verzierten Hofraum. In der Mitte erhob sich ein zweistöckiges, als Verwaltungsgebäude dienendes Fachwerksgebäude, ungefähr 9 Meter im Quadrat haltend, in welchem sich im Erdgeschoß die Kantine mit anstoßender Gaststube und eine Speisekammer (mit der Küche in Verbindung stehend) befand. Das Stockwerk enthielt die Wohnung des Barackenverwalters, gewöhnlich eines civilversorgungsberechtigten Militärs, unterm Giebel befand sich eine Turmuhr mit Schlagwerk und Zifferblatt auf beiden Seiten, während die Kellerräume als Aufbewahrungsort für Bier 2c. dienten. Die Barackenverwalter sowohl wie die zur Aufsicht über eine größere Anzahl von Barackenlagern und Bauten eingesetzten Barackeninspektoren waren Beamte und bezogen als solche ein festes Gehalt.

In der Kantine wurden für Rechnung der Kanalkommission alle nur für den Arbeiter notwendigen Artikel mit einem geringen Preisaufschlage verkauft; so kostete beispielsweise die Flasche Lagerbier 9 Pf., eine $^3/_4$ Liter fassende Flasche Braunbier 8 Pf. u. s. w. Die Gaststube war für die Beamten, welche in der Beamten-Kantine verkehrten, bestimmt.

An das erwähnte Gebäude schloß sich auf der einen Seite ein etwa 15 Meter langer und 9 Meter breiter, ebenfalls aus Fachwerk hergestellter, erst $1^1/_2$-, dann am Ende einstöckiger Anbau an, welcher unten das Bureau, mehrere Stuben für die Angestellten, Vorratsräume für Wäsche und Utensilien und oben Lagerräume für die zur Bespeisung der Arbeiter nötigen Kolonialwaaren enthielt.

Auf der anderen Seite des Hauptgebäudes lag die gleichfalls aus Fachwerk erbaute, etwa 6 Meter lange und 9 Meter breite, mit einem Becker und Ullmann'schen Dampfkochapparat ausgestattete Küche. In drei großen Kesseln à 400 Liter Inhalt konnten die Speisen u. s. w. hergestellt werden, ein Anbrennen derselben war unmöglich. Der Dampferzeuger stand ebenfalls in der Küche und heizte nicht nur die drei Kochkessel, sondern auch erforderlichenfalls den Kessel in der Waschküche und die Wasserkübel über dem Badezimmer. Ein kleiner Kochherd diente zur Reserve und zum sonstigen Gebrauch. Nach der Küche folgte der ungefähr 24 Meter lange, 9 Meter breite Speisesaal, aus Ständerwerk mit doppelter Bretterverschaalung erbaut, mit einem Glockentürmchen verziert und mit den erforderlichen Tischen und Bänken ausgerüstet. An der Seite nach der Küche zu befand sich ein abgekleideter Raum, in welchem die Schachtmeister und Vorarbeiter ihre Mahlzeiten einnahmen, während sich auf dem entgegengesetzten Ende eine Kanzel, ein Altar und ein Harmonium befanden für in regelmäßigen Zwischenräumen (alle 14 Tage bis 3 Wochen) stattfindende evangelische und katholische Gottesdienste.

An den Speisesaal schloß sich ein einstöckiges, neun Meter breites Fachwerks-Gebäude an; dasselbe enthielt die sechs Meter lange Waschküche, in welcher sich zwei große gemauerte Bassins zum Einweichen der Wäsche und ein mächtiger Waschkessel befanden, der mittels Dampf oder auch direkt geheizt werden konnte. In einer Nebenkammer stand ein Desinfections-Apparat, der oft gebraucht werden mußte, und auf der entgegengesetzten Seite befand sich die Badestube für Douchen- und Wannenbäder, sowohl kalte wie warme, da die über der Stube unter dem Dachfirst stehenden Wasserkübel mittels Dampf geheizt werden konnten. Mit einer in der Waschküche stehenden Druckpumpe wurde das Wasser in die Kübel gebracht, von denen eine Leitung nach der Küche ging, so daß das zum Kochen erforderliche Wasser direkt in die Kessel gepumpt werden konnte. Den Beschluß bildeten endlich noch zwei Zimmer, von denen das eine als Untersuchungs-, das andere als Warteraum diente, da alle in die Arbeit Eintretenden hier von dem wöchentlich mehrere Male anwesenden Arzt auf ihren Gesundheitszustand untersucht wurden.

Hinter dem ganzen soeben beschriebenen und als Verwaltungsgebäude zu bezeichnenden Hause lagen die eigentlichen Wohn- und Schlafbaracken, aus Ständerwerk mit doppelter Bretter-Verschaalung aufgeführt. Auf einen langen, $1^1/_2$ Meter breiten Korridor mündeten 14 Stuben. Die einzelnen Stuben waren etwa 9 Meter breit, 4 Meter lang und $4^1/_2$ Meter hoch und boten Raum für 8 Mann. Etwas kleinere Stuben waren für 4 Mann eingerichtet. Die Ausstattung der Stuben bestand für jeden Mann aus einer eisernen Bettstelle nebst Fußbrett, einer Seegrasmatratze mit ebensolchem Kopfkeil, Bettlaken, Bettbezug mit einer (im Winter zwei) wollenen Decken, Handtuch, verschließbarem Kasten und einem Schemel. Zur gemeinsamen Benutzung war das Waschgeschirr, aus Wasserkanne, zwei Waschschüsseln und einem Eimer bestehend.

Je zwei Stuben wurden durch einen in der Mitte der Wand stehenden eisernen Mantelofen erwärmt, und jede einzelne Stube hatte eine große Petroleum-Hängelampe. Monatlich wurde die Bettwäsche und wurden die Handtücher gewechselt. Die Arbeiter zahlten für Wohnung einschließlich Wäsche, Licht und Feuerung, sowie den obligatorischen Morgenkaffee und das Mittagessen zusammen 60 Pfennig täglich. Wollten vier Mann eine achtmännige Stube oder zwei Mann eine viermännige Stube allein bewohnen, so erhöhte sich der Preis auf 70 Pfennig. Am Ende jeder Einzelbaracke waren noch zwei Stuben als Krankenstuben abgekleidet, von denen die eine mit vier Betten, die andere mit Tischen und Bänken ausgestattet war. Hier wurden die Leichtkranken untergebracht, Schwererkrankte wurden in das nächste Krankenhaus geschafft. Jede einzelne Schlafbaracke bot Raum für etwa 100 Mann; ein Barackenlager enthielt drei oder vier Schlafbaracken. Schließlich gehörte zum Barackenlager noch ein großer Kohlen- und Holzschuppen mit darunter liegendem Kartoffelkeller und ein Stallgebäude, in welchem zwei Spritzen, ein Krankenwagen mit abnehmbarer Tragbahre u. s. w. untergebracht waren. In gehöriger Entfernung von den Gebäuden und Wasserpumpen befanden sich die Aborte.

Die für Unterkunft und Verpflegung gesetzten Preise sind als außerordentlich niedrig anzusehen. Nicht hoch genug kann der Umstand angeschlagen werden, daß die Arbeiter durch diese Wohnungseinrichtungen und die mit ihnen zusammenhängenden Bestimmungen von der sonst üblichen, ja planmäßigen Übervorteilung durch Budiker, Schachtmeister oder dergleichen geschützt waren. Man weiß, daß bei größeren Bauten seitens der Unternehmer ein oder auch mehrere Privatbudiker angenommen würden, die oft eine große Pachtsumme an die Unternehmer entrichten mußten. Um ihr Auskommen zu finden, setzten sich diese Budiker mit den Schachtmeistern u. s. w. in Verbindung, daß diese ihren Leuten nicht bares Geld, sondern vielmehr einen Teil des verdienten Lohnes in von dem betreffenden Budiker einzulösenden A n w e i s u n g e n auszahlten. Für ihre Willfährigkeit mußten natürlich die Schachtmeister eine angemessene Vergütung erhalten, deren Aufbringung selbstredend von den Budikern auf ihre V e r k a u f s a r t i k e l übertragen und von den zum Kauf gezwungenen A r b e i t e r n mitgezahlt werden mußte. Es ließ sich daher denken, daß bei einem solchen großen Werke, wie dem Bau des Nord-Ostseekanals, wo Tausende von Menschen zusammenströmten, die Privatkonkurrenz alles aufbieten würde, um den Arbeitern den verdienten Lohn auf alle nur möglichen Arten wieder abzunehmen, und daß die vollständigste Zügellosigkeit eintreten müßte, wenn nicht hier von Seiten des Staates Schritte für Unterbringung und Verpflegung der Arbeiter und damit auch für Ordnung und regelrechten Fortgang des gewaltigen Baues gethan würden. Und in der That haben sich die Vorkehrungen der Baubehörde in jeder Hinsicht bewährt. Vor einem Zuviel von Vorschriften, z. B. einem absoluten Schnapsverbot, hat man sich gehütet; das Maß der getroffenen Bestimmungen zum Schutz der Arbeiter wie zur Aufrechterhaltung der Ordnung hat sich aber als ein durchaus richtiges erwiesen. Trotz des Zusammenströmens von 4000 bis zeitweilig 8000 Arbeitern auf den Baustrecken des Kanals haben sich nirgends irgendwie bemerkenswerte oder ernstere Unzuträglichkeiten ergeben. Im Gegenteil, die wohlthätige Folge der ökonomischen Fürsorge für die Arbeiter ist gewesen, daß sich das Niveau der Lebenshaltung derselben während ihrer Beschäftigungszeit sichtlich gehoben hat und die Arbeiter fast durchweg im Stande waren, sonntäglich kleinere oder größere Ersparnisse aus ihrem Arbeitsverdienst, der zwischen 3,30 und 4 Mk. und darüber schwankte, in die Heimat zu senden. Der Tagelohn gewöhnlicher Erdarbeiter betrug im Durchschnitt 3,30 Mk.; viele, besonders die Steinsucher und Steinsprenger, welche die riesigen beim Bau gefundenen Granitblöcke sprengten und das Steinmaterial zur Bekleidung der Kanalböschungen herrichteten, brachten es in Accordarbeit im Sommer auf 6 bis 8 Mk., im Winter auf 4 Mk. den Tag, konnten also beträchtliche Ersparnisse machen und heimsenden. Die Zahlen des Postanweisungsverkehrs in den den Baustellen benachbarten Postämtern können hierüber recht interessante Nachweise geben. Arbeiterexcesse kamen äußerst selten vor.

Die Art der Lohnzahlung war im Interesse der Arbeiter im Allgemeinen folgendermaßen geregelt. Jeden zweiten Sonnabend fand die Lohnzahlung in der Weise statt, daß der Lohn für die letzten drei Tage (Donnerstag, Freitag und Sonnabend) stehen blieb, so daß also Lohn für die zwischen Donnerstag und Mittwoch liegenden 14 Tage ausgezahlt wurde.

Über die Lebensführung der Arbeiter in den Baracken entnehmen wir einem in den Zeitungen erschienenen Artikel die folgende Schilderung: Die Arbeitszeit auf den Strecken dauert auf einigen Stellen, wo mit Ablösungen in Tag- und Nachtschicht gearbeitet wird, von 6—6 Uhr, auf den Stellen, wo nur bei Tage gearbeitet wird, in der Regel von Morgens 5 bis Abends 7 Uhr. Des Morgens zur rechten Zeit — je nach der Arbeitszeit und nach der Entfernung zum Arbeitsplatz — läßt der Nachtwächter seinen Weckruf durch die Korridore der Schlafbaracken erschallen, und wenige Minuten später kündet die Glocke über dem Speisesaal, daß der Kaffee fertig und es Zeit zum Aufstehen sei. Nach und nach erscheinen denn auch die Barackenbewohner im Speisesaal, um ihren Kaffee einzunehmen, wo sie ihre Portion mit Milch und Zucker gemischten Kaffee in einem emaillirten Becher erhalten. Nun wird zur Arbeit ausgerückt, und leer und verlassen liegt das Barackenlager, in welchem jetzt das Barackenpersonal seine Thätigkeit beginnt, um Speisesaal, Kantine u. s. w. und vor allem die Schlafstuben zu lüften, zu reinigen und in Ordnung zu bringen. Die Arbeiter brauchen sich um nichts zu kümmern, Betten und Stuben werden von Baracken-Arbeitern, gewöhnlich „Kalfaktor" genannt, aufgeräumt und gesäubert. Die während der Kaffeeausgabe geöffnet gewesene Kantine schickt jetzt zur Frühstückszeit Lagerbier, Braunbier, Semmeln, Wurst und vor allem Kaffee zur Strecke, wo Lagerbier (des Flaschenbruchs wegen mit 1 Pfennig Preiserhöhung) für 10 Pfennig, Braunbier für 9 Pfennig und die Portion Kaffee für 5 Pfennig verkauft wird. In der Küche herrscht unterdessen die regste Thätigkeit, um die Hauptmahlzeit herzustellen. Mit Vorliebe essen die Arbeiter — größtenteils aus polnisch redenden Gegenden — Kartoffeln, auf welche Erbsen und Mehlklöße folgen, Bohnen, Reis oder Graupen werden weniger gern gegessen; um aber eine Abwechselung in dem Speisezettel zu haben, wird ab und zu eines dieser letzteren, gleichfalls nahrhaften Gerichte verabreicht. Eine etwa 2 Liter fassende Eßschüssel wird ungefähr bis zum Rand gefüllt und in jede Schüssel eine genau abgewogene Fleischportion — welche die Arbeiter täglich erhalten — gelegt. Das Essen ist bedeutend kräftiger und besser, als das beim Militär verabfolgte, bei welchem freilich auch nicht ein so hoher Betrag für die Portion zur Verfügung steht. Punkt 12 Uhr läßt die Glocke ihren Ruf zum Mittagsessen erschallen, allmählich füllt sich der Saal, dessen Tische mit Pfeffer- und Salznäpfen, Essig- und Wasserflaschen besetzt sind. Mit dem besten Appetit wird die Schüssel bis auf den Grund geleert; ja, starke Esser plazieren sich in größtmöglichster Nähe des Ausgabetisches, wo das reichlich gekochte und übrig gebliebene Essen auf Wunsch kostenlos als sogenannter „Schuß" verteilt wird, damit sie noch rechtzeitig eine zweite Portion erhaschen können. Um 1 Uhr beginnt die Arbeit wieder. Zum Vesper wird ebenso wie zum Frühstück Essen und Trinken zur Strecke geschickt, und kehren zu Feierabend die Arbeiter endlich heim, so finden sie im Winterhalbjahr ihre Stuben behaglich durchwärmt, im Speisesaal wird ihnen Kaffee oder auch warmes Abendessen, als Pellkartoffeln mit Hering, die Portion zu 10 Pf., oder auch eine Suppe angeboten. Um 10 Uhr wird von dem wieder auf der Bildfläche erscheinenden Nachtwächter Ruhe geboten und das Licht ausgelöscht.

Am Kanal strömten Arbeiter nicht nur aus allen Gauen Deutschlands, sondern auch aus dem Auslande zusammen. Namentlich stellten die sich durch Fleiß und Nüchternheit auszeichnenden Italiener ein starkes Kontingent, und sie wurden wegen ihrer Geschicklichkeit im Steinsprengen vornehmlich zu dieser Arbeit verwendet. Diese italienischen Arbeiter wohnten ursprünglich nicht in den Baracken, sondern hatten sich ihre Hütten aus Brettern und Zweigen selbst gebaut. Erst allmählich gewöhnten sie sich an Baracken, in denen man sie gesondert von den anderen Arbeitern unterbrachte, und in denen sie sich später recht wohl fühlten. Nur mußte man ihnen zuerst streng verbieten, die Thüren auszuhängen. Diese wurden nämlich nach heimatlicher Unsitte von ihnen als — Vogelfallen benutzt. Sie stellten sie schräge hin, streuten Brosamen und Maccaroni darunter und zogen die Stütze weg, sobald sich von den geflügelten Sängern eine große Anzahl unter der Thürfalle eingefunden hatte.

VII.

Die Bauausführung.

Bei der Bauausführung des Kanals, der zu rund zwei Dritteln in trockenem Erdreich, stellenweise unterbrochen von kleineren Seeflächen und einigen Moorgegenden, und nur zu einem Drittel im Zuge des alten Eiderkanals auszuheben war, konnten in umfassendem Maße Maschinen zur Verwendung gelangen. Dabei war ein weiterer günstiger Umstand, daß, abgesehen von einigen zum Teil kürzeren Moorstrecken, ein im Ganzen gleichmäßiges, aus Sand und Lehm bestehendes Erdreich auszuheben war, fester Felsboden jedoch gänzlich mangelte. Nur waren eine sehr große Anzahl von auf und im Erdreich unregelmäßig zerstreuten Granitfindlingen vorhanden, Moränen und Reste der früheren Eiszeit, so daß die Herausschaffung und Sprengung der größeren zahlreichen Fundsteine vielfach besondere Arbeit verursachte. Bei der nach Maßgabe der Vergebung der einzelnen Arbeitsloose stets möglichst mit vollen Kräften in Angriff genommenen Bauarbeit wurden so frühzeitig wie möglich Excavatoren eingestellt. Die hohe, bis zu 3000 Kubikmeter Bodenaushub in 10stündiger Arbeit gehende Leistungsfähigkeit bot eine große Ersparung an Arbeiterkräften, so daß im Ganzen je nach der Jahreszeit nur 5—8000 Mann während der Periode der größten Arbeitsleistungen am Kanalbau thätig waren. Über diese Excavatoren, d. s. Dampf-Trockenbagger, seien kurz folgende Mitteilungen gemacht.

Die Excavatoren bestehen aus einer Dampfmaschine von mehreren Pferdekräften, welche, von einem schützenden, überdachten Gehäuse umgeben, mit diesem zusammen auf Schienen ruht und sich aus eigener Kraft vorwärts bewegen kann. Die Maschine treibt ein an einem seitlich herausragenden Arm montiertes Paternosterwerk von Eimern, die je nach der Böschungsneigung des auszuhebenden Grabens gesenkt werden können, und nun, von der Maschine in Bewegung gesetzt, den Boden ausschrapen. Nachstehende Skizze veranschaulicht diesen Vorgang. Die im Bagger von unten herauf

nach oben beförderten Eimer voll Erde des Paternosterwerks entleeren sich oben von selbst durch Umkippen und lassen die Erde in die kleinen Lowries fallen, welche unten in dem Gehäuse des Baggers Platz finden. Im Fortgang der Arbeit bewegt sich der Bagger selbstthätig auf seinem breitspurigen, dem ausgedehnten Kanalbett parallel liegenden Schienengeleise langsam weiter und gelangt so nach und nach mit der Ausfallthür seiner Baggereimer über den nächsten Lowry u. s. w., bis er allmälig einen ganzen Eisenbahnzug von Kipplowries mit Erdreich gefüllt hat. Diese Erdtransportzüge werden dann von Lokomotiven fortgeschafft und an den bestimmten Ablagerungsstellen entladen, während sofort ein neuer leerer Zug mit seinem ersten Lowry in das Gehäuse des Baggers hineinfährt. Aus diesem kontinuierlichen Betrieb erklärt sich auch die hohe Leistungsfähigkeit von 3000 Kubikmeter Boden in 10stündiger Arbeitszeit. Dabei arbeitet ein solcher Dampfbagger nicht nur in leichtem, sondern auch in schwerem, oder von Steinen durchsetztem Boden. Diese Excavatoren sind leicht beweglich, bequem zu regulieren und beanspruchen selten Reparaturen.

Von der Bedeutung der Leistungsfähigkeit der Bagger, die im Ganzen beim Kanalbau in Thätigkeit getreten sind, kann man sich eine Vorstellung machen, wenn man erwägt, daß monatlich $1^1/_2$ bis 2 Millionen Kubikmeter Boden ausgehoben worden sind. An Stellen, wo es galt, lose Erde aus besonders tief gelegenen Teilen des Kanalbetts in oben stehende Transportzüge zu schaffen, war, wie beispielsweise beim Schleusenbau in der Nähe von Rendsburg, dem Bagger noch eine besondere Hülfsmaschine beigegeben. Dieselbe bestand im Wesentlichen aus einem schräg liegenden, ungefähr 30 Meter langen Eisengerüst, welches mit Rollen versehen war. Auf diesen Rollen lief eine Gummiplatte ohne Ende, welche den laufenden Meter 100 Mark kostete. In der Baugrube warf der Bagger die Erde auf das große Gummiband und dies rollte, durch eine besondere Maschine getrieben, nach oben und warf dort, indem das Band nach unten umbog und zurücklief, die Erde in die bereitstehenden Kippwagen. Die ganze Arbeit, welche sonst Hunderte von Menschen erfordert hätte, wurde durch eine Maschine und deren Bedienung gemacht.

Die einfache, sicher und stetig fortschreitende Arbeit des Bodenaushebens mittels Trockenbagger konnte natürlich in den Teilen, wo der neue Kanal mit Wasserläufen zusammenfällt, nicht ausgeführt werden, und hier traten die Schwimmbagger in Thätigkeit. Im Wesentlichen unterscheiden diese sich vom Trockenbagger dadurch, daß sie, auf größeren Schiffsgefäßen montiert und schwimmend, den Boden vermittelst des herabgesenkten Paternosterwerkes unter Wasser ausheben und oben im Schiff entleeren. Vermittelst Schuten wird dann der Boden weiter transportiert bis zu seiner Ablagerungsstätte.

Schwieriger gestalteten sich die Arbeiten dort, wo weder fester Boden zum Aufstellen der Trockenbagger, noch auch Wassertiefe genug zur Anwendung der Schwimmbagger vorhanden war, also dort, wo sumpfiges, oder mit Triebsand durchsetztes Erdreich ausgehoben werden mußte. Hier machte der Erdaushub bis zur Erreichung des Grundwassers, um dann Schwimmbagger verwenden zu können, Schwierigkeit. Nachdem die Schwimmbagger in Thätigkeit getreten, mußte das ausgehobene Baggergut auf besondere Art entfernt werden. Es konnten hier nicht, wie anderswo, von Lokomotiven gezogene Wagen verwandt werden, weil einmal das Terrain die Anlage von Bahndämmen nicht zuließ und andererseits die Baggererde viel zu flüssig war, als daß sie in Wagen befördert werden konnte. Die Unternehmer haben nun teilweise mit großen Kosten geeignete Flächen in der unmittelbaren Nähe des Kanalbettes erwerben müssen, auf welche das Baggergut teils unmittelbar, teils mit Hülfe von Elevatoren abgelagert wurde. Meistens waren diese Plätze so belegen, daß das mit ausgeworfene Wasser frei ablaufen konnte, während der Sand zurückblieb. Letzterer trocknete sehr rasch und ein Ablagerungsplatz glich dann einem großen Dünenmeer, welches auch das mit den wirklichen Dünen gemein hatte, daß der sehr leichte, fast schneeweiße Sand bei stärkerem Wind sehr wanderlustig war und die ganze Gegend in eine Sandwolke einhüllt. — Auf solchem nassen Boden arbeiteten dann die verschiedenartigsten Sorten von Baggern, die Saugbagger, Spritzbagger, Preßbagger und Baggerelevatoren, die alle durch eine besondere eigenartige Methode den ausgehobenen Boden fortbeförderten.

Über den Umfang der Verwendung von Maschinenkraft bei Herstellung des Kanals geben folgende, dem Baujahre 1891, in welchem wohl die größte Erdbewegung stattfand, entnommenen Zahlen einigen Anhalt. Es sind in diesem Jahre bei den Arbeiten durchweg thätig gewesen: 90 Lokomotiven, 2473 Transportwagen, 66 Dampfbagger verschiedener Art (Trockenbagger, Naßbagger, Elevatoren), 133 Schleppdampfer und Kähne, 55 Dampfmaschinen bezw. Dampfpumpen, 6 Dampfwannen, 16 Dampf-, Hand- und Bockkrähne, 6 große Maschinenanlagen zur Beton- und Mörtelbereitung, 1496 Aufsichtsbeamte und Handwerker (ausgenommen das Aufsichtspersonal der Bauverwaltung), 5618 sonstige Arbeiter, im Ganzen durchschnittlich 7114 Personen. In der eigentlichen Bauperiode von April bis November wurden durchschnittlich 1668 Aufsichtsbeamte und Handwerker und 6374 sonstige Arbeiter, im Ganzen also 8042 Personen, beschäftigt, während von Dezember bis einschließlich März durchschnittlich nur 1151 Aufsichtsbeamte und Handwerker und 4107 Arbeiter, im Ganzen also etwa nur 5358 Personen, thätig waren. Die geringste Anzahl der Beschäftigten betrug im Dezember—Januar 4744, und die größte Anzahl im Juni bis Juli 8642, so daß im Winter noch etwas über die Hälfte der in den Sommermonaten beim Bau thätigen Arbeiter Beschäftigung hatte. Zur Unterbringung der Arbeiter dienten im Ganzen ca. 40 über die ganze Baustrecke verteilte Baracken.

Zur Bewältigung der mannigfachen für die Aufsichtsbehörde mit diesen großartigen Bauausführungen verbundenen Arbeiten, sowie zur Betriebsführung der Baracken und der sonstigen Einrichtungen waren bei der Kaiserlichen Kanalkommission und den derselben unterstellten Dienststellen jährlich durchschnittlich beschäftigt: 8 höhere Verwaltungsbeamte, 57 höhere Baubeamte einschließlich Ingenieure, 4 Landmesser, 51 Bauaufseher, 30 Zeichner und Vermessungsgehülfen ꝛc., 68 Büreaubeamte, 6 Baracken-Inspektoren, 61 Barackenverwalter, Gehülfen und Köche, 16 Krankenwärter, 1 Werkmeister und 38 Baggermeister, Schiffsführer und Maschinisten.

Von den Einzelheiten des Kanalbaues ist besonders die Herstellung der beiden Doppelschleusen an der Mündung des Kanals von Interesse. Beide sind in ihrer schifffahrtstechnischen Anlage zwar gleich, aber ihre Herstellung war eine sehr verschiedenartige. Während die Mündungsschleuse bei Holtenau durchweg im Trockenen hergestellt werden konnte, mußte die Gründung und der erste Aufbau der Elbschleuse bei Brunsbüttel im Wasser geschehen. Anfänglich hatte man geglaubt, in der durch die Bagger ausgehobenen Baugrube der Schleuse durch Schlagung von Brunnen, 4 bis 5 Meter unter die Sohle getrieben, den Wasserstand so tief senken zu können, daß man wasserfrei arbeiten könnte, allein der Andrang des Wassers war nicht zu bewältigen, und man ging deshalb zur Naßgründung über. Es wurde in der Baugrube eine etwa 4,5 Meter dicke Betonschicht hergestellt, und nachdem dieselbe vollendet und das Wasser jetzt mittels der Dampfpumpen leicht entfernt ward, konnte man mit den Mauerarbeiten beginnen. Über die Betonschicht wurde eine zwei Steine dicke Schicht gemauert, so daß der glatte Boden jeder Schleusenkammer in flachem Bogen nach beiden Seiten etwas anstieg. Die Art der Herstellung der Betonschicht war eine schwierige und eigentümliche, dieselbe wurde vermittelst einer Versenkmaschine an Ort und Stelle gebracht, die folgendermaßen konstruiert wurde. Quer über dem Wasserloch, als welches sich die riesige Baugrube darstellte, lag eine auf Schuten schwimmende Brücke mit Bahnschienen und vor derselben ein schwimmendes Gerüst, an dem viele eiserne Versenkkasten mit nach unten sich öffnenden Klappen hängend angebracht waren; in diese Kasten wurde der fertige Beton aus den Wagen eingekippt. Wenn alle Kasten gefüllt waren, wurde die Versenkmaschine an die richtige Stelle geflößt, die Kasten ganz sachte, damit keine Strömung entstand, wodurch der Kalk von den Steinen abgespült worden wäre, auf den Grund der Baugrube niedergelassen und hierauf die Klappen geöffnet, so daß der Beton ganz sachte sich unten ausbreitete. Man sah nichts von dem Beton, auch nichts von einer vorher um die ganze Baugrube herum eingerammten starken hölzernen Spundwand, denn Alles dies war unter Wasser. Letzteres war in der Baugrube volle 11 m tief. Vor dem Versenkgerüst war ein Dampfbagger, welcher den überflüssigen Kalkschlamm ganz allmählich aufbaggerte.

Es würde ganz unmöglich gewesen sein, diese etwa 50 Fuß unter Flutspiegel der Elbe tiefe Baugrube trocken pumpen zu können; selbst die Böschungen der Baugrube würden durch keine Verankerung zu halten sein, wenn der innen daran liegende circa 36 Fuß hohe Wasserdruck aufgehoben würde. Deshalb mußte die ganze Baugrube mit dieser ca. 12 Fuß dicken, sich im Laufe eines halben Jahres zu einer massiven Steinmasse bindenden Betonschüttung ausgefüttert werden. Erst dann war es möglich, die Baugrube auszupumpen und die Grund- und Futtermauern auf dem Betonfundament im Trocknen aufzubauen.

Die Herstellung des Betons für die Schleusenbaugruben wurde in großen, durch Dampfkraft betriebenen Traßmühlen bewerkstelligt. Vier Mahlgänge zerkleinerten zunächst die Traßblöcke zu ganz feinem mehlartigem

Pulver. Jede stellte pro Doppelschicht von 24 Stunden 30 Kubikmeter her, die durch Trichter direkt in Säcke gefüllt und zu einer Anzahl von Mischmaschinen gefahren wurden, die auf trocknem Wege eine ganz gleichmäßige Vermengung von Traß und Sand herbeiführten und diese Masse durch Elevatoren wieder in Kippkarren füllten. Auf einer großen Plattform wurde auf der einen Seite die Mischung von Traß und Sand, auf der andern der nasse Schotter ununterbrochen angefahren und von Arbeitern in gleichmäßigem Takt mit Schaufeln in große Trichter geworfen, unter denen rotirende Mischtrommeln den Beton herstellten und wieder in Kippkarren abluden, die sofort zur Versenkungsstelle in der Baugrube gefahren wurden. Die acht vorhandenen Mischtrommeln konnten in 24 Stunden 900 Kubikmeter Beton liefern. Daneben wurde in 24 Kalkgruben fortwährend Kalk gelöscht, so daß die ersten immer geleert werden konnten, wenn die letzten gerade gefüllt wurden. Die Baugrube selbst war ein ungeheures Becken von 75 m Breite und fast 300 m Länge. Eine kleine schwimmende Kreiselpumpe schaffte von der Versenkungseinrichtung den sich naturgemäß bildenden Betonschlamm sofort wieder weg, damit der Grund der Baugrube immer rein blieb.

Um die Baugrube herzustellen, war die Ausschachtung von rund 222 000 Kubikmetern Boden erforderlich. Die Baukosten der Schleuse einschließlich ihrer Thore und der hydraulischen Maschinen zur Bewegung derselben u. s. w. belaufen sich auf rund $15^1/_2$ Millionen Mk. Nicht weniger als 79 000 Kubikmeter Ziegelsteine und 8000 Kubikmeter fertig behauene Granitsteine waren zu dem Bau erforderlich. Es wurde fast ausschließlich deutsches Material verwendet. Die Aufmauerung der Schleusenwände reicht bis auf $6^1/_2$ m über den Normalwasserspiegel; eine Überflutung der Schleusenhäupter erscheint daher selbst bei den höchsten Sturmfluten ausgeschlossen.

Die Herstellung der für den Bau des Kanals erforderlichen Ziegelsteine wurde in besonderen, in der Nähe der Kanallinie ganz neu errichteten Ziegeleien vorgenommen. So befand sich eine von dem Unternehmer R. Festge geleitete Ziegelei in der Nähe der Elbe, etwas oberhalb von Brunsbüttel, eine zweite, sehr große Ziegelei war bei dem Gut „Groß-Nordsee" errichtet und wurde von den Unternehmern Ph. Holzmann & Co. in Frankfurt am Main betrieben. Das Material zur Ziegeleifabrikation fand sich in reicher Fülle in der Nähe der bezeichneten Stellen. Festge's Ziegelei bei der Elbe ist eine im großartigen Stile angelegte Dampfziegelei. Von den in der Mitte befindlichen Ringöfen ragen gewaltige Schornsteine hoch empor, und zu beiden Seiten derselben befinden sich je 18 Reihen Windöfen, in welchen die geformten Steine lufttrocken gemacht werden. Die ganze Anlage war natürlich auf eine bedeutende Massenproduktion eingerichtet. Die Ziegelwerke stellen täglich ca. 20 000 Klinker her, welche vermittelst Spurbahn an die Bedarfsstellen befördert werden. Im Ganzen waren dort etwa 200 Millionen Steine in Fabrikation zu nehmen. Die Ziegelei in „Groß-Nordsee" arbeitet mit 2 großen Ringöfen und hat ebenfalls mehrere Millionen Steine herzustellen.

Nächst den Schleusenbauten bildete die Durchbauung der **Moore** in der Gegend des Kuden- sowie des Meckels-Sees die schwierigste Aufgabe bei Herstellung des Kanals. Es handelte sich darum, in einem Untergrunde, welcher fortwährend im Ausweichen war, sobald schwere Lasten auf denselben gebracht wurden, einen festen Rahmen für das Profil des Kanals zu schaffen. Ein einfaches Ausheben des moorigen Grundes genügte nicht, da sofort die Seitenwände der Ausschachtung, insofern sich eine solche überhaupt herstellen ließ, wieder in das Kanalbett hineinquollen. Das Verfahren, vermittelst dessen man dennoch eine feste und gesicherte Konstruktion des Kanalbettes bewirkte, war sehr interessant und im wesentlichen folgendes:

Das Meckelmoor erstreckte sich in einer Länge von 10 Kilometern bis Rendsburg. In den von der Kanallinie durchschnittenen Teil desselben sowie des Kuden-See's wurde der an anderen Stellen ausgearbeitete feste Sand geschüttet, und zwar errichtete man auf diese Weise einen breiten Damm quer durch den See. Dieser Sanddamm, der erheblich breiter war, als wie das gesammte Kanalprofil, wurde später im Trockenen ausgebaggert und auf diese Weise das Kanalbett hergestellt. Die Einschüttung des Sanddammes in das weiche, sogenannte schwimmende Moor geschah von einer ganz leichten Brücke, die auf hohen Stelzen erbaut war und auf welcher Wagen mit geringem Sandinhalt von einem halben Kubikmeter vorgeschoben und dann so entleert wurden, daß die Stelzen in der oberen festen Schicht etwas Halt gewannen. Auf dem so hergestellten schwankenden Unterbau wurde dann durch Arbeitszüge mit Seitenkippern von 3 Kubikmetern Inhalt der Betrieb in der Weise fortgesetzt, daß nun auch einzelne Wagen vorgingen, durch Abschütten die obere Sandschicht verstärkten, und zwar in der Art, daß der Damm gewissermaßen unter Benutzung der leichten Fahrbrücke vor Kopf vorgetrieben wurde. Die aufgeschüttete Sandmasse preßte den Moorboden zunächst in den Oberschichten zusammen, sodaß sich seitwärts Längsvertiefungen bildeten, in denen das Wasser am Sanddamme stand. Späterhin hob sich das Moor zu den Seiten des Dammes in Auftreibungen, die sich dann aber im Laufe der Zeit wieder senkten, weil der obere Moorboden etwas eintrocknete und vermöge seines Gewichtes in das weichere Untermoor zurücksank.

Die Verbreiterung des Sanddammes erfolgte mittels Seitenkippern in der Weise, daß der anfänglich schmale und nur eben ein Geleise tragende Sandunterbau durch Seitenschüttung nach und nach vervollständigt wurde. Die Querschnittform der einsinkenden Sanddämme wurde durch Bohrungen ermittelt; sie glich ungefähr der Gestalt eines Eisenbahndammes mit etwas steileren Seitenböschungen, welcher mit seinem breiten Fuße bis auf die unteren festeren Klai- oder Sandschichten reichte.

In den moorigen Gebieten des westlichen Kanaltheils zwischen Rendsburg und der Elbe gelang es auf diese Weise, die Dammschüttung ganz bis auf den unteren festen Boden unter dem Moore herabzutreiben, da in diesen Gebieten des Alluviums der Boden in ziemlich wagerechter Weise sich fortsetzt. In dem östlichen Theil des Kanalgebietes zwischen Rendsburg und Holtenau, wo das Diluvium vorherrscht, befanden sich zwar auch Moorstrecken, jedoch diese waren von kleinerer Ausdehnung und in den Mulden des festen grobkörnigen Sandbodens zwischen Hügelungen eingebettete Flächen. Wo hier die Kanalböschung derartige Moorstrecken durchschneidet, war es nothwendig, durch entsprechend umfangreiche und schwere Sandschüttungen in der Flucht des Kanalufers einen festen Rahmen für die Herstellung der Böschungen zu bilden. Dies ist denn auch geschehen und es ist gelungen, die Befestigung der Ufer während der Bauzeit sicher zu stellen. Man erwartet, daß auch für die Folge kein Rutschen der Böschungen stattfinden wird.

Von bemerkenswerthen Bauarbeiten ist ferner die Herstellung der Hochbrücke bei Grünthal zu verzeichnen. An der Stelle, wo diese Brücke als feste Bogenbrücke die Eisenbahn Neumünster-Heide und die ihr benachbarte Chaussee über den Kanal hinüberführt, befindet sich die Wasserscheide zwischen Eider und der Elbe. Das Terrain hat hier eine Höhe von 30 Metern über dem Meeresspiegel, und der Einschnitt, vermittelst dessen der Kanal durch dieses Gebiet geführt worden, war ein sehr bedeutender. Es war erforderlich, der Brücke eine solche Höhe zu geben, daß diese mit ihrer Unterkante einen lichten Abstand von 42 Metern von dem Wasserspiegel hatte, um es so zu ermöglichen, daß die vollgetakelten Kriegsschiffe nur unter Streichung ihrer Oberbramstenge ohne Aufenthalt die Brückenöffnung passieren können. Der Brückenbogen wurde daher mit einer Spannweite von 156,5 Metern über den Kanal geführt. Die Prüfung des Untergrundes hatte nämlich ergeben, daß die Einschnittböschung des Kanals auf den thonartigen Schichtungen zu Rutschungen geneigt sein könnten, wodurch die Standfähigkeit eingebauter Pfeiler in Frage gestellt gewesen wäre. Es wurde daher der Entschluß gefaßt, den Kanal mit einer Öffnung zu überspannen und sich so von der Gefahr der Bodenbewegungen möglichst frei zu halten, abgesehen von der gefälligeren Form des Eisenbaues in dem landschaftlichen Bilde.

Um der Brückenbahn die danach erforderliche Höhe zu geben, war es nothwendig, von beiden Seiten an die Kanalufer hohe Dammschüttungen heranzuführen, auf welchen die Eisenbahn und die Chaussee vereinigt der Brücke zugeleitet wurden. Die auf diese Weise zu beiden Seiten des Kanals entstehenden Rampen haben bei einer Höhe von 21 Metern über dem Terrain eine Erdbewegung von fast zwei Millionen Kubikmetern erfordert, bei deren Heranschaffung zwei Lokomobilen von je 100 Pferdekraft ununterbrochene Züge von je 30 Kippwagen von über 3 Kubikmetern heranholten.

An die Rampen schließt sich ein starker kräftiger Pfeilerbau an, welcher als Widerlager für den Bogenträger der Brücke und Aufleger für die Fahrbahn dient. Die Pfeiler sind nach oben zur architektonischen Zierde thurmartig verlängert und geben dem Ganzen einen sehr gefälligen Abschluß.

Die Brücke wurde im Mai 1891 nach dem Plan des Bauinspektors Greve begonnen und im August des Jahres 1892 fertig gestellt. Sie ist

Die Hochbrücke über den Nord-Ostsee-Kanal bei Grünthal.

Überführung der eingeleisigen Bahn Neumünster-Heide und der Chaussee Hademarschen-Albersdorf für Wagen- und Fußgängerverkehr.

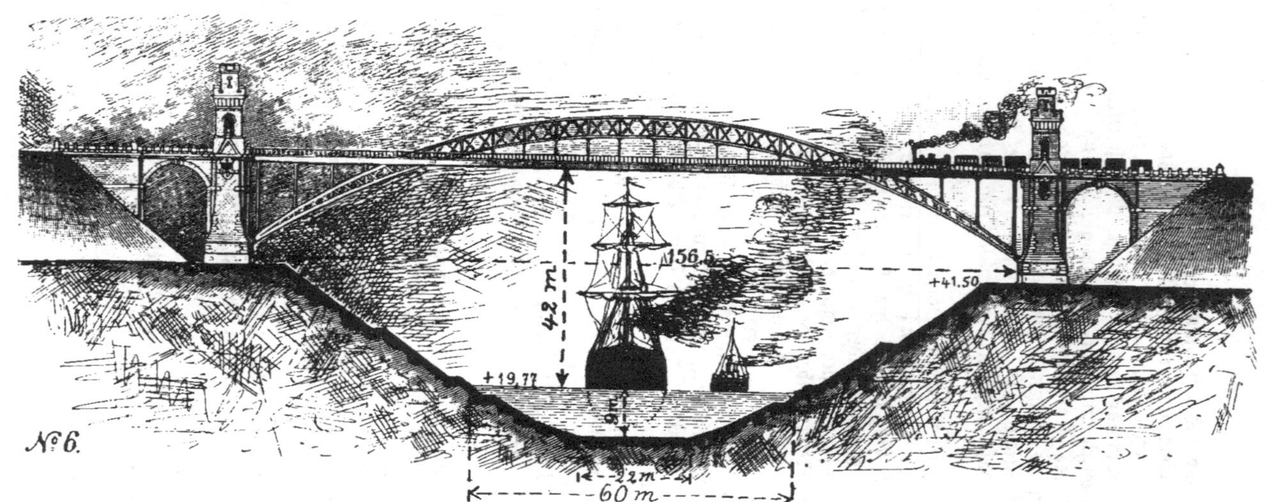

Eine erläuternde Beschreibung dieser Brücke ist auf den Seiten 59 bis 62 enthalten. Diese Abbildung giebt gleichzeitig eine Vorstellung von der bei Projensdorf zu erbauenden Hochbrücke zur Überführung der Chaussee und Bahnlinie von Kiel nach Eckernförde.

die weitest gespannte Brücke in Deutschland, auf einen Winddruck von 150 kg und auf eine Standfestigkeit von 250 kg berechnet. Die Aufstellung der einzelnen Träger erfolgte vom festen Gerüst aus, die Anfuhr der Eisentheile durch Arbeitsgeleise. Beim Aufbringen derselben am Ort bediente man sich der Elektrizität in der Art, daß Sekundärmaschinen von zwei Pferdekräften in größerer Zahl von einer Zentralstelle aus in Gang kamen. An Berechnung, Entwurf und Ausführung haben, außer Bauinspektor Greve, die Regierungsbauräthe Hinckeldeyn und Eggert und Regierungsbaumeister Kohlenberg wesentlichen Antheil. Erd- und Maurerarbeiten für die Brücke waren an den Bauunternehmer Sager zu Hademarschen und die Lieferung und Aufstellung des eisernen Überbaues sowie des Fahrbahnbelages zu der Hochbrücke der Maschinenbau-Aktiengesellschaft Nürnberg für die Summe von nahezu 500 000 Mk. übertragen.

Bei der Aufführung der Widerlager wurden für die am stärksten beanspruchten Theile Rathenower Steine vermauert, die Auflager sind aus Granit, größere Theile der Sockel und der Gesimse aus bläulichem bayerischen Granit. Die großen Wappen mit dem Reichsadler, welche den architektonischen Schmuck abgeben, sind ihrer bedeutenden Abmessung wegen aus drei Platten Oberkirchener Sandstein zusammengesetzt. Zur Verdeckung der unregelmäßigen Bogenöffnung, welche durch die Böschung begrenzt wird, sind Stirnmauern aus roten Ziegeln (aus der Nähe von Meißen) aufgeführt worden.

Das Geleis der eingeleisigen Bahn ist in die Mitte der Brücke gelegt, sodaß bei einer lichten Weite von rund 6,5 m zwischen den teilweise über der Fahrbahn hervorstehenden Trägern die Brücke nicht gleichzeitig von der Eisenbahn und dem Straßenverkehr benutzt werden kann. Die Fahrbahn für Straßenfuhrwerke liegt auf der ganzen Brücke innerhalb der Abschlußschranken in Höhe der Schienenoberkante. Die Breite der Straßenfahrbahn beträgt in der Mitte der Brücke auf etwa 100 m Länge zwischen den Gurten der Hauptträger in einer Höhe von 3 m über Schienenoberkante 6,5 m. Die zu beiden Seiten des Fahrweges außerhalb der Hängeverticalen belegenen Fußwege haben an den Kreuzungsstellen mit den Bogengurten eine Breite von je 1,5 m. An beiden Enden der Brücke, soweit die Hauptträger unter der Fahrbahn liegen, hat die Fahrbahn eine Breite von 8 m. Die Breite der Fußwege auf dieser Strecke beträgt 2,13 m.

Der Fahrbahn ist eine schwache Krümmung nach oben gegeben, und zwar in der Mitte 10 cm bei niedrigster, 18,7 cm bei mittlerer und 27,4 cm bei höchster Temperatur. Die Träger liegen zur Versteifung gegen seitliche Bewegungen in Ebenen, die 1 : $^1/_8$ gegen die Loth-Ebene geneigt sind. Es sind elastische Sichelbogen mit 4,1 m Höhe im Scheitel und mit Kämpfergelenken, welche sich 5 m über der Bodenfläche auf gemauerte, kräftig überlastete Widerlager stützen.

Die Knotenpunkte liegen auf Kreisbögen von 150 bezw. 135 m Halbmesser und 21,46 bezw. 25,56 m Pfeilhöhe, sodaß die Verhältnisse der Spannweiten zu den Pfeilhöhen 7,3 bezw. 6,1 : 1 betragen. Der Querschnitt der Gurtungen bildet einen Kasten, dessen offene Seiten durch ein Gitterwerk verbunden sind.

Der Auflagerkörper der Bogenträger besteht aus Gußeisen und ist zweiteilig angeordnet. Zwischen beiden Teilen sind Keile angebracht, um damit das Gelenk fest gegen den noch auf seinen Rüstungen ruhenden Bogen zu drücken. Die Straßenfahrbahn ist aus einem doppelten Bohlenbelage hergestellt.

In ganz ähnlicher Weise, wie bei Grünthal, wurde später für die Überführung der Kiel-Flensburger Eisenbahn, welche ursprünglich vermittelst einer Drehbrücke erfolgen sollte, ebenfalls eine Hochbrücke in Angriff genommen, die bei der Höhe von Projensdorf, bei Lewensau, den Kanal überschreitet. Die Baumaße und Einrichtung dieser Brücke werden derjenigen bei Grünthal nahezu gleich, und auch hier wird eine Chaussee gleichzeitig mit überführt. Die Mehrkosten gegen den Voranschlag werden etwa 4 Millionen Mark betragen, jedoch keine Überschreitung der Gesamtbaukosten verursachen, da bereits wesentliche Ersparnisse gegen den Totalanschlag gemacht sind. Durch das Fortfallen einer Drehbrücke an dieser Stelle ist für die durchgehende Schifffahrt ein wesentlicher Vortheil geschaffen, da das Passiren der schmalen Drehbrückenöffnung immerhin Vorsicht und event. Aufenthalt erfordert haben würde.

Die nächste bemerkenswerthe Bauausführung fand im Stadtgebiet von Rendsburg statt. Hier handelte es sich einerseits um Überführung der Bahnlinie von Neumünster über den Kanal, andererseits um einen Schifffahrtsanschluß der neuen Wasserstraße des Nord-Ostseekanals an die alte Wasserstraße der Eider, bezw. des schleswig-holsteinischen Kanals. Über die Brückenanlage bei Rendsburg ist folgendes mitzuteilen:

Die Eisenbahn bei Rendsburg wird unter Trennung des Doppelgeleises in zwei einzeln geführte Bahnstränge auf zwei Drehbrücken südlich der Stadt über den Kanal überführt, so daß Sicherheit gegeben ist, den Bahnbetrieb selbst bei Zerstörung oder Beschädigung einer der Eisenbahnbrücken aufrecht erhalten zu können. Die Brückenüberführung über den Kanal geschieht südöstlich von Rendsburg bei Osterrönfeld im Zuge der alten Eisenbahn. Die beiden Drehbrücken haben in der Durchfahrtsöffnung eine lichte Weite von 50 m. Der Drehpfeiler der Brücke steht an einem Kanalufer, die Brücken selbst werden bei ihrem Ein- und Ausschwenken durch einen mittleren Drehzapfen unterstützt, welcher auf einem Wasserdruck-Cylinder ruht und das Abheben der Brücke von ihren Auflageflächen durch hydraulische Kraft ermöglicht. Die ganze Bewegung der Brücken erfolgt ebenfalls durch hydraulische Kraft. Die Herstellung dieser beiden Brücken konnte im Trockenen vorgenommen werden, ebenso ist die Straßen-Drehbrücke der Chaussee bei Aukrug (Rendsburg) im Trockenen erfolgt. Diese letztere erhält ebenfalls eine lichte Durchfahrtsweite von 50 m anstatt der anfangs projektirten 36 m.

Für die Verbindung der Wasserstraße des Nord-Ostseekanals mit der Untereider mußte dadurch gesorgt werden, daß vom Audorfer See aus durch die sogen. Enge eine vertiefte Fahrrinne nach Rendsburg zu, und zwar bis an die Nordseite der Stadt unter die alte Eisenbahnbrücke durch nach der dortigen alten Schleuse hin, ausgebaggert wurde, da der Wasserspiegel der oberen Eider sich vermöge Aufhebung der Schleusenhaltung des Eiderkanals um ca. 7 bis 8 Fuß senken müßte. Die Folge war, daß Neubauten sowohl bei der Eisenbahn nördlich von Rendsburg als auch bei der Untereiderschleuse nothwendig wurden. Von besonderem Interesse sind die Bauten an der nördlichen Eisenbahnbrücke. Die Erd-, Gründungs- und Maurerarbeiten waren der Firma Ph. Holzmann u. Co. in Frankfurt a. M., die Herstellung des eisernen Oberbaues der Maschinen-Aktien-Gesellschaft Nürnberg übertragen. Auch diese Brücke mußte als Drehbrücke gebaut werden, da hier die Schiffe zwischen Untereider und Nord-Ostseekanal passieren müssen. Die Brücke ruht in der Mitte auf einem großen Drehpfeiler, an der Landseite auf zwei Auflagepfeilern. Der nördliche Auflagepfeiler wurde vollständig im Wasser gebaut; ebenso der mittlere Drehpfeiler. Dieser, sowie der südliche Auflagepfeiler mußten als Senkpfeiler hergestellt werden, eine eigentümliche und besonders interessante Ausführungsart.

Der Vorgang hierbei war folgender: Ein Gerüst von Eisenplatten und Eisenrippen, dessen Grundriß gleich dem des zu erbauenden Pfeilers ist, wird auf einer Balkenlage über dem Wasser erbaut und mit Mauerwerk ausgefüllt. In der Mitte bleibt ein freier Raum, der nach oben durch eine Eisenplatte mit großem, rundem Loch und aufsteigender Röhre abgeschlossen ist. Dieser Theil des Pfeilers hängt an mächtigen Stangen und wird allmählich in dem Maß, wie die Maurer oben den Pfeiler durch Aufmauern erhöhen, durch Schrauben heruntergelassen. So wird der Pfeiler bis auf den Grund des Wassers niedergelassen, worauf durch Dampfkraft, welche eine große Luftpumpe treibt, das Wasser aus dem ersterwähnten freien Raum am Grunde des Pfeilers verdrängt wird. Die vom runden Loch in der abschließenden Platte aufsteigende Röhre erweitert sich oben durch einen Absatz, und dieser ist nach oben zu vollständig luftdicht abgeschlossen. Nur nach zwei Seiten steigen über mannsdicke Röhren wieder abwärts, welche am untern Ende einen doppelten Verschluß durch Schrauben und Gummiplatten haben. Durch diese Röhren begeben sich alle vier Stunden vier Arbeiter in das Schachtrohr bis auf den Grund des Pfeilers. In der verdichteten Luft, deren Überschuß brodelnd außen am Pfeiler emporsteigt, arbeiten die Leute wie in einer Taucherglocke. Ihre Beschäftignng besteht in nichts anderm, als am feuchten Grunde die Erde in Eimer zu füllen und diese durch eine elektrische Kraftmaschine in das Schachtrohr befördern zu lassen. Das nötige Licht wird natürlich auch durch Elektrizität von einer Außenmaschine erzeugt und nur mittelst Drähten hineingeleitet. Wenn die Eimer oben im Schachtrohr bei der Erweiterung angekommen sind, werden sie von zwei Arbeitern in die Seitenschächte entleert. Diese werden von außen stehenden Arbeitern von Zeit zu Zeit geöffnet und die Erde fällt von selbst heraus. Natürlich muß vor einer solchen Öffnung der Schacht im Innern noch mehrfach luftdicht durch Gummiplatten, Eisenplatten und Schrauben verschlossen werden, sonst würde das eindringende Wasser die am Grunde arbeitenden Leute im Nu ertränken. Die Arbeitszeit beträgt für die in der verdichteten Luft arbeitenden Leute vier Stunden, der dann eine Ruhepause von acht Stunden folgt. Nur beim Hineinsteigen in den Schacht bewirkt der Luftdruck durch Sausen und Klingen in den Ohren einige Unbequemlichkeiten, welche sich allerdings bei vielen Leuten zur Unerträglichkeit steigern. Die Pfeiler kommen etwa 16 m tief, also reichlich 10 m in das Flußbett hinein. Je tiefer sie hineinkommen, desto stärker muß auch der Luftdruck sein, um das Grundwasser zurückzudrängen. Ist der Pfeiler tief genug, dann wird in den freien Raum Beton hineingeschafft, welcher hier verhärtet und mit dem Pfeiler zusammen eine einzige feste Masse bildet.

Für die Verbindung zwischen der Obereider und der Untereider bei Rendsburg, welche schon beim Eiderkanal durch eine Schleuse bei dem Kronwerk vermittelt wurde, hat für den neuen Kanal eine größere Schleuse hergestellt werden müssen. Die Erd-, Gründungs- und Maurerarbeiten, sowie die Lieferung eines Teils des Materials für diese Schleusen wurden zum Preise von rund 550 000 Mk. dem Bauunternehmer R. Schneider in Berlin übertragen.

Die alte Schleusenkammer wurde einfach zugeschüttet; durch die neue den Schifffahrtsverkehr aufrecht erhaltende Eiderschleuse wird seinerseits der Nord-Ostseekanal gegen die Wasserstandsschwankungen der Untereider, welche der von Tönning bis Rendsburg heraufkommenden Flutbewegung unterworfen ist (ein Meter Differenz) abgeschlossen. Die Rendsburger Schleuse erhält Fächerthore, damit auch hier jede Strömung ausgeglichen werden kann und der Abschluß der Schleuse selbst bei durchlaufendem Strome mit Sicherheit erfolgen kann. Die Schleuse erhält an jedem Ende zwei paar Thorflügel. Zunächst mußte die Baugrube durch eine Spundwand an drei Seiten abgetheilt werden, da sie vom Wasser umgeben ist und eine ständige Dampfpumpe sorgte sodann dafür, die Baugrube nach Möglichkeit trocken zu halten. Bei der Aushebung der Baugrube, bei welcher ein unterer kleiiger Boden gefördert werden mußte, stieß man auf viele alte Pfahlreste und dergl. Diese Pfähle, von früheren Schleusen und Festungsbauten herrührend, wurden vermittelst Dampfkrahn aus der Erde hervorgezogen und erst dann trat der Bagger in Thätigkeit. Die Fundierung der Schleuse erfolgte auf einem liegenden Rost, auf diesen wurde eine Betonmischung, bestehend aus Cement, kleinen Steinen und zerriebenem Tuffstein, geschüttet. Die ungeheuren Massen dieses Betons wurden durch besondere, durch Dampf getriebene Rührwerke zubereitet. In die wagerecht liegenden Mischtrommeln wurden die oben genannten Bestandteile wagenweise hineingeschüttet, beim Austritt der fertigen Masse aus den Trommeln in Kippwagen aufgefangen, über den Balkenrost gefahren und ausgeschüttet. Dort erhärtete der Beton schon nach einigen Wochen und es wurde auf ihm das Mauerwerk aufgeführt.

Während die Ausmaße der alten Schleuse 7,82 m Breite mit 3,5 m Wassertiefe waren, zeigt die neue Schleuse 12 m Breite mit 5,5 m Wassertiefe, ist also wesentlich größer.

Die bei Rendsburg erfolgende Senkung des Wasserspiegels der Obereider, welche nicht zu umgehen war, hatte für die Stadt den Verlust des Eiderwassers, welches in mehreren Fällen in gewerblichen Betrieben benutzt wurde und Mühlen als Triebkraft diente, zur Folge, was gleichzeitig eine Senkung des Grundwassers, also ein Versiegen der Brunnen, herbeiführte. Mit der Stadt ist daher ein Abkommen getroffen, wonach die Stadt auf alle Entschädigungsansprüche gegen Gewährung einer Vergütung von 300000 Mk. aus der Reichskasse verzichtet. Mit den Rendsburger Wassermühlen ist aus gleichem Anlaß eine Vereinbarung abgeschlossen.

Die Aushebung des Kanals oberhalb Rendsburg, wo derselbe bei Nobiskrug in den Audorfer See eintritt, um dem Verlauf der oberen Eider-Seen zu folgen, bietet bis zu dem Punkte, wo der Nord-Ostseekanal den Flemhuder See in seinem nördlichsten Theile schneidet, keine bemerkenswerten Eigentümlichkeiten. Vielfach wird auf dieser Strecke die in starken Krümmungen verlaufende Obereider bezw. der Eiderkanal abgeschnitten, und hier findet die Bauausführung des Nord-Ostseekanals in der Weise statt, daß diese Eiderabschnitte durch Abdämmung an ihren Enden geschlossen werden, sodaß sie denselben Wasserstand behalten, den sie ursprünglich hatten. Auf diese Weise werden die Wasserverhältnisse der an die alte Eider angrenzenden Ländereien möglichst unverändert gelassen.

Der Flemhuder See zeigt jedoch ganz erhebliche Veränderungen. Derselbe hatte ursprünglich eine Größe von 234 Hektaren, er war mit der Scheitelhaltung des Eiderkanals in unmittelbarer Verbindung, und sein Wasserspiegel befand sich 7 m höher, als wie der Wasserspiegel der Ostsee, also auch wie derjenige des Nord-Ostseekanals. Dadurch, daß eine Senkung dieses Wasserspiegels um 7 m stattfindet, verkleinert sich die Fläche des Flemhuder See's auf etwa $^1/_3$ = 84 Hektar, und es werden große Flächen Land vollkommen freigelegt. Die Verkleinerung des See's hat eine treffliche Gelegenheit geboten, um sowohl Baggergut wie den im Trockenen gewonnenen Boden auf dem Gebiete des See's abzulagern. Es war jedoch erforderlich, um den angrenzenden Gütern und Landdistrikten ihre Wasserverhältnisse zu erhalten, durch Vorkehrungen am Flemhuder See hierfür zu sorgen; diese sind in folgender Weise getroffen:

Rings um den See herum, im allgemeinen parallel mit seinem Ufer, jedoch innerhalb des Gebietes seiner Wasserfläche, wurde ein Ringdamm gezogen, der, bei Groß-Nordsee beginnend, sich südlich fortsetzte, am Lösch- und Ladeplatz von Achterwehr vorbeiführend, westlich von Flemhuder sich hinziehend, in der Gemarkung Strohbrük am Ostufer des Flemhuder See's endigt. Durch die Herstellung dieses Dammes wurde eine Art

Ringkanal an dem westlichen, südlichen und östlichen Ufer des Flemhuder See's hergestellt, und in diesem blieb der alte Wasserstand des Flemhuder See's bestehen. Am Süden mündete in den Flemhuder See bekanntlich der Eiderfluß bei Achterwehr, an der Ostseite die schwächere Flemhuder Aue, nördlich die Welsdorfer Aue. Mit Rücksicht auf diese permanenten Zuflüsse des Flemhuder See's, die sich also in den Ringkanal ergießen, ist es notwendig, für einen Abfluß aus dem Ringkanal nach dem verbleibenden Innengebiet des Flemhuder See's zu sorgen. Ein solcher Abfluß ist am Südende des See's vermöge eines Wehrs hergestellt, welches durch einen Wasserfall von 7 m die Wasser des Ringkanals in einen geraden Stichkanal und in den Flemhuder See abführt. Der Wasserspiegel des neuen Flemhuder See's liegt naturgemäß in gleicher Höhe mit demjenigen des Nord-Ostseekanals und ist durch eine kurze gerade Zuleitung mit dem Nord-Ostseekanal verbunden. Die Zeichnung auf Seite 67 läßt die Veränderungen am Areal des Sees und seine Verbindung mit dem Nord-Ostsee-Kanal deutlich erkennen.

Der Flemhuder See besitzt eine sehr bemerkenswerte Tiefe, welche nachdem der Wasserspiegel um 7 m gesunken ist, an der tiefsten Stelle im südlichen Teile des See's immer noch 23 m beträgt. Die ersten Arbeiten beim Flemhuder See bestanden in der Beschüttung des Rings, der einfach vermittelst Schüttung „vor Kopf" hergestellt wurde. Für die großen Wassertiefen hatte der Unternehmer Ph. Holzmann u. Co. in Berlin die Sache in besonderer Weise eingerichtet. Da der Kanal den See auf einer Strecke von 1 km anschneidet, so mußte er auf diese Länge hin ausgebaggert werden, was mittels eines bereits im Betriebe stehenden Naßbaggers erfolgte. Die vollen Prähme schaffte der Unternehmer alsdann dorthin, wo der Damm in den See hineingeschüttet werden sollte und entleerte sie mittels eines zweiten schwimmenden Baggers, der so konstruiert und aufgestellt war, daß er den Prahm in sich aufnahm, den Boden aus der Tiefe hob und den Inhalt seitwärts unmittelbar dort ins Wasser schüttete, wo der Damm gebildet werden sollte. Diese Konstruktion, welche man einen „umgekehrten Bagger" nennen könnte, war auf zwei starken Schiffsgefäßen in Holz sehr solide hergerichtet und bewährte sich vortrefflich.

Das Vorhandensein von Ablagerungsflächen im Flemhuder See bot für die Bauausführung des Kanals eine bedeutende Erleichterung, so daß es möglich wurde, ohne mit dem ausgehobenen Baggergut weite Wege zurückzulegen, dasselbe im See durch einfaches Aufklappen der Baggerprähme leicht los zu werden. Der von der Mitte der Strecke einerseits nach den oberen Eiderseen, andererseits nach der offenen See außerhalb des Kieler Hafens zurückzulegende Weg für die Baggerprähme wäre selbst nach Aufhebung der vielen Schleusen ein so kostspieliger gewesen, daß er die Kosten der Baggerung und somit den Preis des Kanals erheblich verteuert haben würde.

Die Fläche des See's betrug ursprünglich 234 Hektar, davon haben rund

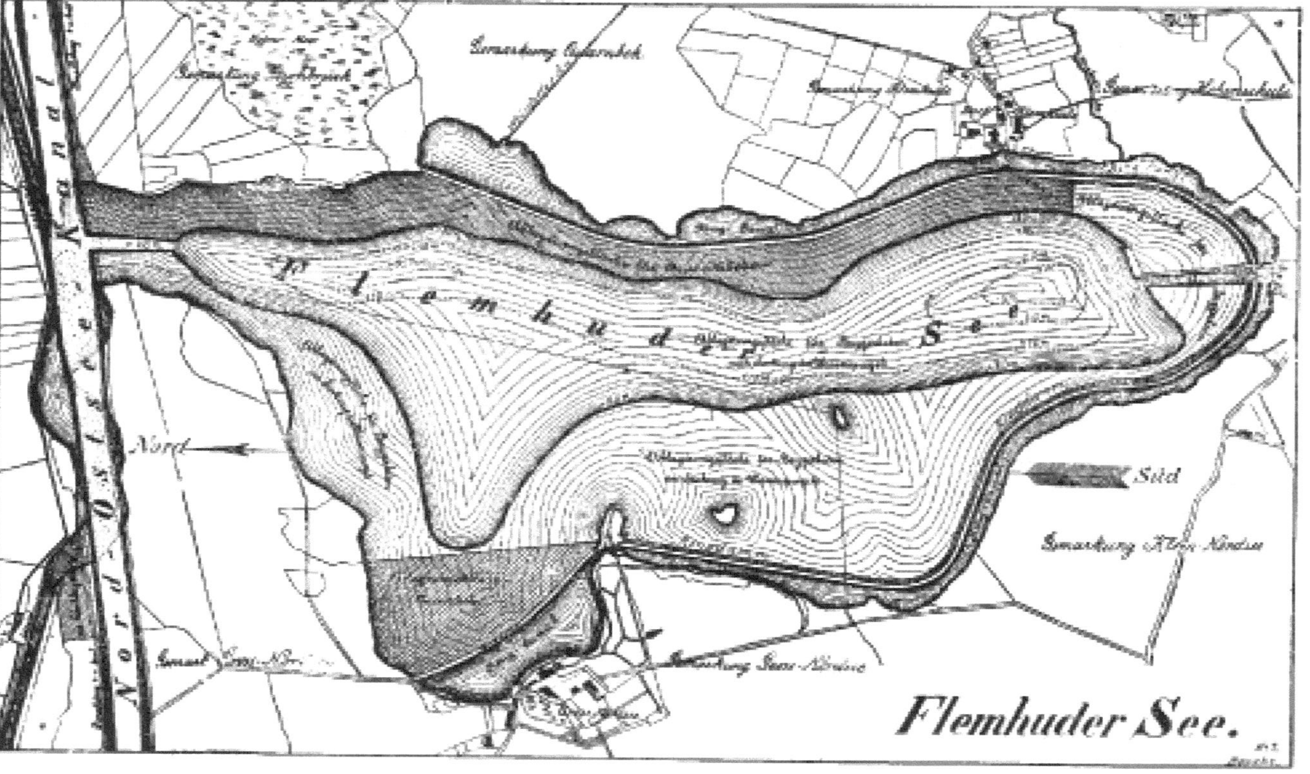
Flemhuder See
Nord-Ostsee-Kanal
Nord
Süd
Flemhuder See.

a) 70 ha 0— 3 m Wassertiefe
b) 76 „ 3— 7 „ „
c) 28 „ 7—10 „ „
d) 60 „ 10—30 „ „

Auf der unter b genannten Fläche ließen sich durch Aufklappen von Baggerprähmen bis zu einer Tiefe von 3 m unter dem Wasserspiegel in einer durchschnittlichen Schüttungshöhe von 2 m rund 1,5 Millionen Kubikmeter Baggerboden unterbringen. Die unter d genannte Fläche faßt bei einer Auffüllung bis zu 10 m unter dem alten oder 3 m unter dem neuen Wasserspiegel etwa 5 Millionen Kubikmeter. Davon waren aber noch etwa 0,5 Millionen Kubikmeter für Freilassung einer tieferen Schifffahrtsrinne in Abzug zu bringen, so daß die hineinzuschüttende Masse auf etwa 4,5 Millionen Kubikmeter zu veranschlagen war. Hierzu kommen noch 1500000 Kubikmeter Boden Baggergut, so daß im Ganzen 6 Millionen Kubikmeter Baggerboden in den See versenkt wurden, während vom trocken ausgehobenen Boden 2800000 Kubikmeter dort abgelagert werden, dies macht im Ganzen eine Masse von 8800000 Kubikmetern, die etwa einem Aushub einer Kanalstrecke von 9 km Länge entspricht. Das aus dem Ringkanal mit 7 m Fallhöhe in den Flemhuder See geleitete Wasser enthält eine bedeutende nutzbare Wasserkraft, deren Verwendung zur Herstellung von elektrischer Beleuchtung in Aussicht genommen wurde.

Der Flemhuder See, in offener schiffbarer Verbindung mit dem Nord-Ostseekanal bleibend, wird als Ausgleichsbassin für die wechselnden Wasserstände derselben zu dienen vermögen, er selbst bleibt bis zu seinem oberen Ende bei Achterwehr, woselbst der 7 m hohe Wasserfall angelegt wird, schiffbar und hier ist auch ein Lösch- und Ladeplatz vorgesehen. Auch für die Fischzucht ist die Wehrverbindung, neben welcher eine Aalleiter angelegt werden soll, von Bedeutung.

Bei dem Gute Rosenkranz (unten links in unserer Zeichnung) ist ein Arm des alten Eiderkanals abgedämmt, also mit seinem Wasserspiegel 7 m über demjenigen des Nord-Ostseekanals verblieben. Diese Strecke des alten Eiderkanals hat ziemlich wasserreichen Zufluß. Im Ganzen ist ein Zuflußgebiet von 20 Quadratkilometern vorhanden, und es erscheint nicht ausgeschlossen, daß auch hier angesichts der Fallhöhe von 7 m eine nutzbare Verwendung von Wasserkraft stattfindet.

Vom Flemhuder See nach Osten zu befindet sich auf der Kanalstrecke, abgesehen von der bereis erwähnten, bei Levensau herzustellenden zweiten Hochbrücke, keine bemerkenswerte Bauausführung. Nur an der Mündung in den Hafen bei Holtenau waren die bedeutenden, der Elbschleusenanlage gleichenden Ostseeschleusen herzustellen.

Der Bau dieser Holtenauer Schleuse, die in ihren Schifffahrtseinrichtungen vollkommen derjenigen bei Brunsbüttel entspricht, hatte mit weniger Schwierigkeiten in der Fundierung zu kämpfen, als jene, da hier ein Andrang von Grund- oder Quellwasser nicht in so starkem Maße auftrat, wie an der Elbe. Vielmehr hat die Trockenhaltung der Baugrube vermittelst Dampfpumpwerke ohne Schwierigkeit und unter wesentlicher Kostenersparnis gegenüber dem Voranschlag stattfinden können. Die Schleuse bei Holtenau wurde der Firma Wittkop, Förster, Cordes & Sönderup aus Königsberg zum Preise von rund 3 860 000 Mk. übertragen. Es waren im Ganzen hier 260 000 Kubikmeter für die Schleusengrube und 305 000 Kubikmeter Boden für die Hafenöffnung des Kanals auszuheben. Hier haben die Erdausschachtungen in der durch einen Schutzdeich, dessen Krone 23,77 m über Normal-Null lag, gegen etwaige Überflutungen der Ostsee, die 1872 bis auf 22,94 m über Normal-Nullgestiegen war, gesicherten Baugrube im Trocknen stattfinden können und unter ausgiebigster Verwendung von Maschinenkraft, Erdtransportzügen u. dergl. Namentlich fand die Aufschüttung des Bodens, der zur Herstellung von Quaiflächen am Hafenufer dienen sollte, in bequemer Weise von der nahegelegenen Baustätte der Schleuse vermittelst kleiner Eisenbahnzüge statt.

Die Erdarbeiten waren am 6. Juli 1891 soweit gediehen, daß die Betongründung der Schleusenmauern an diesem Tage erfolgen konnte. Die Herstellung des Betons, der in einer Dicke von 7 Metern den mächtigen Schleusenmauern als Unterlage dient, erfolgte auch hier vermittelst großer, sehr leistungsfähiger und von einer Dampfmaschine getriebener Betonmischwerke, die einen kontinuierlichen Betrieb gestatteten.

An den bedeutenden Mauerarbeiten wurden zeitweilig gleichzeitig 200 Maurer, ohne die übrigen Arbeiter und Handwerker, beschäftigt. Daneben waren, ohne die Erdarbeiter, mehr als 150 Steinschläger in permanenter Thätigkeit, um die zu Schiff angefahrenen Granitsteine zu zerkleinern. Täglich legten 8 bis 10 Segelschiffe von 20 bis 40 Kubikmeter Größe an der provisorischen Landebrücke an, um die in der Ostsee, meist nahe den dänischen Inseln, gefischten Steine zu löschen. Im Ganzen wurden etwa 60 000 Kubikmeter Betonschotter allein für die Schleusenanlage gebraucht. — In den Schleusenmauern sind je 3 Düker (Tunnels) hergestellt, welche sich 14 Meter unter dem Wasserspiegel befinden und unter der Sohle der Schleusenkammer hindurchgeführt werden. Sie sind zur Aufnahme der zum Öffnen und Schließen der riesigen Schleusenthüren notwendigen Maschinenteile bestimmt; um das Eindringen des Wassers zu verhüten, sind deren Wände von gelben schwedischen Klinkern in Zement gemauert und mit Bleipappe umschlossen. Die Bedienung der gewaltigen Schleusenthore erfolgt mit hydraulischer Kraft.

Auf dem Bauplatze bei Holtenau herrscht stets ein ganz außerordentlich reges Leben, welches zum Teil durch die Großartigkeit und Ausdehnung der dortigen Anlagen, zum Teil aber dadurch verursacht wird, daß hier der noch ununterbrochen im Betrieb befindliche alte Eiderkanal hart neben der Mündung des Nord-Ostseekanals in den Kieler Hafen eintritt, und hier der außerordentlich rege Schifffahrtsverkehr von reichlich 4500 Schiffen jährlich sich vollzieht.

Zur Ausführung von Reparaturen an den Fahrzeugen der Kanalkommission ist in Holtenau eine Werkstätte mit Trockendock erbaut worden. In der Werkstätte werden durchgehend 80 bis 100 Arbeiter (Maschinenbauer, Dreher, Schmiede, Zimmerleute und sonstige Arbeiter) beschäftigt.

Seitwärts von der Schleuse ist auch ein kleines Stadtviertel von Beamtenwohnungen erbaut worden, welche malerisch auf der Höhe nördlich der Mündung liegen. Im Ganzen sind für die spätere Unterbringung der beim Betriebe des Kanals sowie an den Schleusen, Fähren, Drehbrücken u. s. w. auf der ganzen Linie anzustellenden Beamten (Hafenmeister, Schleusenmeister, Betriebshofsverwalter, Fähr- und Brückenwärter) etwa 35 bis 40 Gebäude herzustellen.

Unmittelbar an die Schleuse schließen sich nach außen die Arbeitsstätten für die Uferbekleidungen und Molen im Außenhafen des Kanals, die zum Teil im Wasser des Kieler Hafenterrains ausgeführt werden müssen.

Die ganzen Baustellen des Nord-Ostseekanals sind während der Arbeitszeit, die sich vielfach in die Nacht hinein erstreckt, mit elektrischem Licht beleuchtet, das hie und da mit dem fackelartig leuchtenden, roten Licht von transportablen Ölgasapparaten abwechselt, und so im Dunkeln äußerst interessante, malerische Effekte erzielt.

Auf der Baustätte bei Holtenau befindet sich in einem kleinen Bretterhäuschen das sogenannte „Kanalmuseum“. In diesem sind höchst instruktive Karten, Pläne und Detailzeichnungen des Nord-Ostseekanals und seiner Teile ausgestellt, aus denen man sich vortrefflich über den gewaltigen Bau unterrichten kann. Außerdem werden hier die Funde aufbewahrt, welche bei der Ausschachtung der Kanallinie auf der ganzen Strecke hin und wieder gemacht wurden. Die Ausbeute von Fundstücken bemerkenswerter Art oder von historischem oder geologischem Interesse ist allerdings nur gering. Man stieß beim Ausgraben vielfach auf alte Baumreste, vom Moor überdeckte Eichenstämme, die als Überreste älterer Waldungen sich darstellten, aber sonst wurden nur wenige Münzen, äußerst wenig Bernstein, alte Ringe, Töpfe, Schmucksachen und Waffenteile aus der Stein- und Bronzezeit, sowie verschiedenartige Hirschgeweihe, Tier- und Menschenknochen gefunden. Was hiervon des Aufhebens wert war, ist im Kanalmuseum untergebracht.

Zur Befestigung der Uferböschungen des Kanals, die beim Durchfahren der Schiffe von dem dabei entstehenden Wellenschlag namentlich in der Höhe des Wasserspiegels zu leiden haben, findet eine Belegung der Böschungsflächen mit Steinen und Cement statt. Nachdem mehrfach Probeböschungen aus verschiedenem Material hergestellt worden waren, hat man sich für die Cement- und Felsenböschung entschieden. Erstere wird unter dem Wasserspiegel angelegt; die Cementschicht erhält hier eine Stärke von 20 cm. Mit dem Wasserspiegel beginnt die Felsböschung, die ungefähr doppelt so stark ist wie die Cementschicht. Beide Böschungen sind je 1,50 m hoch. In weiterer Höhe wird die Böschung mit Rasen bekleidet. Die zur Verwendung gelangenden Felsen sind nur an einer Seite völlig glatt gehauen, doch sind auch die übrigen Seiten derartig bearbeitet, daß sich beim Einsetzen möglichst kleine Fugen ergeben. Hinter den Steinen befindet sich noch eine starke Lage Kies und Mergel, wodurch eine Unterspülung der Böschung verhindert werden soll.

Eine Schwierigkeit bei der Herstellung des Nord-Ostseekanals bestand darin, daß es geboten war, den bestehenden Verkehr auf dem schleswig-holsteinischen oder Eiderkanal während der Zeit des Kanalbaues nicht oder nur auf möglichst kurze Zeit zu unterbrechen. Es stand hier die Berücksichtigung eines Verkehrs von reichlich 4500 Schiffen jährlich in Frage. Diese Schwierigkeit trat, da der Kanal von der Elbe bis oberhalb Rendsburg, zum Audorfer See, mit der bestehenden Schifffahrtslinie in keiner Weise kollidierte, nur für die Reststrecke vom Audorfer See bis nach Holtenau auf. Auf dieser letzten Strecke wurden daher die Arbeiten von Anfang an in der Weise in Angriff genommen, daß diejenigen Teile des Nord-Ostseekanals, welche Krümmungen und Bogen des alten Kanals abschneiden, mit diesem also nicht zusammen fallen, bis zu einer solchen Tiefe im Trockenen ausgehoben wurden, daß sie, später mit dem Eiderkanal in Verbindung gebracht, selbst dann noch genügende Wassertiefe für den Schifffahrtsverkehr aufwiesen, wenn die Verbindung mit dem Eiderkanal gleichzeitig mit einer Senkung des Wasserspiegels der Schleusenhaltungen des letzteren erfolgte. Auch die Uferdeckungen dieser Durchstiche wurden gleich möglichst vollständig fertig gestellt. Die dazwischen liegenden Strecken des Eiderkanals wurden in dieser Zeit durch Baggerung soweit vertieft, daß am Schlusse der ersten Bauperiode, 1. Januar 1892, die erste Senkung des Wasserspiegels, und zwar der Scheitelstrecke des Eiderkanals bis auf die nächstniedrige Haltung, möglich war. Die auf dieser östlichen Strecke und trocken ausgeführten Durchstiche betrugen rund 8,7 Kilometer mit etwa 13 Millionen Kubikmeter zu bewältigender Bodenmasse. Auf den dazwischen liegenden Strecken des Eiderkanals, die eine Gesamtlänge von 6 Kilometern umfassen, mußte durch Baggerung eine Tiefe von 6½ Meter hergestellt werden.

Am Schluß dieser Bauperiode wurden die Durchstiche voll Wasser gelassen, die Zwischendämme beseitigt und der Schiffsverkehr aus dem Oberwasser der Knooperschleuse direkt in den neuen Kanal geleitet, von wo er bei dem Gute Klein-Königsförde durch einen provisorischen Durchstich wieder in den alten Kanal, und zwar in das Unterwasser der Königsförder Schleuse überging. An den projektirten Fährstrecken bei Königsförde, Landwehr und Levensau, welche noch sehr tief unter Wasser standen, wurden provisorische Fähren bzw. Brücken mit Schiffsdurchlaß erbaut. Nach dieser ersten Senkung des Wasserspiegels war also die Scheitelhaltung des Eiderkanals, welche früher zwischen Rathmannsdorf und Königsförde bestanden und etwa 2½ Meter höher lag, als wie diejenige der nächsten Schleusenhaltung zwischen Knoop und Kluvensiek, auf das Niveau dieser letzten Strecke gesenkt. Die nächste Senkung der weiteren Schleusenhaltungen sollte ursprünglich in 2 Perioden stattfinden, jedoch hat man sich auf Grund der guten Erfahrungen, die man bei der ersten Senkung gemacht hat, entschlossen, beide Wasserhaltungen an einem Termin, und zwar gleichzeitig am 1. Januar 1893, aufzulassen. Die Vornahme der Senkungen dauert etwa 4 Monate, während welcher Zeit (bis Mai 1893) der Schifffahrtsverkehr auf dem Eiderkanal geschlossen bleiben muß. Um diese Senkung vornehmen zu können, mußten die Strecken des Nord-Ostseekanals sowohl wie auch diejenigen benutzten Teile des alten Eiderkanals entsprechend vertieft werden, um ein Fahrwasser von mindestens 4 Meter nutzbarer Wassertiefe zu erhalten. Das Aufgeben der Holtenauer Schleuse kann jedoch erst im Frühjahr 1895 stattfinden, da die Vollendung der Schleusen bei Holtenau und Brunsbüttel eine dementsprechende Zeit in Anspruch nimmt.

In der letzten Bauperiode nach Senkung der Wasserhaltungen sind alle zur Vollendung des Nord-Ostseekanals erforderlichen Restarbeiten zur Ausführung zu bringen, insbesondere die Vertiefung der Baggerstrecken im Kanal bis auf das vorgeschriebene Maß von 9 Metern, die Herstellung der Uferwerke im neuen Kaual, soweit diese nicht schon vorher während des Baues beschafft werden konnten, die Errichtung der Fähren, der Lösch- und Ladeplätze, sowie die Ausführung der geplanten militärischen Anlagen.

Durch die Senkung des Wasserspiegels des früheren Eiderkanals durch den Bau des Nord-Ostseekanals findet in einem gewissen Gebiet eine Entwässerung statt, welche durch das Fallen des die Zuflüsse aufnehmenden Wasserarmes, der nunmehr durch den Nord-Ostseekanal gebildet wird, eintritt. Früher wurde das Gebiet südlich des Kanals durch die den Westensee durchfließende, mit dem Flemhudersee in die oberste Scheitelhaltung des Eiderkanals mündende Obereider entwässert. Dieser Teil des Entwässerungsgebietes der Obereider, welcher bis südöstlich von Kiel über den Boothkamper See hinaus reicht und alle Zuflüsse dieses, sowie des Westen- und Flemhuder See's umfaßt, bleibt in seinem Wasserstande unverändert, weil ja vermöge der eigenthümlichen Herstellung eines Ringkanals im Flemhuder See in der bisherigen Höhe des letzteren jede Veränderung im Niveau der Zuflüsse vermieden wird. Der Zustrom des Wassers wird durch den weiter oben besprochenen Wasserfall am Südende des Flemhuder See's in den Nord-Ostseekanal abgeführt. Alle anderen linksseitigen Zuflüsse der Eider zwischen dem Audorfer See und Bastenberg an der Untereider, bis wohin der Nord-Ostsee-Kanal dem Untereiderlauf von Rendsburg aus ziemlich parallel geführt ist, werden jedoch vom Nord-Ostseekanal in ihrem Lauf hier durchschnitten und durch kleine Schleuseneinlasse in den Kanal hinein entwässert. Die Eider selbst wird also auf der hier bezeichneten Strecke ihrer linksseitigen Zuflüsse beraubt. Es sind dies die Wehrau, Jevenau, Luhnau, Halerau und die Hahnerau. In dem Zuflußgebiet dieser kleinen linksseitigen Nebenflüßchen der Untereider findet also eine Senkung des Grundwasserstandes statt.

Bei den ausgedehnten Verhältnissen des Kanalbaues war es erforderlich, für den Verkehr zwischen den einzelnen Dienststellen auf der rund 98 km langen Baustrecke eine telegraphische Verbindung herzustellen. Eine solche ist denn auch mit Genehmigung des Reichspostamts von der Kaiserlichen Oberpostdirektion in Kiel für Rechnung der Kanalbauverwaltung ausgeführt. Im Archiv für Post und Telegraphie wurde s. Z. folgende Beschreibung dieser Anlage gegeben.

Die Anlage umfaßt 138 km Telegraphenlinie mit 565 km Leitung und 45 Betriebsstellen. Sie verbindet die 5 Bauämter und 6 Barackeninspektionen einerseits mit dem Hauptbureau der Kaiserl. Kanalkommission in Kiel, andererseits mit den ihnen unterstellten Abteilungsbaumeistern bzw. Barackenverwaltern. Von Kiel ausgehend und nach der östlichen Mündung bei Holtenau den Kanal erreichend, verfolgt die Telegraphenlinie denselben, und zwar vornehmlich am Südufer, in seiner gesamten Ausdehnung. Kurze Zuführungslinien schließen überall die seitwärts gelegenen Dienststellen an. Mehrfach weicht die Hauptlinie vom Kanalgebiet ab, so vornehmlich auf der ganzen Strecke vom Meckelsee bei Breiholz bis nach Grünthal. In dieser Gegend nämlich durchschneidet der Kanal gerade das bereits mehrfach genannte Moorgebiet des Meckelsee's, dessen Ufer von Morasten bis zu 5 m Tiefe umgeben sind. Auf dieser Linie würde der durchgehends moorige, zum Theil morastige Untergrund zur Aufstellung von Telegraphenstangen nicht den nötigen Halt geboten haben. Auch war zu berücksichtigen, daß die Gieselau nicht selten infolge anhaltenden Regens ihr Thal bis auf 500 Meter Breite überschwemmt, und daß während einer solchen Überschwemmung die Begehung einer dort am Kanal erbauten Telegraphenlinie fast unmöglich sein würde. Es wurde daher die Linie von Schachtholm an auf dem in der Nähe des Kanals verlaufenden Wege über Breiholz, Oldenbüttel und Steenfeld bis Grünthal geführt, wo sich dieselbe wieder an den Kanal anschloß. Zwei weitere Abweichungen fanden in der Gegend von Burg und am Kudensee statt; erstere war zum Zweck des Anschlusses der in der genannten Stadt befindlichen vier Baubehörden notwendig, letztere schien wegen des moorigen Untergrundes am Kudensee geboten.

Östlich von Rendsburg, am Audorfer und Schirnauer See, welche der Nordostseekanal durchzieht, bildet die Linie des mittleren Wasserstandes, die dort zugleich die Grenze des fiskalischen Terrains bezeichnet, den Tract der Telegraphenlinie. Noch weiter östlich bis zur Mündung, wo der neue Kanal streckenweise mit dem alten Eiderkanal zusammenfällt oder denselben mehrmals schneidet, konnten öfter die Treidelpfade des Eiderkanals zur Aufstellung der Telegraphenstangen benutzt werden. An drei Stellen, bei Steinwehr, Groß-Nordsee und Holtenau, wurden die Leitungen mittels Flußkabel durch den Eiderkanal geführt, während an den übrigen Kreuzungspunkten die oberirdische Überführung angängig war. In Kiel endlich wurde die Zuführung der Leitungen nach dem Dienstgebäude der Kanalkommission mittels eines vieradrigen, 1920 m langen Erdkabels bewirkt.

Bald nach Beginn des Baues, welcher im September 1889 in Angriff genommen wurde, trat anhaltendes Regenwetter ein. In Folge dessen stieg das Grundwasser derart, daß beim Graben der Stangenlöcher die Arbeiter stets in tiefem Wasser standen. Besonders ungünstig lagen die Verhältnisse in der Gegend von Rendsburg an den Ufern des Audorfer und Schirnauer See's, wo die Telegraphenanlage die Uferlinie des mittleren

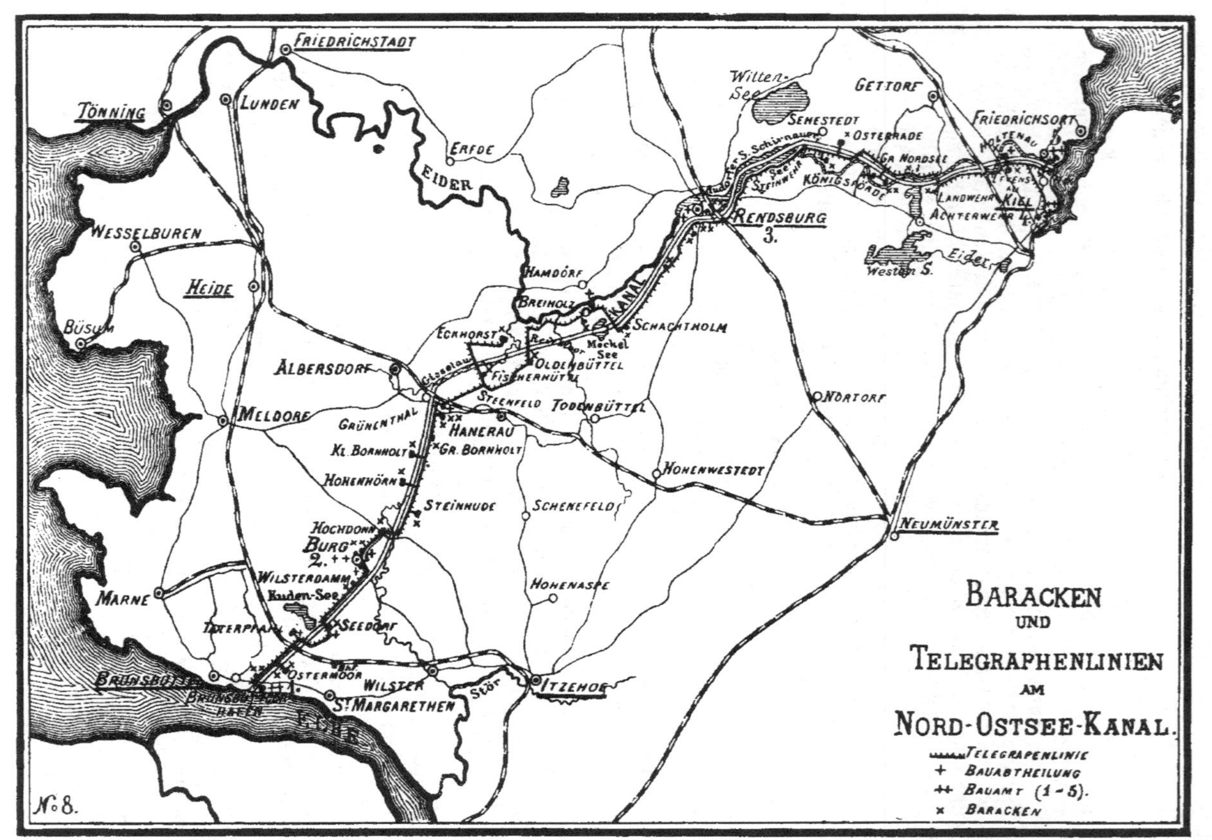
BARACKEN
UND
TELEGRAPHENLINIEN
AM
NORD-OSTSEE-KANAL.
TELEGRAPENLINIE
+ BAUABTHEILUNG
++ BAUAMT (1-5).
× BARACKEN
No 8.
FRIEDRICHSTADT
TÖNNING
LUNDEN
ERFDE
EIDER
WESSELBUREN
HEIDE
BÜSUM
ALBERSDORF
MELDORF
MARNE
HAMDORF
BREIHOLZ
ECKHORST
OLDENBÜTTEL
FISCHERHÜTTE
SCHACHTHOLM
KANAL
STEENFELD
TODENBÜTTEL
HANERAU
GRÜNENTHAL
Kl. BORNHOLT
GR. BORNHOLT
HOHENHÖRN
STEINHUDE
SCHENEFELD
HOHENWESTEDT
HOCHDONN
BURG
2.
WILSTERDAMM
Kuden-See
SEEDORF
TATERPFAHL
OSTERMOOR
WILSTER
St MARGARETHEN
Stör
ITZEHOE
HOHENASPE
NORTORF
NEUMÜNSTER
RENDSBURG
3.
Witten-See
SEHESTEDT
OSTERRADE
GETTORF
KÖNIGSFÖRDE
Gr. NORDSEE
LANDWEHR
ACHTERWEHR
KIEL
HOLTENAU
FRIEDRICHSORT
Eider
Westen S.

Wasserstandes verfolgt. Hier machte später das fortwährend steigende Wasser, welches die Stangen bereits bis zu 1 m Höhe umspülte, ganz unmöglich, die Drahtleitung in der gewöhnlichen Weise herzustellen. Der betreffende Bauführer half sich durch Mietung von Kähnen; auf diesen am Gestänge entlang rudernd, rollten die Arbeiter den Leitungsdraht in das Wasser aus, reckten denselben und brachten ihn auf die Isolatoren. Dem mit einer Leiter nachfolgenden Binder blieb es freilich nicht erspart, von Stützpunkt zu Stützpunkt durch das Wasser zu waten.

Im Übrigen war der Boden an manchen Stellen so moorig und in Folge dessen so wenig widerstandsfähig, daß besondere Vorrichtungen getroffen werden mußten, um die Telegraphenstangen gegen den Drahtzug gehörig zu sichern. Zu diesem Zwecke wurde meist, behufs Vergrößerung der Druckfläche zwischen Stange und Erdboden, an dem eingegrabenen Teil der Stange rechtwinklig zur Richtung des Drahtzuges ein kräftiges Bohlstück von 1 bis 1$^1/_2$ m Länge und $^1/_2$ m Höhe mittels zweier Schraubenbolzen befestigt. An anderen Stellen erschwerte es der aus Triebsand bestehende Boden ungemein, die Stangen tief bezw. fest genug einzusetzen. Überhaupt mußte in ausgedehntem Maße von den gewöhnlichen Verstärkungsmitteln, Anker und Strebe, Gebrauch gemacht werden.

Unter diesen Umständen schritten die Bauarbeiten, obwohl auf drei Bauführer mit je einem Bauaufseher verteilt, nur langsam vorwärts. Die Arbeiter, den übergroßen Strapazen nicht gewachsen, wechselten häufig, und es war trotz einer beträchtlichen Erhöhung der Löhne oft unmöglich, Arbeiter in genügender Zahl anzuwerben. Der Umsicht und Ausdauer der Bauführer, welche von den Kanalbeamten nach Möglichkeit unterstützt wurden, gelang es indessen, alle Schwierigkeiten erfolgreich zu überwinden, so daß die Anlage am 22. Januar 1890 in ihrer ganzen Ausdehnung dem Betriebe übergeben werden konnte.

Die Telegraphenlinie am Nord-Ostseekanal ist nach den in der Reichs-Telegraphenverwaltung üblichen Grundsätzen unter Verwendung von 8,5 und 10 m langen Stangen, Isolatoren Nr. 1 und 4 mm starkem, verzinktem Eisendraht erbaut; dieselbe trägt durchweg 4 bis 5 Leitungen. Von den Leitungen dienen zwei zur Verbindung des Hauptbureaus der Kaiserl. Kanalkommission in Kiel mit den Bauämtern, eine dritte zur Verbindung des gedachten Hauptbureaus mtt den Barackeninspektionen. Außer diesen drei von Kiel bis Brunsbüttelerhafen durchgehenden Hauptleitungen ist eine Anzahl kürzerer Nebenleitungen hergestellt worden; eine besondere Nebenleitung verbindet jedes der 4 Bauämter mit den demselben unterstellten Bauabteilungsbureaus bezw. Streckenbaubeamten und ebenso jede der sechs Barackeninspektionen mit den zugehörigen Baracken. Abgesehen von der ersten Hauptleitung, in welche Morseapparate eingeschaltet sind, werden sämtliche Leitungen durch Fernsprecher betrieben.

Unsere beistehende Kartenskizze giebt einen Überblick über die Anlage der Telegraphenlinie am Kanal, welche nicht nur während der Bauzeit, sondern auch später für die Schifffahrt und den Dienstbetrieb auf dem Kanal von wesentlichem Nutzen sein wird.

VIII.

Lageplan, Profile und Schifffahrtseinrichtungen des Nord-Ostseekanals.

Die fertig gestellte Schifffahrtsstraße des Nord-Ostseekanals bildet den hervorragendsten künstlichen Wasserweg zwischen zwei Meeren und gewährt in ihrer ganzen Anlage der Schifffahrt alle denkbar möglichen Erleichterungen. Das Profil ist ein breites, für den Verkehr der größten Schiffe bemessenes, die Linienführung hat alle scharfen Krümmungen vermieden, eine genügende Zahl von Ausweichestellen ist an der Strecke vorhanden, und für den Betrieb der Schifffahrt durch mechanische Kraft — Dampfschleppschifffahrt — war in ausreichendem Maße gesorgt. Eine eingehendere Beschreibung der Schifffahrtsstraße lassen wir hier folgen, indem wir auf den diesem Werke angehängten **Plan des Nord-Ostseekanals** verweisen.

Unmittelbar von der Elbe aus gelangt man durch den von zwei weit vorspringenden Molen gebildeten Vorhafen in die großartige Elbschleusen-Anlage. Der ziemlich in rein westlicher Richtung streichende rechtsseitige Elbdeich wird hier von der breiten als Vorhafen für den Kanal gestalteten Mündung desselben in schräger, von Südwest nach Nordost gehender Richtung in einem Winkel von 133 Grad zur Stromrichtung der Elbe durchschnitten.

Von der Stelle aus gerechnet, wo die Mittellinie des Kanals die Uferlinie des Elbwasserstandes bei mittlerem Niedrigwasser schneidet, und welche mit km 0 bezeichnet wird, reicht der **Vorhafen** 400 m weit in das Land hinein, also noch etwa 250 m über die Deichkrone hinaus, und geht an jenem Punkte in die Schleuse über. Diese Ausmündung in die Unterelbe erfolgt an einer Stelle, welche seit mehr als hundert Jahren unveränderte Tiefenverhältnisse aufweist; der Elbstrom hat hier 10—13 m Tiefe bei Niedrigwasser, ist also für die schwersten Panzerschiffe ohne Zuhülfenahme der Flutzeiten jederzeit befahrbar.

Der Vorhafen hat den Zweck, den in den Kanal einlaufenden Schiffen als gesicherter Aufenthaltsort vor ihrem Durchpassieren durch die Schleusen zu dienen, da letztere wegen des durch Flut, Ebbe und Elbströmung wechselnden Wasserstandes der Unterelbe nur zeitweise geöffnet sein können, also meist ein Durchschleusen der Schiffe erforderlich sein wird. Um die mit (oder gegen) den Strom sich der Kanalmündung nähernden und in diese einschwenkenden Schiffe, die einen Augenblick fast in Querrichtung zum Strom kommen, vor Collision oder Festlaufen zu schützen, erstrecken sich vom Vorhafen aus zwei Molen weit in das Strombett der Elbe hinaus. Die stromabwärts liegende Westmole, von der Deichkrone aus gerechnet etwa 460 m lang, ist die längere; sie endet in einem abgerundeten Kopf etwa bei der 10 m Tiefenlinie, und ist mit ihrer hohlen

Biegung elbabwärts gewendet. Die kürzere, ca. 280 m hinausspringende Ostmole ist mit ihrer hohlen Seite stromaufwärts gewendet. Beide haben an ihren Außenseiten zur Deichkrone hinaufführende Laufbrücken. Die zwischen beiden Molenköpfen etwa 380 m Breite aufweisende Einfahrt in den Vorhafen erscheint als eine solche, welche alle wünschenswerte bei den schwierigen seitlichen Strömungen überhaupt erreichbare Sicherheit gewährleistet. Der Vorhafen selbst ist über 100 m breit; derselbe kann neben der Aufgabe, den Schiffen ein gesichertes Einlaufen in den Kanal zu vermitteln, natürlich nicht den Zweck haben, als Lösch- und Ladeplatz zu dienen. Ganz abgesehen davon, daß er schutzlos den wechselnden Wasserständen und zugleich auch den Strömungen der Elbe ausgesetzt ist, verbot sich hier die Anlegung einer jeden, irgend welchen Aufenthalt verursachenden Einrichtung, als welche Lösch- und Ladeplätze sich darstellen. Die geräumige Wasserfläche wird in vollem Maße dazu in Anspruch genommen, die auf Schleusenpassage wartenden Schiffe aufzunehmen und ihnen namentlich die Einfahrt aus dem Strom zur Schleuse hier zu ermöglichen.

Unmittelbar an den Vorhafen schließt sich binnenwärts die große **Elbschleuse** an. Die Molen setzen sich von der Deichkrone aus in Dämmen von gleicher Höhe bis zu dem Schleuseneingange fort, so das Schleusenterrain gegen Sturmfluten schützend. Wie schon im II. Abschnitt, Seite 27 erwähnt, hat die Schleuse die Aufgabe, die Strömung, welche durch den in Folge von Flut, Ebbe und Elbströmung, sowie der Einwirkung des Windes wechselnden Wasserstand entsteht, vom Kanal selbst abzuhalten; andererseits aber soll sie einen regelmäßigen Ausfluß des Wassers aus dem Kanal sowie die Durchfahrt der Schiffe gestatten. Um nun aber den Eintritt der Schiffe in den Kanal auch dann zu ermöglichen, wenn Kanalwasserspiegel und Elbwasserspiegel verschiedene Höhen haben, ist die Schleuse als Kastenschleuse angelegt, so daß also zu jeder Zeit das Ein- und Auspassieren von Schiffen möglich ist.

Entsprechend der Bedeutung des Kanals und seiner Bestimmung für die große Schifffahrt hat die Schleuse sehr große Dimensionen; sie ist außerdem als Doppelschleuse angelegt, d. h. sie hat zwei nebeneinanderliegende Kammern, die gleichzeitig zum Durchschleusen von Schiffen in Benutzung genommen werden können. Die Dimensionen derselben sind folgende: Nutzbare Länge zwischen den Schleusenthoren 150 m, lichte Breite 25 m, Tiefe 9,8 m. Die Schleusen ermöglichen also das Passieren von Seeschiffen bis zu 150 m Länge. Zum Vergleich sei bemerkt, daß die größten deutschen Panzerschlachtschiffe nur 112 m lang und 19½ m breit sind bei 8½ m Tiefgang; die größten transatlantischen Schnelldampfer der deutschen Handelsmarine sind 170 m lang und 22 m breit bei 8 m Tiefgang. Keine andere Schleusenanlage in irgend einem deutschen oder ausländischen Seekanal oder Seeschiffshafen, mit alleiniger Ausnahme der neu anzulegenden Schleuse von Bremerhafen, hat größere oder auch nur annähernd ebenso große Dimensionen, wie die Endschleusen des Nord-Ostseekanals an der Elbe und bei Holtenau (Ostsee). Zum Vergleich mit der früheren Wasserstraße zwischen Nord- und Ostsee, dem Eiderkanal, sei bemerkt, daß dessen sechs Schleusen folgende nutzbare Ausmessungen hatten: Länge 28 m, Breite 7,82 m, Tiefe 3,5 m. In diesen Zahlenverhältnissen spricht sich die außerordentliche Verbesserung der Schifffahrtsverhältnisse durch den Nord-Ostseekanal deutlich aus.

Bei den bedeutenden Dimensionen der Endschleusen des Nord-Ostseekanals können in den beiden Schleusenkammern einer Schleuse gleichzeitig je 4 Dampfer oder je 9 Segelschiffe, zusammen also durch jede Schleusenanlage 8 Dampfer oder 18 Segelschiffe gleichzeitig befördert werden.

An der Elbemündung sollen die Schleusen zur Ebbezeit so lange geöffnet bleiben, bis das 1,22 m tiefer als der Kanalwasserspiegel liegende Ebbeniveau, das Niedrigwasser, erreicht ist. Hierdurch wird ein Ausströmen des Wassers aus dem Kanal nach der Elbe bewirkt, und zwar fließen in jedem Wechsel der Tide ca. 4 Millionen Kubikmeter aus, so daß täglich 8 Millionen Kubikmeter Wasser aus dem Nord-Ostseekanal in die Elbe ausströmen, eine so beträchtliche Masse, daß eine Nachströmung des Wassers von der Ostsee nach der Nordsee eintreten muß. In dieser Weise wird der Seekanal wesentlich von der Ostsee und von dem durch den Flemhuder See in den Kanal abfließenden Eiderwasser, der bei Achterwehr einen 7 m hohen Wasserfall passiert, gespeist, und sein Wasser wird ungefähr die Zusammensetzung des Ostseewassers aufweisen; die Süßwasserzuflüsse aus Eider und Flemhuder See betragen etwa 8—10 pCt. Diese Zusammensetzung und die fließende Bewegung des Kanalwassers hebt zugleich eins jener Bedenken, die früher von hervorragenden Militärs, so auch von dem Generalfeldmarschall Grafen Moltke, gegen das Kanalunternehmen erhoben wurden. Ein Zufrieren des Kanals und damit eine zeitweilige Unterbrechung des Schifffahrtsverkehrs wird nämlich nur noch in den allerstrengsten Wintern eintreten und zu den Ausnahmen gehören. Salzhaltiges Wasser friert erst bei mehreren Kältegraden, und außerdem ersetzt ein fortwährender Zustrom wärmeren Ostseewassers das etwa schon abgekühlte Kanalwasser, so daß eine Eisbildung wirklich sehr erschwert ist. Die Bauleitung nimmt denn auch mit gutem Grunde an, daß der Schiffsverkehr im Kanal seltener eine Unterbrechung durch Eisbildung erleiden wird, als die Unterelbe oder der Kieler Hafen, zumal der fortgesetzte, durch Dampfer und von Schleppdampfern beförderte Segelschiffzüge entstehende Verkehr durch den Kanal, der auch Nachts aufrecht erhalten wird, die sich etwa bildende Eisdecke zerstört.

Der Betrieb der Endschleusen des Nord-Ostseekanals, d. h. die Bewegung der Schleusenthore, erfolgt mit hydraulischer Kraft. Die Schleusen sind in der Mitte ihrer Kammern mit einer Vorrichtung zur Einschwenkung von Gitterthoren versehen, welche in Anwendung kommen, wenn einmal aus irgend welchen unvorhergesehenen Ursachen der Wasserspiegel im Kanal zu tief oder derjenige der Elbe bei Sturmfluten zu hoch sein sollte, so daß man auf die vollen Schleusenthore den Gesamtdruck des Wassers nicht einwirken lassen will. Durch Einschwenkung der Gitterthore in der Mitte der Schleusenkammern und Zudrehen besonderer, die Öffnungen dieser Gitterthore dann noch verschließender Drehschützen wird hier ein als volles Schleusenthor wirkender Abschluß erzielt und die Gefahr des Überdrucks für die Hauptthore dadurch vermieden. Zum Einlaufen in den Kanal wird hauptsächlich die westliche, elbabwärts liegende Schleuse benutzt, zum Auslaufen die östliche Schleuse.

Auf dem bis zu flutfreier Höhe aufgeschütteten Terrain zu beiden Seiten der Schleuse sind die Maschinen-, Wärter- und sonstigen Betriebshäuser, in denen das Personal zur Schleusenaufsicht wohnt, errichtet.

Unmittelbar hinter der Schleuse verbreitert sich das Kanalbett zu dem großen **Binnenhafen**. Derselbe, mit einem Kostenaufwande von rund 800 000 Mk. erbaut, hat eine Länge von 500 m und eine Breite von 200 m. An seiner inneren Schmalseite 1,2 km vom Elbufer entfernt, verengt sich der Hafen bis zur Wasserspiegelbreite der eigentlichen Kanalstrecke, 70 m. An der schmalen Stelle ist hier eine Fähre angelegt zur Überführung des Verkehrs der Chaussee von Itzehoe nach Brunsbüttel. Diese hat, da der Binnenhafen gerade den Zug dieser Chaussee kreuzt, umgelegt werden müssen. Die Chaussee lenkt jetzt, von Brunsbüttel westlich kommend, ca. 100 m vor dem Binnenhafen nördlich ab, um bei der Fähre den Kanal zu überschreiten; sie biegt ca. 250 östlich des Binnenhafens wieder in die Chaussee ein. Bei der Fähre ist eine Vorrichtung zum Abschluß des Hafenbassins vermittelst Schiebethore getroffen, so daß also das ganze weite Bassin des Binnenhafens als ein geschlossenes Schleusenbecken, eine Art Kesselschleuse, benutzt werden kann. Dasselbe vermag, wie der Augenschein lehrt, eine starke Flottille von Kriegsschiffen in seinem geschützten Becken aufzunehmen, um sie durchzuschleusen. An der Westseite des ein längliches Rechteck bildenden Binnenhafens ist ein als Betriebshafen für die Fahrzeuge der Kanalverwaltung dienender Nebenhafen angelegt. Zu Seiten der sich inmitten eines breit aufgeschütteten Terrains befindenden Hafenanlage liegen östlich eine Kohlenniederlage und Kohlenladeplätze, um hier deutsche Kohle für den Marinegebrauch aufstapeln zu können, während auf der Westseite, dem Bauhofe, mehrere Magazine, Dienstwohnungen, Lagerplätze für die Kanalverwaltung, u. s. w. disponiert sind.

Von der Fähre am Binnenhafen aus setzt sich nun die hier beginnende eigentliche **Kanallinie** zunächst eine kurze Strecke in gerader Richtung fort, dann folgt, 1,54 km von der Elbe entfernt, ein mit 6000 m Radius geführter sehr flacher Bogen nach Osten, an den sich wiederum bei 2,35 km eine gerade Kanalstrecke anschließt. Auf dieser wird das Dorf Ostermoor, woselbst eine Fähre angelegt wird, durchschnitten; zwischen km 5 und km 6 ist wieder ein flacher Bogen von 6000 m Radius, nach Westen biegend, eingefügt. Sodann schneidet der Kanal, in gerader Linie geführt, die Bahnlinie von Itzehoe nach Heide, die vermittelst einer eisernen Drehbrücke über den Kanal geführt wird. Hinter derselben wird bei Taterpfahl eine Fähre nach Kudensee angelegt. Bei Taterpfahl wird links der aus dem Kudensee kommende Bütteler-Kanal aufgenommen, und dann die Niederung des Kudensees durchschnitten. Ein Theil desselben ist zugeschüttet. Bis auf etwas über 13 km Entfernung von der Elbe geht der Kanal dann in gerader Linie, darauf schließt sich eine wiederum mit 6000 m Radius geführte Kurve nach Westen an, worauf der Kanal bis etwas hinter km 22 in gerader Strecke verläuft.

Bei km 12 ist die erste **Ausweichestelle** angelegt, die 500 m lang und 100 m breit ist, und dazu dient, das Passieren größter Kriegsschiffe an einander vorbei zu ermöglichen. Solcher Ausweichestellen sind im Ganzen sechs auf der ganzen Kanal-Strecke vorhanden.

Die von km $13^1/_2$ an geführte Kurve nach Westen schneidet die Landstraße nach dem westlich des Kanals verbliebenen Burg, der Kanal hat hier eine Fähre, und tritt gleich darauf in das Thal der Holstenau, die nach der Elbe abwässert. Von links nimmt der Kanal dann den Einlauf des Burgerau-Kanals auf.

Auf der dann folgenden geraden Strecke wird kurz vor km 18 die Chaussee Itzehoe-Meldorf durchschnitten, und hier durch eine Fähre die Uferverbindung hergestellt; nahe am Kanal westlich liegt an der Chaussee Hochdonn. Von hier aus wendet sich die Kanallinie dann in einem Bogen von 3000 m Radius etwas nach Osten, hier alsbald die zweite Ausweichestelle bildend, wobei die Ortschaft Hohenhörn zur rechten (östlich) des Kanals bleibt. In gerader Linie durch Klein-Bornholt führend, diesen Ort durchschneidend, wofür eine Fähre die Verbindung wiederherstellt, macht der Kanal kurz vor Groß-Bornholt einen mit 3000 m Radius geführten Bogen nach Westen, an den sich nach Zwischenschaltung einer geraden Strecke ein mit ebenfalls 3000 m Radius geführter Bogen nach Osten schließt.

Von der Elbe bis auf etwa 20 km Erstreckung ist bisher der Kanal durch ein niedriges, mit seiner Oberfläche zum Teil unter dem Kanalwasserspiegel liegendes Marsch- und Moorgebiet in der Elbmarsch und der Burg-Kudenseer Niederung geführt. Es sind daher stellenweise an den Ufern entlang Bodenaufschüttungen notwendig geworden, um eine genügend hohe Uferdeckung des Kanalbettes in Form von Paralleldämmen zu bilden. Von diesem Gebiete aus gelangt die Kanallinie dann in ein langsam ansteigendes Terrain, bis sie in der rund 24 m über Normal-Null hohen Wasserscheide zwischen Elbe und Eider bei Grünthal den höchsten Punkt des Terrains zwischen dem Elbe- und dem Eiderflußgebiet erreicht. Von da an geht die Kanallinie, in das Thal der Gieselau, eines linken Nebenflüßchens der Eider, tretend, in das Niederungsgebiet der Eider über, dieses nach aufwärts verfolgend. Bei Grünthal, 30 km von der Elbe entfernt, findet die Überführung der Westholsteinischen Eisenbahn und der ihr parallelen Chaussee vermittelst einer weitgespannten Bogenbrücke statt. Dieselbe liegt etwa im Scheitelpunkte des mit 3000 m Radius geführten Bogens nach Osten, der gleich hinter Groß-Bornholt ansetzt.

Diese **Hochbrücke bei Grünenthal**, von der wir bereits auf Seite 60 eine Abbildung gaben, dient zur Überführung der westholsteinischen Eisenbahn und der Chaussee von Itzehoe nach Heide über den Kanal und gestattet vermöge ihres bedeutenden lichten Abstandes von 42 m vom Wasserspiegel bis zur Unterkante der Brückenbahn allen Seeschiffen ein ungehindertes Durchfahren; nur sehr hoch bemastete Vollschiffe haben die Oberbramstenge zu streichen; die Durchfahrtsöffnung zwischen den Uferpfeilern ist 70 m breit, also für alle Schiffe ohne jeden Aufenthalt passierbar.

Fast unmittelbar hinter dem Bogen, in dessen Scheitelpunkt die Hochbrücke liegt, folgt ein zweiter Bogen ebenfalls mit 3000 m Radius, in östlicher Richtung bis zu km 33 reichend, an welchen sich dann eine gerade Strecke ansetzt, um bei km 35 die dritte Ausweichestelle zu bilden. Oestlich des Kanals liegt die Ortschaft Stenfeld, westlich Bunsoh. Eine kurze Strecke erhält der Kanal wieder eine Biegung nach Osten durch einen Bogen mit 3000 m Radius gebildet, geht sodann bis nach km 38 in gerader Strecke, worauf sich ein Bogen nach Westen mit 3000 m Radius anschließt. Bis km 40 geht der Kanal wieder gerade, hier folgt ein mit dem weiten Radius von 5000 m geführter Bogen nach Osten, an den sich sodann bei km 46 eine gerade Strecke anschließt. Auf der Strecke von Grünthal bis hierher befinden sich drei Fähren, eine kurz vor der Ausweichestelle, die zweite bei km 40, wo das Dorf Oldenbüttel an seiner Westseite vom Kanal passiert wird, und die dritte bei km 45, wo die Landstraße nach Breiholz den Kanal schneidet. Etwa 1 km weiter wendet sich der Kanal in einem mit 5000 m Radius geführten Bogen etwas nach Westen und tritt gleich darauf in den Meckelsee ein, in welchem die vierte Ausweichestelle angelegt ist. Das frühere Gebiet des Meckelsees ist bis auf einen Ringkanal zugeschüttet. Unmittelbar nach dem Austritt aus dem Meckelsee geht der Kanal bis etwa km 50 in gerader Linie, auf welcher Strecke eine Fähre die Verbindung zwischen Lohklint und Hammeddel herstellt, läßt die Ortschaft Lohklint westlich liegen und macht dann einen nach Westen gerichteten Bogen von 5000 m Radius, wodurch der Kanal zwischen dem Dorfe Schülp und der Unter-Eider hart an diese letztere herangeführt wird. Kurz vor Schülp, etwa bei km 54 befindet sich eine Fähre zur Herstellung der Verbindung zwischen Schülp und Hoersten. In gerader Linie, dem vielfach gewundenen Laufe der Eider im Ganzen parallel ziehend, geht der Kanal bis hinter km 57, wendet sich dann mit 3000 m Radius nach Osten und geht bei km 54 in eine jenseits Westerrönfeld gelegene, die fünfte Ausweiche, über.

Auf der gesamten hier beschriebenen Strecke, bald hinter Grünenthal beginnend, bis Westerrönfeld durchschneidet der Kanal vielfach ausgedehntes, mooriges Gebiet; er befindet sich hier im Fluthgebiet der Untereider, welche infolge der von Tönning bis Rendsburg hinaufreichenden Bewegung von Fluth und Ebbe wechselnde Wasserstände bis nach Rendsburg hin aufweist. Gegen etwaige Überfluthungen in dem hier oben sehr niedrig gelegenen

Terrain ist der Kanal durch Parallel-Dämme auf dieser ganzen Strecke geschützt, deren südlicher, bezw. östlicher mit der Deichkrone auf + 22 m über Normal-Null liegt, während der nördliche (westliche) Deich an den meisten Stellen mit der Deichkrone auf + 23 m liegt Kurz vor Rendsburg schließen sich diese Deiche an höheres Terrain an, so daß sie von hier an in Fortfall kommen. Eine Verbindung mit der Untereider befindet sich auf dieser Strecke nicht.

Südlich von Rendsburg durchschneidet sodann der Kanal, der sich in einem mit 2000 m Radius geführten Bogen östlich wendet, die Chaussee Rendsburg-Jevenstedt, welche vermittelst einer Drehbrücke mit 50 m lichter Weite über den Kanal geführt wird; sodann geht er nach einer geraden Strecke von etwa 1 km in einem Bogen mit einem Radius von 5000 m, dem bald ein zweiter Bogen mit einem Radius von 1700 m folgt, in eine nördliche Richtung über, durchschneidet die Eisenbahnlinie Rendsburg-Neumünster südöstlich der Stadt Rendsburg, durchquert den Saatsee, der zugeschüttet worden und mündet zwischen Nobiskrug und Audorf in die Südostecke des Audorfer Sees. Dort, wo die Landstraße Rendsburg-Kiel durchschnitten wird, ist eine Fährverbindung hergestellt. Die Orte Osterrönfeld, Schülldorf, Schacht und Audorf bleiben auf der rechten, südlichen Seite des Kanals. Die Eisenbahnlinie wird unter zwei Drehbrücken von je 50 m lichter Durchfahrtsweite passiert. Im Audorfer-See, der bei km 65 etwa erreicht wird, geht der Kanal in gerader Strecke bis nach der Borgstedter-Enge. Von der Mitte dieses Sees aus zieht sich eine, auf einigen Stellen durch Baggerung hergestellte Rinne nach Westen durch die Enge und die Obereider zwischen Rendsburg und Büdelsdorf und unter die Eisenbahn nördlich durch Rendsburg bis zur Gegend der alten Schleuse am Kronwerk, wo vermittelst einer neuen Schleusenanlage von 68 m Länge, 12 m Breite und 5,5 m Tiefe die Verbindung des „Nord-Ostsee-Kanals" mit der Untereider hergestellt wird.

Im Audorfer-See befindet sich gleich links des Kanals, unmittelbar nach seinem Eintritt, eine mit 150 m Radius geführte Wendestelle, die inmitten der natürlichen Tiefe des Seebeckens liegt und durch Bojen bezeichnet ist. Kurz vor dem Austritt des Kanals aus dem Audorfer-See in der Borgstedter-Enge ist der schmale Restteil des Sees zur Ablagerung von Baggerboden in einer Anschüttungshöhe von durchschnittlich 4,2 m benutzt.

Der Kanal selbst geht von der Borgstedter-Enge, diese in einem Bogen, mit dem Radius von 1500 m nach Osten gerichtet, durchschneidend, durch die tiefsten Teile der oberen Eider-Seeen, des Schirnauer-Sees, um bei Fohrde den letzteren zu verlassen. Gleich nach der Borgstedter-Enge kommt eine mit dem Radius von 1500 m geführte Biegung nach links, dann eine gerade Strecke durch den Schirnauer-See. Diesen See verläßt der Kanal etwa bei km 71, wendet sich dann in einem mit 3000 m Radius geführten Bogen hart an Steinwehr vorbei nach Osten, das

Dorf Sehestedt durchschneidend, woselbst eine Fähre angelegt ist. An eine nun folgende gerade Strecke in östlicher Richtung setzt sich bei km 76 ein mit 3000 m Radius geführter Bogen nach Süden, worauf sich dann eine gerade Linie bis nach Königsföhrde anschließt. Von Steinwehr bis Königsföhrde wird die südliche Biegung des über Kluvensiek geführten alten Eiderkanals abgeschnitten, in dessen Thallinie der Nord-Ostsee-Kanal bei Rosenkranz wieder eintritt. Gleich hinter Rosenkranz, bei km 81, wendet sich der Kanal mit einem Bogen von 3000 m Radius wieder nördlich, durchschneidet den Flemhuder-See an seinem Nordende, hier die sechste Ausweichestelle bildend, und geht, mit 2500 m Radius nach Norden biegend, auf Landwehr zu; die dortige Landstraße wird vermittelst einer Fähre überführt. Sodann geht der Kanal in nordöstlicher Richtung, im wesentlichen dem alten Eiderkanal folgend, bis km 87, wendet sich in einem Bogen von 2500 m Radius wieder nach Osten, durchschneidet auf gerader Strecke die frühere Bahnlinie Kiel-Eckernförde, macht dann den ersten der 4 kürzesten Bogen von 1000 m Radius nach Norden und geht bei Lewensau, woselbst früher eine Fähre projektiert war, unter der Hochbrücke hindurch, welche die Überführung der Kiel-Eckernförder Eisenbahn und Chaussee bewirkt. Der Kanal wendet sich dann mit dem zweiten 1000 m-Bogen wieder östlich, durchschneidet in gerader Linie das Gut Projensdorf und die alte Knooper Schleuse und macht sodann den dritten 1000 m-Bogen nach Südosten, um fast unmittelbar darauf mit dem vierten 1000 m-Bogen die Stelle der alten Holtenauer-Schleuse zu erreichen. Auf der Strecke zwischen Levensau und Knoop hat der Kanal hierbei eine ziemlich erhebliche nördliche Biegung des alten Eiderkanals abgeschnitten.

Von dem Punkte der alten Holtenauer Schleuse aus, wo eine Fähre angelegt ist, erweitert sich der Kanal zu 100 m Breite, bildet den geräumigen Binnenhafen mit einem an seiner Nordseite liegenden, der Kanalverwaltung gehörigen Betriebshafen, geht dann in die Ostsee- (Doppel)schleuse über und mündet östlich derselben bei Holtenauerort mit einem breiten Außenhafen in den Kieler Hafen ein. Das Ende des Kanals liegt hier bei rund 98 km.

Im Ganzen enthält der Kanal 16 Fähren, 2 feste Eisenbahnbrücken, 2 Eisenbahndrehbrücken, welche beide aus Doppelbrücken bestehen, eine Chaussee-Drehbrücke bei Rendsburg und 6 Ausweichestellen.

Das **Längenprofil** des Kanals zeigt, daß derselbe ein reiner Seekanal, ohne künstliche Hochhaltung des Wasserspiegels durch Schleuseneinrichtung, ist. Derselbe weist durchweg eine nutzbare Wassertiefe von 9 m auf, sein mittlerer Wasserstand ist fast unveränderlich und stimmt mit dem mittleren Wasserstand der Ostsee sowohl wie dem mittleren Wasserstand der Elbe überein. Die Kanallinie ist nach Möglichkeit gerade geführt, jedoch hat sich eine Anzahl von im Ganzen 27 Krümmungen nicht vermeiden lassen. Dieselben sind jedoch mit einem möglichst großen Radius geführt, der zwischen 1000 und 6000 m wechselt und zwar sind vorhanden:

4 Krümmungen von je 1000 m Radius, die in dem östlichen Theil des Kanals sich befinden,
2 Krümmungen von je 1500 m Radius, welche sich in den Engen der Ober-Eider befinden,
1 Krümmung von 1700 m Radius, die auf den Eintritt in den Audorfer-See zuführt,
1 Krümmung von 2000 m Radius bei Rendsburg,
2 Krümmungen von je 2500 m Radius ebenfalls im Ostteile des Kanals,
10 Krümmungen von je 3000 m Radius, die sich über den mittleren Theil der Strecke verteilen,
4 Krümmungen von je 5000 m Radius im Moorgebiet des mittleren Teils,
3 Krümmungen von je 6000 m Radius im westlichsten Teil des Kanals in dem Elbmarschgebiete.

Ermittelt man die Summe sämmtlicher Centriwinkel, welche die Fahrzeuge bei ihrem Wege durch die Biegungen des Kanals durchlaufen müssen, so beträgt dieselbe 841 Grade. Die kürzeste gerade Linie zwischen zwei Gegenkrümmungen beträgt 253,5 m, also ungefähr zwei Schiffslängen der größten Dampfer in der Nord-Ostseefahrt. Sie kommt nur ein Mal vor.

Trotz der großen Anzahl von 27 Krümmungen entfällt von der Gesamtlänge des Kanals doch kaum ein Drittel auf Krümmungen und reichlich zwei Drittel auf ganz gerade Strecken. In den Krümmungen vom Halbmesser 1000 bis 2500 m ist eine Profilerweiterung um $(26 - \frac{R}{100})$ m, also von 16 m bei einem Radius von 1000 m, bis zu 1,0 m bei einem Radius = 2500 vorgenommen.

Die Hauptbodenerhebungen, welche vom Kanal durchschnitten werden, liegen 30 und 92 km von der Elbe entfernt, dieselben erheben sich 23,7 bezw. 21,8 m über Normal-Null. Die Kanalsohle liegt 10,77, der Wasserspiegel 19,77 m über Kanal-Null, der Wasserspiegel also 23 cm unter Normal-Null; denn die Null-Horizontale des Kanals (Kanal-Null) liegt 20 m unter Normal-Null. Eine Skizze des Längenprofils findet der Leser am Fuße des diesem Werke angehängten Planes.

Das **Querprofil** auf der Strecke ist je nach der Beschaffenheit des Terrains, durch welches der Kanal geführt ist, veränderlich. In weichem Boden war es erforderlich, durch entsprechende Verbreiterung der Böschungsgrundlagen die Stabilität des Profils zu sichern Das Normalprofil zeigte 22 m Sohlenbreite und reichlich 65 m Wasserspiegelbreite, bei 9 m reiner Tiefe. Die Seitenböschungen des Kanals sind im unteren Teile, bis 3 m über der Sohle mit einer Neigung von 1 : 3 geführt, gehen sodann bis zu 7 m über der Sohle in eine Neigung von 1 : 2 über und bilden 2 m unter dem Wasserspiegel ein 2,5 m breites Banket, um sodann mit einer Neigung von 1 : 1,5 den Wasserspiegel zu überschreiten. 1 m über demselben bilden sie ein mit 1 : 5 geneigtes Banket von 1,5 m Breite und gehen sodann in das Terrain über. In weichem Boden ist das unter der Wasserlinie liegende Banket erheblich, bis zu 12 m, verbreitert und hier erst schließen sich die oberen Böschungen an. Auch die Erdaufschüttungen, welche zum Teil in Form von Paralleldeichen das Kanalbett vor seitlichen Überfluthungen in dem Untereidergebiet schützen sollen, sind so weit von der Böschungskante zurück gerückt, daß einerseits eine Veränderung der Kanalböschungen durch ihren Druck nicht erfolgen kann, andererseits eine Verbreiterung des Kanalbettes, falls diese sich in Zukunft notwendig machen sollte, nach Fertigstellung des Kanals noch immer vorgenommen werden kann. Zu diesem Zweck ist in der ganzen Länge des Kanals ein 10 m breiter Landstreifen auf dem Süduser bereits in Aussicht genommen.

Das gewählte Kanalprofil hat bei niedrigem Wasserstande in 6,17 m Tiefe unter dem Wasserspiegel eine nutzbare Breite von 36,00 m und gestattet somit ein Vorbeifahren der größten in der Ostseefahrt üblichen Dampfer, die mit vereinzelten Ausnahmen nicht über 6,0 m Tiefgang und 12,0 m Breite haben, selbst dann, wenn die Fahrzeuge einen Raum von 12 m zwischen sich lassen, der ein ungefährliches Begegnen bei genügender Vorsicht gestattet. Mit Rücksicht auf das leichte Begegnen und Passieren im Kanal ist die Größe des wasserhaltenden Querschnittes bestimmt. Dieselbe ist bedingt durch das Verhältnis des Kanalquerschnitts zum eingetauchten Schiffsquerschnitt. Dieses Letztere ist für die größten Ostseedampfer zu rund 61 □m anzunehmen, so daß bei einem Kanalquerschnitt von rund 411 □m etwa ein Verhältnis von 1 : 6,74 entsteht, welches von seemännischer Seite als reichlich und eine Fahrgeschwindigkeit von 10 km = 5,3 Seemeilen in der Stunde gestattend, bezeichnet wird. Die große Tiefe des Kanals von 9 m mußte wegen der Tauchung der großen Panzerschiffe gewählt werden; sie wird aber auch der Steuerfähigkeit und Fahrgeschwindigkeit der Handelsschiffe in wesentlichem Maaße zu Gute kommen. Die erlaubte Fahrgeschwindigkeit im Kanal ist ursprünglich auf 10 km = 5,3 Seemeilen pro Stunde angenommen und zwar entspricht dieses der Vorschrift, welche bisher auf dem Suez-Kanal besteht. Nach der jedoch inzwischen beschlossenen Erweiterung des Suez-Kanals soll dem Vernehmen nach dort eine Erhöhung der Geschwindigkeit auf 16—17 km d. i. ca. 8,5 Seemeilen erlaubt werden. Würde in ähnlicher Weise eine Vermehrung der Geschwindigkeit im Nord-Ostsee-Kanal erlaubt sein, so würde die Dauer der Durchfahrt der gesamten Strecke sich in demselben Verhältnis, also von 13 Stunden auf etwa 10 Stunden einschließlich des Schleusenaufenthalts vermindern. Die angedeuteten Fahrgeschwindigkeiten sind für die Erhaltung der Böschungsanlagen des Kanals ohne schädigenden Einfluß, da die Böschungen in der Höhe des Wasserspiegels durch Steinpflasterung ober- und unterhalb desselben, soweit wie voraussichtlich ein starker Wellenschlag reichen wird, gegen die Angriffe des letzteren gesichert sind.

Die auf der Kanalstrecke vorhandenen sechs **Ausweichen** dienen dazu, das Vorbeipassieren größter Schiffe zu gestatten. Diese Ausweiche-

Querprofil des Kanals auf der Strecke.

Die hier eingefügte Zeichnung stellt das Querprofil des Kanals und den Querschnitt der Panzerschlachtschiffe der deutschen Kriegsmarine in ihrer Eintauchung in beladenem Zustande dar. Es sind hier Querschnitte des Panzerschiffs **König Wilhelm**, der Panzer-

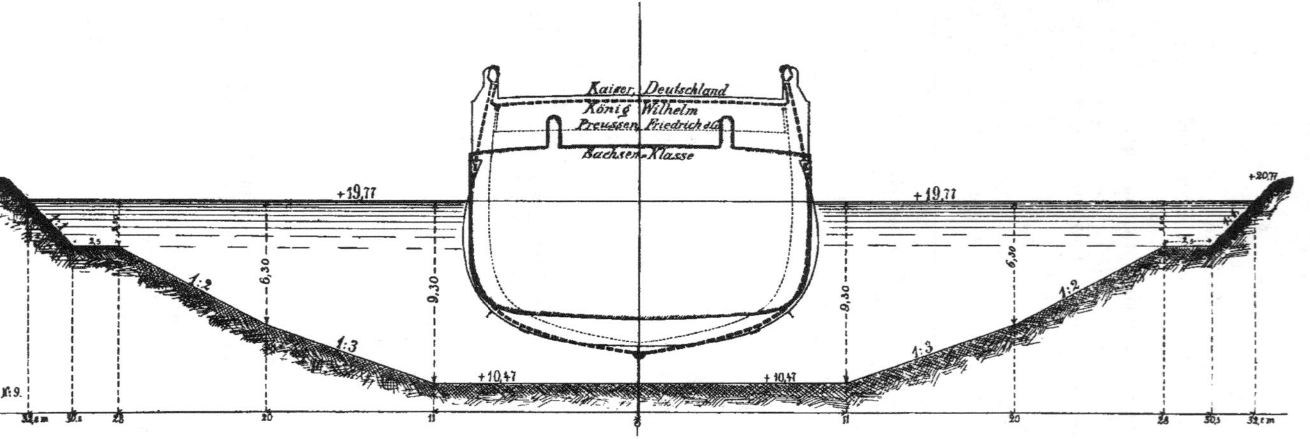

schiffe **Kaiser** und **Deutschland** (Kasemattschiffe), der Panzerschiffe **Preußen** und **Friedrich der Große** (Turmschiffe) und der Panzerschiffe **Sachsen**, **Baden**, **Bayern** und **Württemberg** (Barbetteschiffe, sog. Ausfallkorvetten) eingezeichnet. Die neuen großen Panzerschlachtschiffe Brandenburg, Weißenburg, Kurfürst Friedrich Wilhelm und Wörth tauchen bei einem mittleren Tiefgange von 7,5 m nicht tiefer, wie die oben genannten, von denen König Wilhelm 8 m Tiefgang hat, und haben auch keine größere Breite (19,6 m).

stellen sind bei 60 m Sohlenbreite je 450 m lang, wobei 200 m auf die Übergänge zur Kanalbreite entfallen. Die Erbreiterung der Sohle von 22 auf 60 m liegt, damit die Schiffe, welche im Kanal immer rechts fahren sollen, jedesmal an derselben Seite auch in die Ausweichestellen gelangen können, je zur Hälfte beiderseits des Kanalbettes, 2,00 m über der Sohle desselben. Dadurch, daß die Ausweichen nach Möglichkeit in die Kurven gelegt sind und deren volle Länge einnehmen, ist der ungünstige Einfluß, welchen diese Kurven auf das Steuern der Schiffe ausüben könnten, vollständig aufgehoben. Die Begrenzung der Ausweichen erfolgt durch gerade Linien, was bei dem ganz allmäligen Übergang von dem erweiterten in das normale Profil am zweckmäßigsten sein dürfte. — Die hier beistehende Zeichnung giebt ein Bild von der Gestalt dieser Weichen.

Ausweichestelle.

In der Zeichnung ist das Passieren zweier, in demselben Maßstabe wie die Ausweichestelle gezeichneter großer Panzerschiffe von je 10,000 Tonnen Deplazement skizziert.

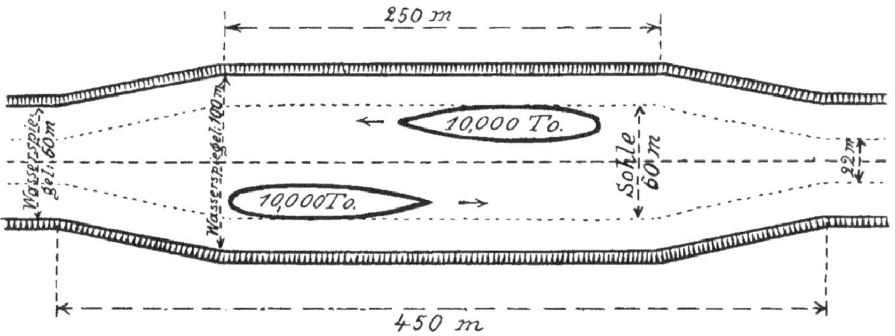

Die Endschleusen des Kanals haben ganz erheblich größere Dimensionen, als wie die früheren Schleusen des Eiderkanals; ebenso ist die **Schleuse am Kronwerk**, zu Rendsburg, welche die Untereider mit der durch die Obereider führenden Fahrrinne, die in offener Verbindung mit dem Nord-Ostsee-Kanal steht, verbindet, von wesentlich größeren Dimensionen, als die Eiderschleusen. Während die alten Eiderschleusen 32 m Länge, 7,82 m Breite und 3,5 m Tiefe hatten, ist die Rendsburger Verbindungsschleuse mit der Untereider am Kronwerk 68 m lang, 12 m breit und hat 5,5 m Wassertiefe.

Die als Doppelschleusen ausgeführten **Endschleusen** des Nord-Ostsee-Kanals bei Holtenau und an der Unterelbe sind jedoch je 150 m lang, 25 m breit und 9,8 m tief. Die nachstehende Skizze, in welcher die Querschnitte der 3 Schleusen zum Vergleich in der Höhe des Wasserspiegels ineinander gezeichnet sind, giebt ein augenfälliges Bild von der bedeutenden Vergrößerung, welche hier stattgefunden.

Vergleichende Skizze der Schleusen des Nord=Ostsee=Kanals und der alten Eider=Kanal=Schleusen.

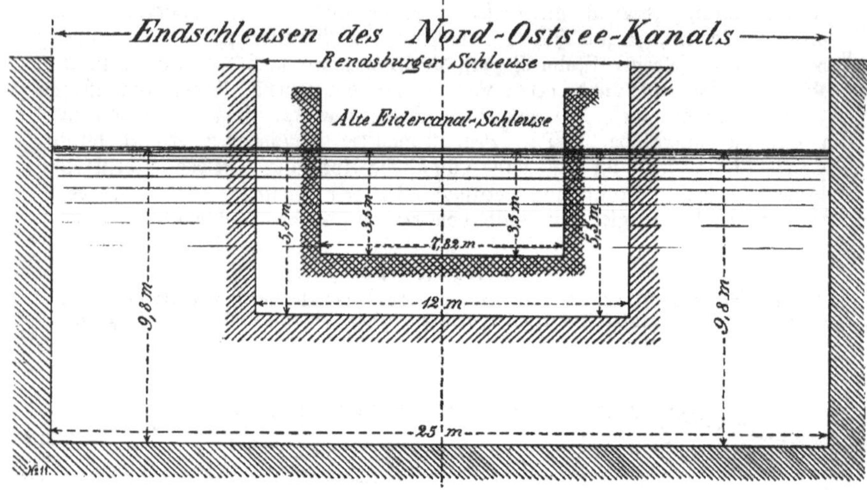

Aus den drei vorbezeichneten Schleusengrößen ergiebt sich folgende vergleichende Zusammenstellung über die linearen Abmessungen, die Flächen- und Volumenverhältnisse der Schleusen:

Maße		Endschleusen des Nord=Ostsee=Kanals bei Brunsbüttel und bei Holtenau	Verbindungsschleuse des Nord=Ostsee=Kanals mit der Unter=Eider bei Rendsburg	Schleusen des ehemaligen Eider=Kanals
Länge		150 m	68 m	32 m
Breite		25 m	12 m	7,82 m
Wassertiefe		9,8 m	5,5 m	3,5 m
Wasserfläche		3750 □m	716 □m	250,24 □m
Querschnittsfläche		245 □m	66 □m	27,37 □m
cb=Inhalt an Wasser		36,750 cbm	3938 cbm	875,84 cbm
Wasserfläche	im Verhältnis z. Eiderkanalschleuse	14,98	2,86	1
Querschnitt		8,95	2,41	1
Kubikinhalt		41,95	4,49	1

Obgleich die Dimensionen der Endschleusen des Nord=Ostsee=Kanals sehr bedeutend sind, so ist doch zu bemerken, daß sie zwar nicht von den Dimensionen der Kriegsschiffe, wohl aber von denjenigen der transatlantischen Schnelldampfer bereits überholt sind. Ebenso sind die Ausmaße der neu zu erbauenden Schleuse im Kaiserhafen zu Bremerhaven bei 200 m Länge und 45 m Breite bereits größer. Zum Vergleich, in welchem Ver=

hältnis die neuen Schnelldampfer zu der Größe der Endschleusen des Nord-Ostsee-Kanals stehen, seien hier folgende Maaße einiger der großen trans-atlantischen Dampfer mitgeteilt.

	Endschleusen des Nord-Ostsee-Kanals	Bremen. Größte Lloyddampfer	Etruria und Cymbria	Hamburg. Schnelldampfer Fürst Bismarck	City of Paris Newyork
Länge:	150	141,12	152,40	153,26	170,70
Breite:	25	15,80	17,37	17,53	19,20

	Majestic und Teutonic	Neuer Cunarddampfer im Bau	Modell von J u. G Thomson Clydebank	Neue Schleuse am Kaiserhafen in Bremen
Länge:	177,40	182,90	192,00	200,—
Breite:	17,53	19,81	21,34	45,—

Mit Ausnahme der Bremer Lloyddampfer kann also keiner der trans-atlantischen deutschen oder englischen Schnelldampfer vermittelst Durchschleusung die Endschleusen des Nord-Ostsee-Kanals passieren. Jedoch ist zu berücksichtigen, daß die Ostseeschleusen fast ununterbrochen im Jahr (bis auf 25 Tage), die Elbschleusen während jeder Flutzeit 3—4 Stunden offen stehen, also während dieser Zeit ein Durchpassieren selbst der größten Schnelldampfer möglich ist, da keiner derselben mehr als die Schleusenbreite von 25 m, oder mehr als 8,25 m Tiefgang beansprucht.

Von den Endschleusen, welche den Kanal gegen den wechselnden Wasserstand des Außenwassers in Ostsee, bezw. Elbe schützen sollen, wird die Ostseeschleuse, wie schon früher mitgetheilt, etwa an 340 Tagen des

Wasserstandswechsel an der Ostseeschleuse.

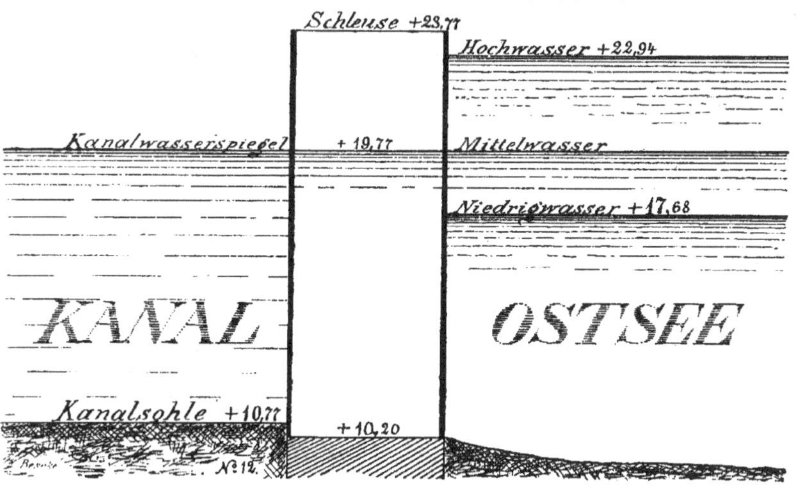

Jahres offenstehen und nur an 25 Tagen geschlossen zu sein brauchen. Der Schluß dieser Ostseeschleuse soll erfolgen, wenn der Außenwasserstand in der Ostsee mehr als 0,5 m über Mittelwasser ansteigt oder um dasselbe Maaß unter diesem Wasserstand abfällt. Die auf S. 89 stehende Skizze giebt ein Bild des Wasserwechsels, wie er an der Ostseeschleuse eintreten kann. Das Mittelwasser der Ostsee liegt mit + 19,77 m über Kanal-Null. Der niedrigste beobachtete Wasserstand ist 2,09 m tiefer, als das Mittelwasser, mit + 17,68 m beobachtet. Der höchste Wasserstand ist 5,26 m höher als wie der niedrigste. Er wurde während der Sturmfluth am 13. November 1872 beobachtet und erreichte die Horizontale von + 22,94 m über Kanal-Null. Er ist also um 3,17 m höher, als wie der mittlere Wasserstand von Kanal und Ostsee. Die obere Kante des Schleusenhauptes liegt noch um 0,83 m höher wie der höchste beobachtete Wasserstand der Sturmfluth von 1872, so daß eine Überfluthung des Schleusenbauwerks ausgeschlossen erscheint.

Der Elbwasserwechsel wird durch die nachstehende Skizze veranschaulicht. Der mittlere Wasserstand des Kanals von + 19,77 m liegt um

Wasserstandswechsel an der Elbschleuse.

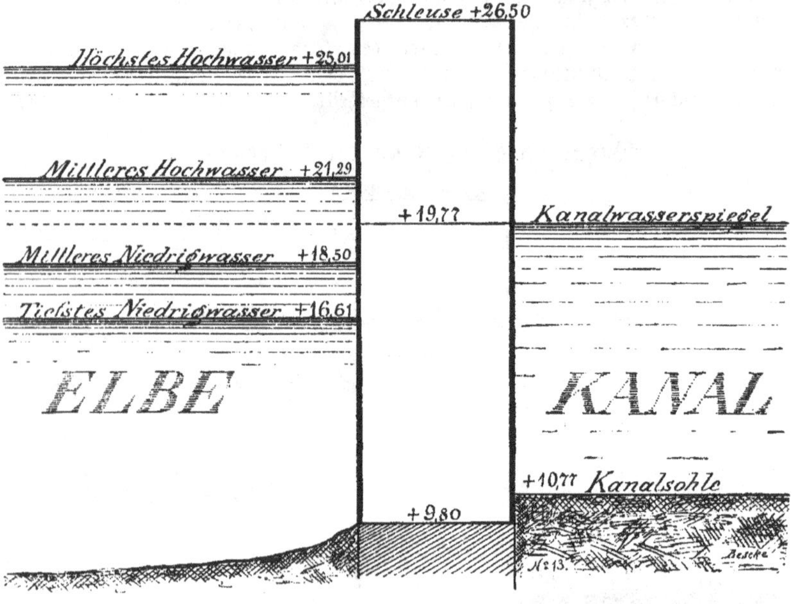

1,27 m höher wie das Niedrigwasser der Elbe, welches auf + 18,50 liegt. Das mittlere Hochwasser der Elbe liegt auf + 21,29, ist also

um 2,79 m höher als wie das mittlere Niedrigwasser. Um diesen Betrag von 2,79 m differieren also Hoch- und Niedrigwasser in der Unterelbe. Das tiefste Niedrigwasser der Unterelbe ist mit + 16,61 m beobachtet, liegt also um 3,16 m niedriger, als wie der mittlere Kanalwasserspiegel; das höchste Hochwasser der Elbe ist mit + 25,01 m beobachtet, liegt also um 5,24 m höher als der mittlere Wasserstand des Kanals. Die obere Kante des Schleusenhauptes an der Unterelbe liegt noch um 1,72 m höher wie das höchste beobachtete Hochwasser, so daß also eine Überfluthung des Schleusenbauwerks von der Elbe, bezw. von der See her ausgeschlossen erscheint. Aus jenen ersteren Schwankungen, die regelmäßig innerhalb 24 Stunden zweimal mit den Unterschieden von 2,79 m stattfinden, geht klar hervor, daß der Kanal-Wasserspiegel gegen dieselben durch eine Schleuse geschützt werden muß. Die Elbschleusen bleiben offen, solange der Wasserspiegel der Elbe nicht tiefer sinkt, als ungefähr $^1/_2$ m unter mittleres Niedrigwasser, auf + 18 m über Kanal-Null. Während dieses Sinkens bewegt sich die Schiffahrt frei durch die Schleusen in jedem Flutzeitraum etwa 3—4 Stunden lang, ohne daß Schleusungen erforderlich sind, wobei jedoch eine mäßige Strömung in der Schleuse bis zu 0,8 m Geschwindigkeit pro Sekunde auftritt.

Diese an der Westmündung bei Brunsbüttel gelegenen Schleusen sollen also während der Ebbe von dem Zeitpunkt an, wo die beiderseitigen Wasserstände ausgeglichen sind, bis zum Eintritt der Fluth in der Regel offen stehen, so daß dadurch dann ein **Ausströmen** des Kanalwassers durch die Schleusenthore nach der Elbe hin stattfindet. Dies soll aus zwei Gründen geschehen, erstens, damit der Überschuß an Wasser, welcher sich vermöge der Zuflüsse der Obereider in dem Nord-Ostsee-Kanal ansammelt, nach einer der Mündungen geführt werden kann, zweitens aber ist es nötig, daß hier an der Unterelbe, wo ein starker Schlickfall vermöge des Eintritts von Ebbe und Flut sowohl, wie auch weil die Elbe große Massen erdiger Bestandteile mit sich führt, stattfindet und so eine Verseichung des Vorhafens an der Elbe herbeizuführen droht, durch Spülung die Sinkstoffe fortgenommen werden. Diese Fortspülung findet statt durch das ziemlich energische Ausströmen der überschüssigen Wassermassen des Nord-Ostsee-Kanals nach der Elbe zu. Es werden während jeder Tide ca. 4 Millionen cbm, im Laufe von 24 Stunden also etwa 8 Millionen cbm durch die Elbschleusen in die Unterelbe ausfließen. Die hierbei bewirkte kräftige Spülung des Vorhafens sichert demselben seine Wassertiefe und läßt es zu Schlickablagerungen nicht erst kommen; sie bewirkt aber auch ferner, daß ein Zufrieren des Kanals auf seiner Strecke nicht stattfinden kann, denn das wärmere Ostseewasser, welches bei Holtenau in den Kanal eintritt, sowohl wie das in Bewegung befindliche Eiderwasser, von welchem während jedes Flutzeitraumes ca. 370,000 cbm dem Kanal zuströmen, verhindert mit der Strömung die Eisbildung.

Es wird durch dieses Ausströmen nach der Elbe zu natürlich ein zeitweises Fallen des Kanalwasserspiegels stattfinden. Das nach der Elbe abfließende Kanalwasser wird sich aber keineswegs in der ganzen Kanallänge gleichmäßig in Bewegung setzen, sondern an der Elbmündung stärkeres Gefälle zeigen, als weiter nach der Ostsee zu, wo die eintretenden Gefälle in dem Seebecken der Obereider fast ganz verschwinden und mehr in eine Senkung des Spiegels übergehen, soweit der Zufluß aus der Ostsee nicht ausgleichend wirkt. Hieraus folgt aber, daß bei dem stärkeren Gefälle an der Elbmündung zeitweise mehr Wasser ausfließt, als aus der Ostsee zufließt, und dadurch tritt also in dem Kanal eine Spiegelsenkung ein, die wieder nach der Elbmündung zu stärker ist, als an der Ostsee. Hält sich daher der Kanalspiegel an der Ostsee fast wagerecht, so sinkt er nach der Elbmündung zu durch Gefälle von 1 : 200 000 bis 1 : 25 000. Entsprechend jenen Senkungen des Wasserspiegels, die vermöge des Ausströmens nach Westen täglich stattfinden, hat die Sohle des Kanals ebenfalls nach der Elbe zu gesenkt werden müssen; sie liegt von Holtenan aus gerechnet auf einer Strecke von rund 38 km bis Rendsburg horizontal. Von da nach Westen erhält sie ein von 1 : 200 000 bis auf 1 25 000 zunehmendes Gefälle. Die Brechpunkte dieses Gefälles der Sohle liegen von Osten nach Westen gerechnet in km 60, 40, 25 und 12. Das Gefälle beträgt von km 60 bis km 40 1 : 200 000, von km 40 bis km 25 1 : 50 000, von km 25 bis km 12 1 : 33 333 und von km 12 bis zur Mündung 1 : 25 000. An der Ostseeschleuse selbst, wo ein wechselnder Wasserstand von ± 0,5 m bei offenen Schleusen eintreten kann, erhält die Kanalsohle ein Gefälle von 0,5 m. Durch diese Anordnung des zunehmenden Sohlengefälles nach Westen ist Vorsorge dafür getroffen, daß die größten Panzerschiffe selbst bei infolge des Ausströmens des Wassers nach der Elbe fallendem Wasserspiegel stets noch eine genügende Wassertiefe vorfinden.

* * *

Während des Baus des Kanals sind gegen den ursprünglichen Voranschlag mehrfach technische, auch die Gestaltung der einzelnen Kostensummen beeinflussende Änderungen vorgenommen worden, um den nachträglich genauer präzisirten Bedürfnissen der Kriegs- und Handelsmarine in vollem Maße zu entsprechen. Zum größten Theil konnten diese Veränderungen bereits in den vorstehenden Abschnitten seitens des Verfassers berücksichtigt werden. Um jedoch eine korrekte Übersicht über dieselben zu geben, sei hier ein Auszug aus der dem Reichstage in seiner Session 1892/93 überreichten amtlichen Denkschrift „über die Bau- und die Finanzlage beim Nord-Ostsee-Kanal" gegeben. Danach haben folgende technische Abänderungen des Projekts stattgefunden:

1) Veränderungen in den Abmessungen für die Herstellung des Kanalbettes, sowie der Richtung der Kanallinie: Die Spiegelbreite des Kanals bei Mittelwasser wurde von 60 m auf 65 m, ferner, um auch bei Niedrigwasser die erforderliche Wassertiefe zu erhalten, die Tiefe bei Mittelwasser von 8,5 m auf 9 m erhöht. Hieraus ergab sich eine Vergrößerung des wasserhaltenden Querschnitts von 365,5 □m auf 411 □m. Als kleinster Krümmungshalbmesser wurden im Interesse der sicheren

Bewegung der Kriegsschiffe 1000 m gegen früher 750 m angenommen. Für die Krümmungen wurden Erbreiterungen, und zwar bei 1000 m Halbmesser von 16 m, bei 1500 m Halbmesser von 11 m, bei 2000 m von 6 m vorgesehen.

2) Die Zahl der Ausweichestellen (mit Ausschluß der Ober-Eider-Seen) wurde im Interesse eines leichteren und rascheren Verkehrs von 4 auf 6 erhöht.

3) Mit Rücksicht auf die zu 1 erwähnte und verschiedene andere Abänderungen des Bauentwurfs von geringerer Bedeutung erhöhte sich die auszuhebende Bodenmasse von rund 63 400 000 km auf rund 77 400 000 km.

4) Der erste Entwurf hatte zum Schutz gegen den Wellenschlag die Abdeckung einer Böschungsfläche von 749 000 □m mit Steinmaterial in Aussicht genommen. Diese Fläche erhöhte sich auf Grund der speziellen Entwurfsarbeiten auf 1 232 000 □m.

5) In dem Voranschlag waren folgende Schleusenbauten an den Kanalmündungen vorgesehen: für die Mündung an der Elbe drei Schleusen, eine von 126 m nutzbarer Länge und 25 m Breite, eine von 84 m Länge und 12,5 m Breite und eine sogenannte Kesselschleuse von 21 600 □m nutzbarer Fläche, — für die Mündung am Kieler Hafen eine Schleuse mit 126 m nutzbarer Länge und 25 m Breite. Nach dem endgültig festgestellten Bauentwurf werden unter Berücksichtigung der von der Marineverwaltung inzwischen gestellten Anforderungen Doppelschleusen mit je 2 Öffnungen von 150 m nutzbarer Länge und 25 m Breite hergestellt.

6) Nach dem vorläufigen Entwurf sollte die Westholsteinische Eisenbahn vermittels einer Drehbrücke, der Verkehr auf der Chaussee Itzehoe-Heide vermittels einer Fähre über den Kanal geführt werden. Die Kanal-Bauverwaltung entschied sich im Hinblick auf den durch nähere Ermittelungen in seiner Bedeutung festgestellten Verkehr später dafür, eine gemeinsame Überführung der Eisenbahn und der Chaussee herzustellen und demgemäß eine für beide Verbindungen bestimmte Hochbrücke bei Grünenthal zu errichten.

Neuerdings hat sich die Bauverwaltung noch für die Errichtung einer zweiten Hochbrücke über den Kanal bei Levensau entscheiden zu müssen geglaubt. Auch an diesem Punkt des Kanals war, wie bei Grünenthal, die Überführung der Eisenbahn Kiel—Flensburg vermittels einer Drehbrücke, die Überführung des Verkehrs auf der Chaussee (Kiel—Eckernförde) vermittels einer Fähre in Aussicht genommen. Später stellte sich heraus, daß der Fährbetrieb nicht genügen könne, um den Verkehr mit Landfuhrwerken zu bewältigen. Man glaubte zunächst diesen Verkehr der Drehbrücke zuweisen zu dürfen. Eingehende Erwägungen haben es aber als unvermeidlich erscheinen lassen, auch hier die Errichtung einer Hochbrücke in das Auge zu fassen. Die Drehbrücke, für welche von Seiten der Kaiserlichen Marine eine Durchfahrtsöffnung von 50 m als erforderlich bezeichnet war, würde, wie nicht geleugnet werden kann, ein empfindliches Hinderniß für den Kanalverkehr bilden, da eine solche Brücke geschlossen werden muß, sobald ein Eisenbahnzug oder auch nur ein Fuhrwerk die Überfahrt beansprucht. Es kam überdies in Betracht, daß hier der Eisenbahn- und Chausseeverkehr zwischen den nördlich und südlich des Kanals gelegenen Gegenden, insbesondere nach der in mächtiger Entwickelung begriffenen Stadt Kiel hin, in starkem Zunehmen sich befindet und späterhin die Unzulänglichkeit der früher in Aussicht genommenen Verbindung noch empfindlicher würde hervortreten lassen. Vom technischen Standpunkt war der jetzige Plan um so mehr zu befürworten, als an der fraglichen Stelle des Kanals eine Krümmung des Kanallaufes unvermeidlich ist, daher bei der großen Höhe der Kanalufer den ankommenden Schiffen die Übersicht nach der Brücke erschwert ist und deshalb bei der Wahl der Drehbrücke komplizierte, unter allen Umständen mit einer gewissen Unzulänglichkeit behaftete Signalvorrichtungen erforderlich sein würden.

Für die neue Hochbrücke, deren Mehrkosten gegen eine Drehbrücke mit 4060000 Mk veranschlagt sind, würden die Mittel in dem Baufonds nicht geboten sein, wenn nicht bei mehreren Ausgabetiteln des Anschlags in Folge veränderter Preis- und sonstiger Verhältnisse Ersparungen in einem Gesamtbetrage von über 2000000 Mk. in sicherer Aussicht ständen.

7) Zu Gunsten der Arbeiter waren in dem vorläufigen Entwurf Einrichtungen überhaupt noch nicht vorgesehen. Erst später wurde beschlossen, für die Unterbringung und Verpflegung der Arbeiter in umfassender Weise auf Kosten des Baufonds Sorge zu tragen.

Eine Veränderung der Gesamtsumme der **Baukosten** (156 Mill. Mark) hat durch vorstehende Abweichungen in der Bauausführung bisher nicht stattgefunden, wenngleich in den Einzelanschlägen Verschiebungen sich ergeben haben. Danach erfahren die auf S. 23 dieser Schrift mitgetheilten Zahlen des **Kostenanschlages** einige Veränderungen, so daß sie sich folgendermaßen stellen:

A. Ausgaben.

1.	Grunderwerb und Nutzungsentschädigungen		8,371,400 Mk.
2.	Erd- und Baggerungsarbeiten		74,595,000 „
3.	Befestigung der Ufer und Böschungen und Bezeichnung des Fahrwassers		9,092,000 „
4.	Hafen- und Schleusenbauwerke		
	A. Bei Brunsbüttel	15,435,000 Mk.	
	B. Bei Holtenau	13,200,000 „	
	C. An der Kanallinie zwischen den Mündungen	2,440,000 „	31,075,000 „
5.	Brücken und Fähren		6,135,000 „
6.	Hochbauten (Dienstgebäude jeglicher Art)		1,420,000 „
7.	Werkstattanlagen und Betriebsmittel (Betriebsfahrzeuge)		3,190,000 „
8.	Anlagen zu militärischen Zwecken		1,000,000 „
9.	Bau- und Barackenverwaltung		5,360,000 „
			140,238,400 Mk.

140,238,400 Mk.

10. Wohlfahrtseinrichtungen für die Arbeiter

1) Bau- und Ausstattung der Baracken	2,000,000 Mk.	
2) Unterhaltg., Bewachung, Reinigung, Heizung und Beleuchtung d. Baracken	1,000,000 „	
3) Verpflegung der Arbeiter	11,055,000 „	
4) Sonstige Wohlfahrtseinrichtungen, Kranken- und Unfallversicherung	350,000 „	14,405,000 „

11. Insgemein:

1) Erhaltung des Betriebes auf dem Eiderkanal .	200,000 Mk.	
2) Unterhaltung des Nord-Ostsee-Kanals im ersten Betriebsjahr	1,000,000 „	
3) Wiederherstellungsarbeit. in Folge v. Zerstörungen während der Bauzeit. Abgrenzung des Kanalterrains	990,000 „	
4) Nicht vorherzusehende Ausgaben aller Art . .	11,867,600 „	14,057,600 „

Summa aller Ausgaben: 168,701,000 Mk.

B. Einnahmen.

1. Erlöse aus Verkauf (entbehrliche Grundstücke, unbrauchbar oder entbehrlich gewordene Materialien, Utensilien ꝛc.) . . . . 600,000 Mk.
2. Wohlfahrtseinrichtungen für die Arbeiter:

1) Beiträge der Arbeiter für die Unterbringung in den Baracken	746,000 Mk.	
2) Beiträge der Arbeiter für die Verpflegung in den Baracken	11,055,000 „	
3) Erlös aus dem Verkauf der Baracken und des Inventars	200,000 „	12,001,000 „

3) Sonstige unvorhergesehene Einnahmen . . . 100,000 „

Summa aller Einnahmen: 12,701,000 Mk.

Es haben gegen den ersten Kostenanschlag stattgefunden: Mehrausgaben bei den Erd- und Baggerarbeiten (+ 3,695,000 Mk.), den Uferbefestigungen (+ 1,892,000), der Ostseeschleuse (+ 2,500,000 Mk.), den Bauwerken auf der Strecke (+ 1,106,500), den Hochbauten (+ 120,000) und den Betriebseinrichtungen (+ 940,000). Die Mehrausgaben der Bauverwaltung (Arbeiterfürsorge) werden durch die betreffenden Einnahmen rund ausgeglichen. Minderausgaben finden statt bei: Grunderwerb (— 1,528,000), Elbschleusenanlage (— 9,218,000), sowie bei den Brücken und Fähren (— 565,000).

Nach Abzug der vorstehend summirten Einnahmen (12,701,000) von der gesamten Ausgabe (168,701,000) ergiebt sich die ursprüngliche, durch Reichsgesetz ausgeworfene Kostensumme von 156 Millionen Mark für den gesammten Kanalbau.

IX.

Die Ansegelungsgebiete des Nord-Ostsee-Kanals.

Für die Schiffahrt durch den Nord-Ostsee-Kanal ist die Beschaffenheit des Vorterrains in der Ostsee sowohl wie in der Elbe und Nordsee von allerhöchster Bedeutung, denn es ist notwendig, daß die Seeschiffe ein möglichst bequemes und sicheres, durch entsprechende Seezeichen kenntlich gemachtes Gebiet zur Ansegelung der Kanalmündungen finden.

Das Gebiet in der Ostseemündung, der Kieler Hafen mit seiner sich nach außen erweiternden Kieler Bucht, ist nun infolge des Fehlens jeder Strömung und bei seinen dauernd gesicherten, gleichbleibenden Tiefenverhältnissen für die Ansegelung der großen Schiffahrt ganz ausgezeichnet geeignet. Die auf Seite 97 beigefügte Übersichtskarte des Kieler Hafens mit ihren eingezeichneten Tiefenlinien und Seezeichen liefert hierfür einen augenfälligen Beweis.

Das Fahrwasser des Kieler Hafens weist in der äußeren Bucht in einer Breite von 4—5000 Metern eine Tiefe von 17 Metern, zwischen der Heulboje, der Glockenboje und der Gasboje ist die Tiefe 14 bis 16 Meter, beim Friedrichsorter Leuchtturm 14 bis 17 Meter und im inneren Teile der Kieler Föhrde 12 bis 16 Meter.

Den Eingang in den Kieler Hafen bezeichnet an der Westseite (Steuerbordseite) eine rothe Heultonne mit der Aufschrift „Kiel A", und an der Ostseite (Backbordseite) eine schwarze Glockentonne mit der Aufschrift „Kiel 1". Die Einsegelungsrichtung führt von der Ostseite der Heultonne in der Richtung auf den Friedrichsorter Leuchtturm so zu, daß man 1/4 Seemeile westlich von der am Ostufer liegenden Leuchttonne „Kiel 3" vorbeikommt.

Die Ansegelungsrichtung wird durch die Visierlinie über den Friedrichsorter Leuchtturm nach der Nikolai- bezw. der Garnisonkirche deutlich markiert; dieselbe ist in der Hafenkarte auf S. 97 durch eine punktierte Linie kenntlich gemacht. Die Betonnung der äußeren wie der inneren Föhrde ist vorzüglich, und von der Sichtung des östlich am Stollergrund verankerten Feuerschiffes ab durch genügend zahlreiche Bojen, unter

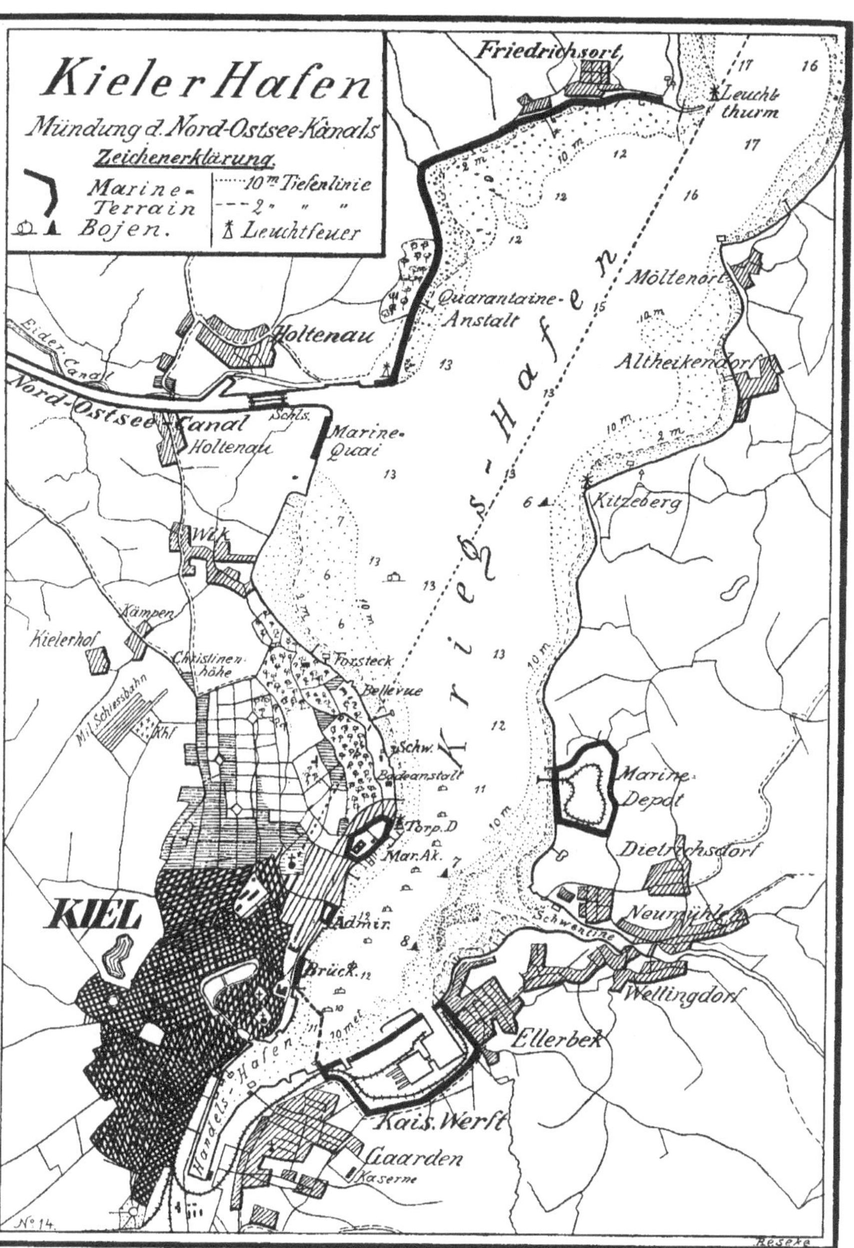
Kieler Hafen
Mündung d. Nord-Ostsee-Kanals
Zeichenerklärung.
Marine-Terrain
Bojen.
10m Tiefenlinie
2 " "
Leuchtfeuer
Friedrichsort
Leucht-thurm
Möltenort
Altheikendorf
Kitzeberg
Quarantaine-Anstalt
Holtenau
Eider-Canal
Nord-Ostsee-Canal
Schls.
Holtenau
Marine-Quai
Kriegs-Hafen
Wik
Kämpen
Kielerhof
Christinenhöhe
Forsteck
Bellevue
Mil. Schiessbahn
Khf
Schw.
Badeanstalt
Torp. D
Mar. Ak.
Marine-Depot
Dietrichsdorf
Neumühlen
Schwentine
Wellingdorf
KIEL
Admir.
Brück.
Ellerbek
Handels-Hafen
Kais. Werft
Gaarden
Kaserne
No 14.
Reseke

denen die obige Heulboje in nächster Nähe der Ansegelungslinie liegt, hergestellt.

Am Eingang des Nord-Ostsee-Kanals bei Holtenau ist ein besonderes Leuchtfeuer errichtet, das für das Einsegeln in den Kanal als Marke dient. Die innere Kieler Föhrde selbst ist vermöge des weiten Vorspringens der Landecke bei Friedrichsort nebst der bis zum Leuchtturm hinragenden Barre gegen allen etwaigen Seegang aus Nord-Nord-Ost geschützt und bildet eine vorzügliche Rhede; namentlich betrifft das denjenigen Teil der inneren Föhrde, der am Westufer derselben die Bucht bildet, in welche der Nord-Ostsee-Kanal einmündet.

Bei nebligem Wetter wird von dem auf der äußersten nördlichen Landspitze des Westufers der Außenföhrde errichteten Leuchtturm von Bülk in Pausen von 40 Sekunden vermittelst einer Sirene erster Klasse je ein Signal von 5 Sekunden Dauer gegeben. Auf dem auf unserer Karte schon verzeichneten Friedrichsorter Leuchtturm ist eine Nebelsignalstation von 15 Sekunden mit Glockenzeichen in Pausen von 45 Sekunden. Ein Zeitball befindet sich auf der kaiserlichen Werft am Ostufer des neueren Hafens; derselbe markiert die auf 23 h 19 m 21,3 S Greenwicher Zeit fallende mittlere Ortszeit Kiels um 12 Uhr Mittags.

In der Wiker Bucht liegt in 54° 21′ 3″ NBr. und 10° 9′ 1″ O. L. v. Greenwich eine Deviationsboje und im Umkreise von ca. 120 M. von derselben vier rothe spitze Festmachetonnen. Behufs leichterer Feststellung der Deviation der Schiffskompasse sind etwas nördlich von der Mündung des alten Eider-Kanals zwei weiße Baaken errichtet, welche, mit der Ellenbecker Mühle in Richtung gebracht, den magnetischen Norden angeben. Auf dem Höhenzuge bei Mönkeberg am Ostufer der Föhrde sind eine Centralbaake und 18 Richtungsbaaken zur Regulirung der Kompasse errichtet. — Auf dem Bollwerk beim Zollamt am inneren Hafen, Westseite, ist eine Sturmsignalstation der Seewarte.

Für den Hafen besteht kein Lootsenzwang. Die Lootsenstation befindet sich in Laboe, am Ostufer der Außenföhrde. Daselbst sind 2 feste und 15 Reservelootsen mit 2 Lootsenfahrzeugen stationirt.

Bei Friedrichsort liegt binnenwärts des Leuchtturms ein Zollwachtschiff, welches Nachts eine rothe Laterne führt. Alle von See kommenden Handelsschiffe müssen hier beidrehen. Etwaigen Schleppdienst besorgen zahlreiche private Passagier- und Schleppdampfer. Auf dem Gebiet des Kieler Kriegshafens sind sämmtliche Handelsfahrzeuge ohne Ausnahme und ohne Rücksicht auf das Straßenrecht zur See verpflichtet, beim Entgegenfahren einem Geschwader oder einem einzeln fahrenden Panzerschiff der Marine auszuweichen. Nachts gelten die Vorschriften des Straßenrechts wie auf See.

Mehrere Schiffswerften, von höchster Leistungsfähigkeit für den Eisenschiffbau, sowie geräumige Schwimmdocks (bis zu 3000 to.) sind am Ostufer des Hafens vorhanden.

Für die Schiffahrt ist ferner von Interesse, daß unmittelbar südlich neben der Mündung des Kanals, bei Wik, die Anlegung neuer Hafeneinrichtungen seitens der Stadt Kiel geplant ist. Es wird dies in jenem Gebiet geschehen, welches nicht von der Kaiserlichen Marine in Anspruch genommen ist (vergl. die Zeichenerklärung in der Karte) und zur Zeit nur eine Wassertiefe von 2 m besitzt, die durch Baggerung jedoch nach Bedarf erhöht werden wird. Die am Kanaleingang auf das Aufnehmen oder Absetzen von Theilladung angewiesenen Schiffe werden dort einen bequem gelegenen, und sofort bei Ankunft leicht anzulaufenden Hafenquai vorfinden.

Das Ansegelungsgebiet in der Elbe, von der Nordsee aus, betreffend, so ist hierüber in Kürze folgendes zu sagen:

Die Einfahrt in die Elbe ist zwischen den weiten Watten und Sänden der Nordsee in der Helgoländer Bucht durch eine reiche Anzahl von Tonnen, Feuerschiffen und sonstigen Seezeichen markiert, sie ist durch die Seekarten in allen Seefahrtskreisen genügend bekannt. Was speziell das Elbgebiet in der Nähe der Kanalmündung bei Brunsbüttel anbetrifft, so führt das Fahrwasser der Elbe dort, wo die Ausmündung des Kanals stattfindet, in fast genau westlicher Richtung hart am Ufer der Elbe bezw. am Elbdeich vorbei. Hier hat dasselbe eine Tiefe von 11 bis 13 Metern bei mittlerem Niedrigwasser. Weiter westlich, bezw. westsüdwestlich wendet sich das Fahrwasser nach dem Feuerschiffe Osteriff oberhalb der Ausmündung der Oste in die Elbe. Auf dieser Strecke hat es in einer Länge von ca. $5^1/_2$ km = 3 Seemeilen eine Tiefe von allerdings nur 7 bis 8 bezw. 9 Meter; sodann folgt jedoch eine stets zwischen 11 und 13, sich nachher auf 17 und über 20 Meter vertiefende, am Südufer der Elbe bis Cuxhafen sich hinziehende Fahrrinne, die schließlich von Cuxhafen aus mit 17 bis 21 Meter Tiefe sich in nordnordwestlicher Richtung nach See zu erstreckt, und zwar in der Richtung auf das Elbefeuerschiff Nr. 4, welches dann westlich des Mittelgrundes, einer großen in verbreitertem Fahrwasser der Elbe liegenden Sandbank, ausgelegt ist. Der Mittelgrund wird von dem sich trennenden und in nordwestlicher Richtung sich fortsetzenden Fahrwasser umspannt

Bei den Fluth- und Ebbeverhältnissen der Unterelbe, denen sich die Ausströmungskraft des Elbestromes hinzugesellt, ist die Einsegelung der Unterelbe eine erheblich schwierigere, als wie diejenige der Kieler Bucht an der Ostmündung des Kanals. Nichtsdestoweniger ist sie bei ihrer großen Tiefe, die nur auf einer kurzen Strecke unterbrochen erscheint, für die größten Dampfschiffe der Kriegs- und Handelsmarine jederzeit befahrbar. Nur dürfte es sich fragen, ob nicht eine Vertiefung des Fahrwassers auf der schon erwähnten 5 bis 6 Seemeilen langen Strecke, zwischen Ostebank und Osteriff, oberhalb der Mündung der Oste in die Unterelbe, am linken Elbufer vorgenommen werden muß, um auch bei niedrigem Wasser die Passage der tiefgehendsten Kriegsschiffe zu gestatten. Es ist dies eine Frage, welche für die Bedeutung des Kanals für die Kriegsmarine von wesentlichem Einfluß ist.

Der Eintritt in den Nord-Ostsee-Kanal bei Brunsbüttel wird sich, da die Richtung der Kanalaxe zur Stromaxe möglichst spitz mit dem ausströmen-

7*

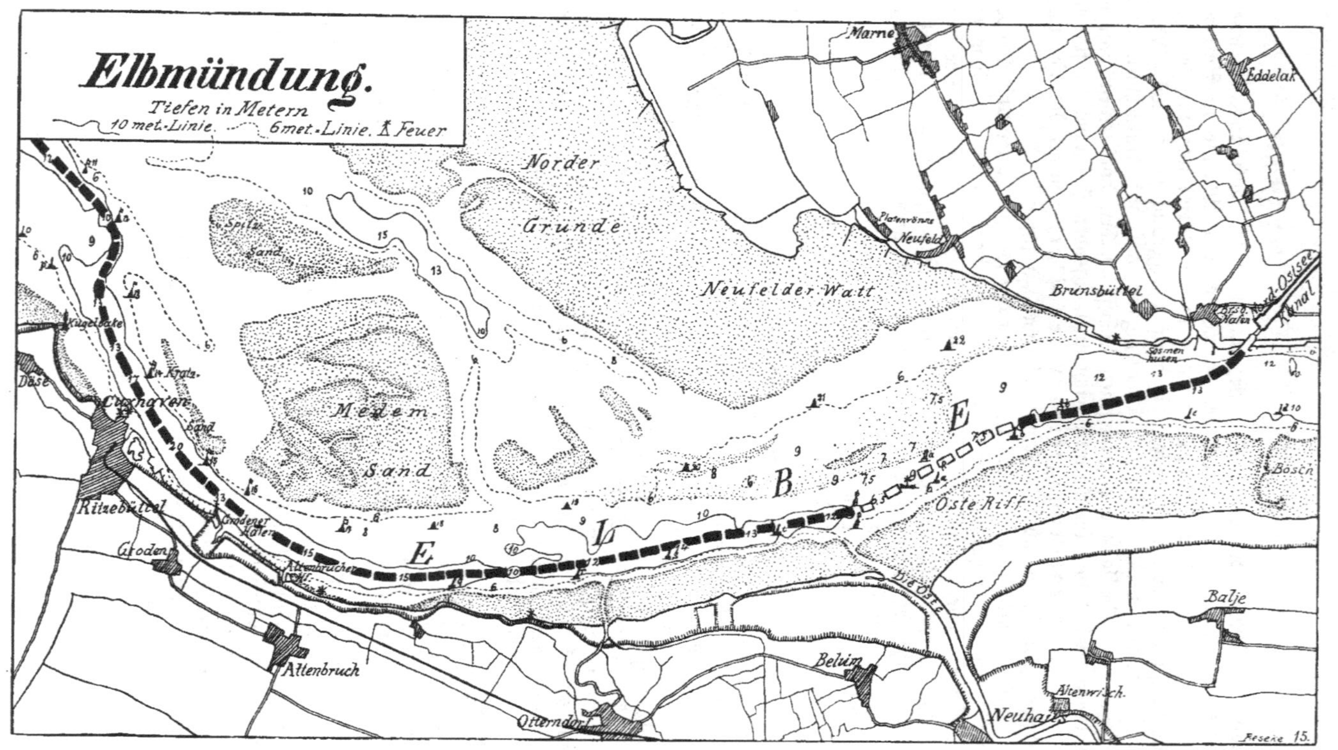
Elbmündung.
Tiefen in Metern
10 met.-Linie. 6 met.-Linie. Feuer
Norder
Grunde
Neufelder Watt
Medem
Sand
Spitz
Sand
Marne
Eddelak
Neufeld
Brunsbüttel
Kanal
Cuxhaven
Ritzebüttel
Groden
Altenbruch
Otterndorf
Belum
Neuhaus
Altenwisch.
Balje
Bosch
Öste Riff
Die Oste
Kugelbake
Döse
E
L
B
E
Fesche 15.

den Ebbe- und Elbstrome gelegt ist, und zwar in einem Winkel von 133°, verhältnismäßig leicht vollziehen. Beim Einfahren aus dem Strom zwischen zwei vorspringende Molen, zwischen denen stilles Wasser ist, wird bekanntlich der hintere Teil des einsegelnden Schiffes mit der Stromrichtung soweit herumgeworfen, daß Kollisionen mit den Molen oft unvermeidlich sind. Dieser Fehler wird vermöge der schrägen Lage der Kanalaxe, die ungefähr ein direktes Fahren mit oder gegen den Strom in die Richtung des Vorhafens des Kanals hinein ermöglicht, hier so weit als irgend angängig vermieden, ja ganz beseitigt. Es ist daher diese Art der Gestaltung der Kanalausmündung in die Unterelbe als eine außerordentlich glückliche zu bezeichnen; sie verdankt zum Teil ihr Entstehen dem Umstande, daß das Gelände nördlich der Elbe eine Projektierung der Kanalaxe in anderer Richtung nicht gestattete. Das vorstehend über das Ansegelungsgebiet der Elbe Gesagte wird durch die auf Seite 100 abgedruckte Kartenskizze dieses Gebiets näher erörtert.

Bekanntlich baut der Hamburger Staat bei Cuxhafen am Süduferder Unterelbe einen gegen den alten erheblich vergrößerten Handelshafen. Es ist zur Frage gekommen, ob nicht hier auch für die Zwecke der Marine eine Hafen- bezw. Dockanlage geschaffen werden müsse, und diese Frage ist vielfach von Fachmännern bejaht worden. Es erweist sich erforderlich, für einen sicheren Hafen bei der Cuxhafener Rhede schon im Interesse der Handelsschiffahrt zu sorgen, da alljährlich bei westlichen Stürmen zahlreiche Schiffe dort Zuflucht nehmen müssen.

X.

Betriebseinrichtungen und Abgaben.

Der Schiffahrtsbetrieb auf dem Nord-Ostsee-Kanal soll in der Weise eingerichtet werden, daß für eine möglichst glatte Durchfahrt des Kanals bei Tage und auch bei Nacht, und zwar für die Segler unter Zuhülfenahme von vorzulegender Dampfkraft, gesorgt wird. Die Dampfer werden mit eigener Maschine den Kanal durchfahren, und zwar mit einer mittleren Geschwindigkeit von 5,3 Seemeilen = 10 Kilometer in der Stunde. Die Segelschiffe sollen zu mehreren in sogenannte Schleppzüge vereinigt werden, die vermittelst eines vorgelegten Schleppdampfers durch den Kanal bugsirt werden. Da Schleusenaufenthalt hierbei nicht zu überwinden ist, mit alleiniger Ausnahme des Passierens durch die Kanalschleuse an der Unterelbe, die während jeder Tide einige Stunden geschlossen bleiben muß, so wird die Kanalfahrt sich verhältnismäßig rasch vollziehen, auch gestattet die große Breite des Kanalquerschnitts ein Vorbeipassieren der Handelsschiffe überall auf der Strecke; nur wenn es sich darum handelt, daß größere Kriegsschiffe einander vorbeipassieren müssen, ist es erforderlich, sich hierzu einer der an der Kanalstrecke vorhandenen 6 geräumigen Ausweichen zu bedienen.

Der Schiffahrtsbetrieb wird, sofern es sich um die Durchbugsirung der Segelschiffe handelt, seitens der Kanalverwaltung selbst in die Hand genommen. Es sind zu diesem Zweck 24, statt wie ursprünglich geplant nur 12, genügend kräftige Dampf-Schleppschiffe disponiert, welche das Durchführen der Segelschiffe bewirken werden. Von diesen Schleppdampfern sind bereits zwei im Jahre 1891/92 fertig gestellt, und zwar waren dies die Dampfer „Berlin“ und „München“, welche von der Werft von Schichau in Elbing zum Preise von je 2 900 000 Mark geliefert worden waren. Man nimmt an, daß man täglich in einer Richtung auf etwa 30 Schleppzüge, von je 3 bis 4 Segelschiffen als höchstes Maß für den Betrieb zu rechnen hat. Sämmtliche den Kanal passierenden Schiffe erhalten Lootsen, und zwar nicht nur für die Kanalfahrt selbst, sondern auch für die Fahrt auf der Unterelbe, wo Lootsen ja an und für sich unentbehrlich sind. Die technischen Einrichtungen sind so getroffen, daß man allen gestellten Anforderungen, namentlich was die Bugsierung anbetrifft, genügen kann.

Wie aus den früher schon gemachten Angaben über die definitive Gestaltung des Kanals und der Baulichkeiten hervorgeht, wird der Kanal von 2 festen, 4 Drehbrücken und einer größeren Anzahl von Fähren überschritten. Die lichte Durchfahrtsweite zwischen den Brückenpfeilern ist von ursprünglich 36 Meter auf 50 Meter erweitert, um den höher gestellten Anforderungen der Schiffahrt zu genügen. Es wird also bei der Durchfahrung des Kanals eine Verzögerung der Fahrt nur an den Schleusen stattfinden und auch hier durchaus nicht regelmäßig. Wenn man eine solche, immerhin mögliche Verzögerung reichlich auf drei Stunden veranschlagt, so ist mit Sicherheit anzunehmen, daß der Kanal in im ganzen 13 Stunden durchfahren werden kann. Für den Fall, daß eine schon in Erwägung gezogene Genehmigung einer größeren Fahrgeschwindigkeit eintritt, wird die Dauer der Kanalfahrt entsprechend abgekürzt. Von den Schiffen der Kriegsmarine, die im Ernstfall keinerlei andere Rücksicht, als wie diejenige auf das möglichst schnelle Eintreffen an Ort und Stelle nehmen brauchen, ist es selbstverständlich, daß dieselben vermöge ihrer eigenen Maschinenkraft den Kanal zum Teil in ganz wesentlich kürzerer Zeit durchfahren können, wenigstens betrifft dies die kleineren Aviso's, Kreuzer, Küstenverteidigungs- und Torpedoschiffe.

Der Nachtbetrieb auf dem Kanal, welcher für den Werth der Benutzung der Kanalfahrt von erheblichem Einflusse ist, wird unter Zuhülfenahme elektrischen Lichts stattfinden. Ursprünglich hatte man beabsichtigt, jedem den Kanal durchfahrenden Dampfer ein eigenes elektrisches Licht für die Dauer der Fahrt mitzugeben. Man hat jedoch schließlich hiervon Abstand genommen und sich entschlossen, den Kanal auf der ganzen Strecke, vom Ufer aus, elektrisch zu beleuchten. Durch die Einrichtung, daß der Kanal so auch des Nachts ohne jede Gefahr befahren werden kann, was bekanntlich bisher bei Schleusen-Kanälen, z. B. dem Eiderkanal, schon aus dem Grunde praktisch nicht ausführbar war, weil eine Bedienung der Schleusen nach Sonnenuntergang und vor Sonnenaufgang reglementsmäßig nicht stattfand, gewinnt der Nord-Ostsee-Kanal eine wesentlich höhere Bedeutung für die Schiffahrt. Während die letztere im anderen Falle sich mit ihren Fahrten so hätte einrichten müssen, daß ein Schiff mit Tagesanbruch an der Kanalmündung eintrifft, um während der Dauer der Tageszeit den Kanal durchfahren zu können, ist dies bei der gegenwärtigen Einrichtung nicht mehr nötig. Die Schiffahrt wird also nicht mehr gezwungen, Abfahrt und Geschwindigkeit bei ihren Reisen in irgend einer Weise darauf einzurichten, daß sie zu einem bestimmten Zeitpunkt an einer der Kanalmündungen eintrifft, sondern sie kann ohne jede Rücksicht auf den Zeitpunkt dieses Eintreffens ihre Fahrten ausführen. Daß hierin ein ganz außerordentlicher Fortschritt liegt, ist einleuchtend.

Von wesentlicher Bedeutung für die Benutzung des Kanals ist die Höhe der Kanalabgabe, welche von den durchfahrenden Schiffen genommen werden soll. Wenn auch der Kanaltarif hierüber noch nicht feststeht, so ist jedenfalls das System, nach welchem die Abgabe erhoben werden soll, bereits als gültig anzusehen; die Abgabe wird nämlich tarifmäßig nach dem Tonnengehalt der passierenden Schiffe berechnet. Ganz von der Abgabe befreit sind nur die Schiffe der Kriegsmarine, sowie die Dienstfahrzeuge der Kanalverwaltung.

Die Vorteile, welche die Schiffahrt durch Benutzung des Nord-Ostsee-Kanals erlangt, beziffern sich der Zeit nach für Dampfer auf einen Tag Reisegewinn, für Segler auf 3 bis 5 Tage. Die dadurch entstehende Verminderung von Versicherungsgebühren fällt für die Beurteilung des wirtschaftlichen Werthes der Kanalfahrt ins Gewicht. Es kommen noch hinzu Heuer und sonstige Unterhaltungskosten, sowie die Ersparung von Lootsenkosten im Sund ev. Nothafengelder und der Zins- und sonstige Gewinn für schnellere Lieferung der Ladungen. Demgegenüber stehen die Kosten der Fahrt durch den Kanal und auf der Unterelbe.

Bis zum Ablauf des ersten Jahres nach der Eröffnung des Kanals ist gesetzlich dem Kaiser im Einvernehmen mit dem Bundesrat die Feststellung des Tarifs überlassen. Die Motive des Regierungsentwurfs berechneten f. Zt., daß der Vorteil, den die Dampfschiffe aus der Benutzung des Nord-Ostsee-Kanals ziehen würden, sich per Netto-Registertonne auf 109 Pfennige, bei den Segelschiffen auf 99 Pfennige belaufe, so daß in beiden Fällen ein durchschnittlicher, abzustufender Tarif von 75 Pfennigen per Netto-Registertonne angemessen erscheine; eventuell werde der Satz für Segelschiffe gegenüber den Dampfschiffen ermäßigt werden. Dieser Tarif steht in gewissem Zusammenhange mit dem etwas niedrigeren Tarif, welchen Dahlström in Vorschlag gebracht hat. Nach diesem sollten zahlen per Netto-Registertonne:

Dampfer mit wertvollerer Ladung . .	100	Pfennige
Dampfer mit Kohlen und Holz . . .	60	"
Dampfer in Ballast	50	"
Segler mit wertvollerer Ladung . . .	60	"
Segler mit Kohlen und Holz	50	"
Segler in Ballast	35	"

Es ist einleuchtend, daß eine derartige komplicierte Tarifierung den gegenwärtigen Verkehrsverhältnissen kaum noch entsprechen dürfte, und es sich empfiehlt, überhaupt den Tarif wesentlich niedriger zu bemessen. Da obiger Tarifsatz sich jedoch nach dem auf Seite 24 dieser Schrift berechneten Verkehr von $5^1/_2$ Millionen Registertons richtete, der Verkehr durch den Sund aber inzwischen bedeutend gestiegen ist, so ist anzunehmen, daß die Tarifierung auch zu einem niedrigeren Einheitssatz als wie 75 Pf. gelangen wird.

Bei der Beurteilung der Kanalabgabe fällt ins Gewicht, daß den Schiffen alle Einrichtungen beim Kanal selbst, wie Lootsengestellung, Schlepper für Segelschiffe, Beleuchtung des Kanals für die Nachtfahrt, Schleusenbedienung u. s. w. ohne besondere Berechnung geboten werden, also zu der Abgabe für Reg.-T. keine Nebenkosten mehr hinzutreten. Dagegen ist andererseits in Anschlag zu bringen, daß für Schiffe, welche an Stelle des Umweges um Skagen den Nord-Ostsee-Kanal benutzen, Unkosten hinzutreten, welche sie für die Fahrt auf der Unterelbe an Lootsengebühr u. s. w. zu entrichten haben. Die Kosten des Lootsenwesens auf der Unterelbe sind aber bekanntlich sehr bedeutende. Das Lootsenwesen daselbst liegt in den Händen des Hamburgischen Staates, und falls hier nicht eine Herabminderung der außerordentlich bedeutenden Gebühren eintritt, muß mit denselben als mit einer nicht unwesentlichen Verteuerung der Kanalfahrt gerechnet werden. In Anbetracht dieses Umstandes, sowie der Thatsache, daß der Verkehr zwischen Nord- und Ostsee sich gegenüber dem der Berechnung für den Kanalverkehr zu Grunde gelegten durchschnittlichen Schiffsverkehr von 1877 bis 1881 ganz erheblich gehoben hat, erscheint es angezeigt, von dem geplanten Einheitssatz von 75 Pf. pro Reg.-T. abzugehen. Es liegt auf der Hand, daß, da ein jedes Fahrzeug bei der Fahrt zwischen Nord- und Ostsee in Zukunft zwei Wege offen haben wird, den einen um Skagen, den anderen durch den Nord-Ostsee-Kanal, es den Weg durch den Nord-Ostsee-Kanal nur dann wählen wird, wenn es dabei auch seinen finanziellen Vorteil findet, im andern Falle geht es um Skagen. Die richtige Tariflage hier zu finden ist eine Aufgabe, für deren Lösung andere als rein kaufmännische Beweggründe nicht mitsprechen. Es muß daher der Tarif, wenn nicht schon sofort bei Eröffnung des Kanals, so doch jedenfalls nach Ablauf des ersten Jahres so gestaltet werden, daß jedes Fahrzeug von dem gesamten Gewinne, den es bei der Durchfahrung des Kanals gegenüber einer Umfahrung von Skagen erzielt, nur einen solchen Bruchteil als Kanalabgabe zu entrichten hat, daß ihm die Fahrt durch den Nord-Ostsee-Kanal noch als unbedingt vorteilhaft erscheint.

Den Gewinn, den die Fahrt der Schiffe durch den Kanal gegenüber dem Weg um Skagen durch alle Einzelvorteile mit sich bringt, berechnete s. Zt. der Geheime Ober-Baurat Baensch auf die Zeitminute für Dampfer von durchschnittlich 620 Reg.-T. mit 0,626 M. und für Segler von durchschnittlich 200 Reg.-T. mit 0,058 M. Der Zeitwert der Fahrt durch den Kanal verhält sich bei den Dampfern zu dem Zeitwert der Segelschiffe wie 10,8 : 1. Man sieht, welchen enormen Vorzug die Dampfschiffahrt durch die Benutzung des Kanals haben wird. Es ist hierbei zu beachten, daß dieses keineswegs, da die Segler einen geringeren Vorteil haben, für die Frequenz des Kanals nachteilig sein wird, da die Zahl der Dampfer in erheblich stärkerem Maße gestiegen ist und weiter steigt, als wie diejenige der Segelschiffe. Während nämlich die Zahl der Segler von 1875—1882 von jährlich 24183 nur auf 26391 gestiegen ist, ist die Zahl der Dampfer in demselben Zeitraum von 7000 auf 12396 angewachsen.

Es ist nicht ohne Interesse, die Abgaben zu vergleichen, welche für die Passage durch den bisherigen alten vorhandenen schleswig-holsteinischen Kanal und die Untereider erhoben worden sind. Es beträgt nämlich:

a. Die Kanalabgabe von Tönning bis Holtenau sowohl für Dampfer wie für Segler beladen 12 Pf., unbeladen 4 Pf. per Kubikmeter, was per Reg.-Ton. bezw. 34 und $11^{1}/_{3}$ Pf. ausmacht;

b. Lootsengeld von Tönning bis Rendsburg für Segelschiffe 14 Pf. per Kubikmeter, gleich 40 Pf. per Reg.-Ton. Dampfschiffe 10 Pf. per Kubikmeter = $28^{1}/_{3}$ Pf. per Reg.-Ton. Von Rendsburg bis Holtenau 18 Mark für jedes Fahrzeug (Dampfer und Segler), ferner an Lootsengeld auf der Außeneider bis Tönning je nach der Jahreszeit 8 bezw. 11 Pf. per Kubikmeter. Darnach stellte sich beispielsweise für Dampfschiffe von 171 Tons und Segelschiffe beladen und in Ballast je von 100 Tons der Tarif für die Passage durch den alten Eiderkanal wie folgt:

Dampfer beladen: 171 Tons Register		Segler beladen: 100 Tons Reg.	Segler in Ballast von 100 T. R.
Kanal-Abgabe	56 Mk. 40 Pf.	33 Mk. 96 Pf.	11 Mk. 32 Pf.
Lootsg. v. Feuersch. b. Tönning	28 „ — „	21 „ 32 „	21 „ 32 „
von Tönning bis Rendsburg	47 „ — „	37 „ 31 „	37 „ 31 „
von Rendsburg bis Holtenau	24 „ 75 „	18 „ — „	18 „ — „
	156 Mk. 15 Pf.	110 Mk. 59 Pf.	87 Mk. 5 Pf.

= Total 354 Mk. 69 Pf. für 371 Tons Register.

Das ist annähernd 1 Mark pro Ton Register, also bei dem nur einen äußerst mäßigen Zeitgewinn ermöglichenden Eiderkanal ein höherer Satz, als wie er bei dem Nord-Ostsee-Kanal trotz seiner bedeutenden Wegeabkürzung in Aussicht genommen ist.

XI.
Die wirtschaftliche Bedeutung des Nord-Ostsee-Kanals.

Die wirtschaftliche Bedeutung des Kanals, die in seiner Wirkung auf die Seeschiffahrt zwischen Nord- und Ostsee zum Ausdruck kommen wird, besteht einerseits in der Abkürzung der Fahrt zwischen beiden Meeren gegenüber der jetzigen Verbindung derselben, wodurch der Verkehr sich in mannigfacher Hinsicht steigern wird; andererseits wird die Wirkung aber auch darin zu Tage treten, daß ein vollständig neuer Verkehr, und zwar namentlich zwischen den beiderseitigen deutschen Küstengebieten, sich nach Eröffnung des Kanals entwickeln wird. Drittens ist ein wesentliches Maß von wirtschaftlicher Bedeutung in dem Umstande vorhanden, daß der Nord-Ostsee-Kanal die gefährliche Fahrt um Skagen zu vermeiden gestattet und somit die Möglichkeit bietet, daß zahlreiche Verluste an wertvollen Gütern, Schiffen und Menschenleben, die sich alljährlich in jenen Gewässern ereignen, vermieden werden können. Über die Ausdehnung der Schiffsunfälle in jenen Gebieten ist bereits im III. Kapitel dieser Arbeit das Erforderliche näher angeführt; eine Karte der betreffenden Strandungen ist auf dem Kartenblatt 1 gegeben.

Ueber den Verkehr zwischen Nord- und Ostsee gewinnt man schon jetzt einen Anhalt, wenn man die von Alters her bestehende Nord-Ostsee-Schiffahrt, wie sie sich durch den Sund, die beiden Belte und im schleswig-holsteinischen Kanal vollzieht, näher betrachtet. Für die zweite Wirkung, die Schaffung einer fast vollständig neuen Küstenschiffahrt, liegen bestimmte Anhaltspunkte aus der Vergangenheit noch nicht vor; jedoch sind parallel gehend mit der Herstellung des Nord-Ostsee-Kanals so wesentliche Maßnahmen auf dem Gebiete des Baues von Wasserstraßen zu verzeichnen, daß sich in Beihalt des Bedürfnisses nach einem Lokalküstenverkehr sehr wohl ein Bild darüber gewinnen läßt, nach welcher Richtung hin sich dieselbe Wirkung des Nord-Ostsee-Kanals geltend machen wird.

Die dritte der Hauptwirkungen, welche im Vorstehenden gekennzeichnet sind, hat von den am wirtschaftlichen Leben beteiligten Faktoren eine verschiedene Beurteilung erfahren. Man hat behauptet, daß die Ein- und Ausfahrt, sowie die Passage durch den Kanal durchaus nicht frei von Gefahren für die Schiffahrt sei, und daß dies vielleicht in einem sehr hohen Maße sich geltend machen werde, so daß aus diesem Grunde eine Benutzung des Kanals von dem überwiegenden Teil der Schiffahrt nicht zu erwarten sei. Diesen Befürchtungen widerspricht die vorzügliche Beschaffenheit des Kanals an sich sowohl wie die ganz erheblich größere Dimension, welche er aufweist, als wie irgend ein anderer z. Zt. bestehender See-Schiffahrts-Kanal, und dabei frei von jeder Strömung ist. Der Kanal hat eine solche Breite, daß sich die entgegenkommenden Handelsschiffe auf jedem Teile seiner Strecke in voller Fahrt vorbei passieren können, ja sogar ein großes Kriegsschiff und ein Handelsschiff können auf der Strecke an einander vorbeifahren, und nur für die größeren Kriegsschiffe wird es beim Passieren erforderlich sein, eine der vorhandenen Ausweichen am Kanal zu benutzen. Auch ist zu erwägen, daß die Einfahrt in den Kanal sowohl von Osten wie von Westen sich in Meeresgebieten vollzieht, welche eine vorzügliche Betonnung und Befeuerung aufweisen. Es kommt ferner hinzu, daß nach den meteorologischen Beobachtungen sich nördlich des Sundes eine ungleich stürmischere Zone befindet, als wie südlich desselben, wodurch die Schiffahrt im Sund und in den Belten sowie um Jütland herum in viel höherem Maße gefährdet ist, als wie südlich dieses Gebietes. Es ist ferner Thatsache, wie die Statistik nachweist, daß Schiffsunfälle in diesen südlichen Gewässern ungleich seltener vorkommen, als in jenem nördlichen Teile und speziell im Sund, welch letzterer als enge Verbindung zwischen zwei Meeren fast immer starken, je nach der Windrichtung wechselnden, nördlichen oder südlichen Strömungen ausgesetzt ist und dabei sowohl eine sehr geringe Tiefe (geringer wie der Nord-Ostsee-Kanal) als auch eine schmale, für die starke Schiffahrt höchst unzureichende Breite besitzt. Bedenkt man, daß die meteorologischen Verhältnisse sowohl wie die durch diese hervorgerufenen Meeresströmungen in jenen Gebieten ungünstige sind, sowie daß der Handelshafen Kopenhagen u. a. unmittelbar am Sunde selbst liegen, so ist es klar, daß die stärkere Ansammlung von Schiffen in jener Meeresenge viel mehr Anlaß zu Kollisionen und Schiffsunfällen geben muß, als dies an irgend einer Stelle des Nord-Ostsee-Kanals der Fall sein wird.

Von den von einigen Seiten geäußerten Bedenken über die Frequenz des Kanals ist namentlich der Hinweis hervorzuheben, daß angeblich der durch die Abkürzung des Seeweges entstehende Zeitgewinn nicht groß genug sei, um die Schiffahrt zur Benutzung des Kanals zu veranlassen. Nun ist aber eine Thatsache, daß dieser Zeitgewinn (vergl. die Tabelle auf Seite 18 dieses Werkes) im günstigen Fall sich auf 45 Stunden für Dampfer stellt, und zwar unter der Annahme, daß ein Schiff im Kanal pro Stunde 5,3, auf See aber 8,25 Seemeilen zurücklegt. Der Durchschnitt des Zeitgewinns ist für Dampfer bekanntlich auf 22 Stunden berechnet. Dieser Berechnung ist entgegengehalten worden, daß bei dem Ein- und Auslaufen des Kanals, ebenso während der Durchfahrt trotz aller Vorsicht und Aufsicht Verzögerungen eintreten könnten. Zieht man jedoch die Schiffahrtseinrichtungen des Kanals, die in diesem Buche eingehend beschrieben sind, vorurteilslos in Betracht, so muß man zugeben, daß Veranlassung zu Verzögerungen dieser Art nicht nur nicht vorhanden, sondern daß sogar dem durchgehenden Segelschiffahrtsverkehr Vorteile (Bugsierung vermittelst Schleppdampfer) geboten werden, wie sie demselben auf irgend einer anderen Seestrecke nicht zu Gebote stehen. Bei der Prüfung der Regierungsvorlage im Jahre 1886 hat eine Kommission von Sachverständigen denn auch die Überzeugung gewonnen, daß der in jener Vorlage berechnete Zeitgewinn thatsächlich in zu geringer Größe angegeben worden ist, um eben sicher zu gehen. Es ist nämlich noch zu beachten, daß die gewöhnlichen Frachtdampfer auf See eine Durchschnittsgeschwindigkeit von 8,25 Seemeilen in der Praxis nicht besitzen, da sie sowohl durch Wind und Seegang als auf beiden hier in Frage stehenden Gebieten durch die wechselnden Strömungen in ihrer Geschwindigkeit fast regelmäßig beeinträchtigt werden. Man kann also die angenommene Zeitersparnis als durchaus zutreffend, ja viel eher noch als zu gering berechnet ansehen.

Ein weiterer Einwurf gegen den Nutzen des Kanals wird durch die Behauptung ausgedrückt, daß im Winter sehr leicht ein Vereisen desselben eintreten werde. Auch dieser Einwurf muß, nach dem über die Bau- und Betriebseinrichtungen des Kanals in diesem Werke Gesagten, als hinfällig angesehen werden. Bekanntlich ist die Dauer des Frostes in der Ostsee länger als in der Nordsee; auch sorgen in der letzteren die Gezeitenströme sowie die Flußströmungen der Elbe vor der Kanalmündung für das Offenhalten des Fahrwassers. Die Gefahr der Vereisung liegt also in der Ostsee in höherem Grade vor, als wie vor der Westmündung. Der Vorwinter im Oktober und November pflegt aber erfahrungsgemäß der Schiffahrt kein Hindernis zu bereiten; aber in den folgenden Wintermonaten, im Januar und Februar, wo allenfalls eine Störung im Hafenverkehr zu erwarten ist, ist der Schiffahrtsverkehr verhältnismäßig am geringsten, weil dann die Mehrzahl der nördlich gelegenen nichtdeutschen Ostseehäfen durch Eis geschlossen sind. Die deutschen Häfen selbst leiden unter der Frostperiode verhältnismäßig am wenigsten, und dies trifft namentlich bei dem Mündungshafen des Kanals, bei Kiel, zu.

Über die Vereisung des Kieler Hafens seit dem Jahre 1848 ist folgende Tabelle durch die Kieler Handelskammer mitgeteilt.

1848/49	—	Tage	1863/64	63	Tage	1878/79	—	Tage
1849/50	35	„	1864/65	35	„	1879/80	—	„
1850/51	—	„	1865/66	—	„	1880/81	68	„
1851/52	—	„	1866/67	—	„	1881/82	—	„
1852/53	17	„	1867/68	11	„	1882/83	—	„
1853/54	42	„	1868/69	—	„	1883/84	—	„
1854/55	39	„	1869/70	37	„	1884/85	—	„
1855/56	—	„	1870/71	71	„	1885/86	14	„
1856/57	37	„	1871/72	—	„	1886/87	—	„
1857/58	25	„	1872/73	—	„	1887/88	34	„
1858/59	—	„	1873/74	—	„	1888/89	—	„
1859/60	—	„	1874/75	20	„	1889/90	—	„
1860/61	34	„	1875/76	13	„	1890/91	28	„
1861/62	25	„	1876/77	—	„	1891/92	—	„
1862/63	—	„	1877/78	—	„			

Nach dieser Tabelle ist der Kieler Hafen von 1848 bis 1892 in 25 Wintern vollständig offen geblieben und nur 19 mal während einer Dauer von 11 bis 71 Tagen durch Eis geschlossen gewesen. Der Durchschnitt der Schließung durch Eis in den 17 einzelnen Jahren ergiebt pro Schließungswinter nur 34 Tage, während aller übrigen Winter blieb der

Hafen offen. Dies ergiebt im Durchschnitt aller **44** vorstehend bezeichneten Winter nur **14½** Tag für eine Wintersaison.

Was die Vereisung des Kanals selbst anbetrifft, so wird dieselbe ganz naturgemäß erst dann eintreten können, wenn durch harten Frost die östlich und nördlich gelegenen Ostseehäfen längst geschlossen sind, eine Schiffahrt von und nach dort also nicht mehr stattfindet und wenn schließlich auch der Kieler Hafen geschlossen ist. Die Wahrscheinlichkeit der Vereisung des Nord-Ostsee-Kanals wird auch noch weiter reduziert durch die Thatsache, daß im Kanal permanent eine leichte, besonders zu bestimmten Zeiten der Tide zweimal täglich eintretende Strömung nach Westen aufrecht erhalten wird. (Vergl. Seite 90 dieses Werkes.) Darnach findet täglich ein Ausfluß von je **4** Millionen Kubikmeter in zwei Tageszeiten nach der Elbe statt, im ganzen also 8 Millionen Kubikmeter täglich. Der permanente Zufluß von Süßwasser durch den oberen Lauf der Eider, welcher am südlichen Ende des Flemhuder-Sees mit 7 Meter Gefälle in diesen letzteren und dadurch mittelbar in den Kanal eintritt, wird ebenfalls der Vereisung entgegenarbeiten. Da die Kanalfahrt selbst, die durchweg entweder durch mit eigener Kraft fahrende Dampfer oder mit den die Segelschiffe in Schleppzügen fahrenden Schleppdampfschiffen stattfindet, die etwa sich bildende Eisdecke permanent durchbricht, so wird sowohl im Kanal, als auch auf dem Kieler Hafen, der mit Rücksicht auf die Kriegsmarine möglichst lange ev. durch Eisbrecher offen zu halten ist, der Vereisung mit Erfolg entgegengearbeitet. Im Allgemeinen kann die Thatsache festgehalten werden, daß in solchen Fällen, in welchen der Nord-Ostsee-Kanal infolge Eisblockierung unpassierbar ist, auch die überwiegend meisten Häfen der Ostsee ihre Schiffahrt des Eises wegen, und zwar zum größten Teil schon vorher, haben einstellen müssen.

Ein weiteres Bedenken gegen die Frequenz des Nord-Ostsee-Kanals war, daß während der Sommermonate, also zu der für die Schiffahrt günstigen Jahreszeit, die Schiffe ihren Weg, weil Gefahr für die Fahrt in geringerem Maße vorhanden sei, trotz des Kanals nicht durch diesen, sondern auch fernerhin um Skagen nehmen würden. Jedoch auch dieses Bedenken ist hinfällig, denn die Fahrt im Kattegat, im Sund und im Belt ist selbst im Sommer ungleich unsicherer, als wie diejenige auf dem Kieler Hafen und selbst wie diejenige an der Elbmündung. Die verhältnismäßig ruhigsten Monate für Sund und Kattegat sind der Monat August und September. Diese Zeit aber ist gerade diejenige, welche für die Getreidefrachten am wichtigsten ist, und da für diese wegen der Konjunkturen kurze Lieferfrist verlangt wird, so wird diese Forderung die Schiffer sowie die Befrachter veranlassen, selbst zu dieser verhältnismäßig besten Jahreszeit den kürzeren Weg durch den Kanal zu wählen.

Die Annahme, daß die Höhe des Tarifs, welcher für die Fahrt durch den Kanal festgesetzt werden wird, von der Benutzung des Kanals abhalten werde, kann nicht als zutreffend angesehen werden, denn der Tarif, welcher für die Dauer Geltung haben soll, nachdem er für das erste Jahr nach

Eröffnung des Kanals vom Kaiser in Übereinstimmung mit dem Bundesrat festgesetzt worden ist, wird für die fernere Zeit nach Beratung mit den kaufmännischen und Schiffahrtskreisen festgesetzt werden. Bekanntlich ist in der Regierungsvorlage ein Tarifsatz von 75 Pf. für die Registertonne, der für nicht beladene, resp. in Ballast fahrende Schiffe nach unten abgestuft werden kann, in Aussicht genommen. Ueber die Höhe dieser Abgabe gewinnt man ein Urteil, wenn man erwägt, daß in einer im Jahre 1865 vom Kieler Komitee für den Kanal herausgegebenen Denkschrift, (gezeichnet von Professor Karsten, Bürgermeister Thomsen, Bankier Ahlmann, Bauunternehmer Bichel, Fabrikant Howaldt, Chausseedirektor Jessen, Kaufmann Claußen, Ingenieur Speck und Senator Volkmar), die Abgabe für die Reg.-Tonne auf 1 Mark (10 Silbergroschen) veranschlagt und als wirtschaftlich nicht zu hoch gegriffen angesehen worden war. Man kann daher wohl nicht annehmen, daß die vom Reich noch niedriger veranschlagte Kanalabgabe ein Grund sein wird, die Schiffahrt von der Benutzung des Nord-Ostsee-Kanals abzuhalten.

Die Verschiebung der Nord-Ostsee-Schiffahrt.

Die Abkürzung der Fahrt zwischen Nord- und Ostsee durch den Nord-Ostsee Kanal bringt es naturgemäß zu Wege, daß die Schiffahrt zwischen den Meeren in mehr oder minder großem Maße eine Verschiebung erleidet. Diese Verschiebung hängt naturgemäß davon ab, von welchen Häfen aus sich die Schiffahrt bewegt. Den größten Vorteil von der Wegeabkürzung haben, wie schon früher nachgewiesen, die südlich gelegenen Häfen der Nord- und Ostsee, da die Fahrt zwischen diesen durch den Umweg um die jütische Halbinsel am meisten verlängert ist. Über die voraussichtliche Verschiebung der Schiffahrt in diesem Sinne gab die auf S. 19 dieses Werkes enthaltene Kartenskizze einen mehr oder weniger schematischen Überblick. Es kommt aber nicht darauf an, wenn man die wirtschaftliche Bedeutung des Kanals ermessen will, welche Schiffahrtslinien sich in Zukunft durch den Kanal bewegen werden, sondern zur richtigen Würdigung der Verschiebung ist es wünschenswert, zu erfahren, welches Quantum von Schiffs- oder Güterbewegung sich auf diesen einzelnen Linien bewegt und wie also das Verhältnis desjenigen Quantums, welches wegen der Wegeabkürzung den Kanal wählen wird, zu demjenigen Quantum, welches wegen nicht genügender Wegeabkürzung in Zukunft doch noch um Skagen fahren wird, sich gestaltet. Es liegen in dieser Hinsicht offizielle Zählungen und namentlich Angaben über einen längeren Zeitraum leider nicht vor, jedoch bietet sich ein Anhalt zur Beurteilung dieses Verhältnisses in der Schrift: „Kiel und der Nord-Ostsee-Kanal von August Sartori, Geh. Kamm.-R. 1891", in welcher eine Zusammenstellung derjenigen regelmäßigen Dampferfahrten zwischen Nord- und Ostsee nach Schiffszahl, Anzahl der monatlichen Expeditionen und Tonnengehalt angegeben ist, welche thatsächlich im Sommer des Jahres 1890 stattgefunden haben. Die regelmäßigen Dampferexpeditionen während eines Monats können natürlich nicht verallgemeinert, namentlich nicht ohne weiteres verzwölffacht werden, um das Jahresquantum festzustellen; aber sie bieten entschieden die Möglichkeit, sich ein der Wirklichkeit sehr nahe kommendes Bild von jenem Verhältnis zu machen, welches in Bezug auf den Tonnengehalt des Schiffsverkehrs auf den verschiedenen Routen zwischen beiden Meeren obwaltet. Aus einer dem vorgenannten Buch angehängten Tabelle geht hervor, daß im genannten Monat Oktober 1890 in regelmäßigen Dampferfahrten zwischen Nord- und Ostsee sich im Ganzen 305 400 Registertons bewegt haben, von welcher Zahl 257 800 Reg.-T. mit Rücksicht auf die vom Nord-Ostsee-Kanal gebotene erhebliche Zeitabkürzung vermutlich den Kanal zur Fahrt zwischen Ost- und Nordsee wählen würden. Inwieweit die einzelnen Häfen der Nord- und Ostsee, zwischen denen eine regelmäßige Dampfschiffahrt in jener Zeit stattfand, an dem Registertonnenverkehr betheiligt waren, ergiebt folgender Tabellenauszug. Es verkehrten

zwischen	Hamburg und	12	Ostseehäfen	monatlich	41,600	Reg. Tonnen,
"	Bremen	4	"	"	5,300	"
"	Leer	2	"	"	900	"
"	Amsterdam	8	"	"	14,000	"
"	Rotterdam	3	"	"	6,100	"
"	Belgien	10	"	"	23,500	"
"	Engl. Kanal und weiter, ev. überseeisch	8	"	"	70,400	"
"	London	9	"	"	31,500	"
"	Grimsby, Hull	12	"	"	64,500	"
Südl. Nordsee mit		68	Ostseehäfen	monatlich	257,800	Reg. Tonnen.

An diesem Verkehr waren 110 Dampfer mit zusammen 286 Reisen in einer Richtung beteiligt, und zwar von denjenigen Häfen aus, deren Fahrten mit der Ostsee zwischen 180,8 (Hull, Grimsby) und 424,8 Seemeilen (Hamburg) Wegeabkürzung durch Benutzung des Nord-Ostsee-Kanals gewinnen.

Die folgende Zusammenstellung umfaßt die nördlich von Hull gelegenen Nordsee-Häfen. Es verkehrten

zwischen	Newcastle und	8	Ostseehäfen	monatlich	15,800	Reg. Tonnen,
"	Ostschottland "	8	"	"	29,300	"
"	Westschottland "	1	"	"	2,500	"
Nördl. Nordsee mit		17	"	"	47,600	Reg. Tonnen

Die Summe der Registertonnen, welche auf jenen Schiffahrtslinien bewegt wurde, die in Zukunft durch den Nord-Ostsee-Kanal eine Veränderung nicht erfahren würden, ist also ganz außerordentlich gering gegenüber der auf den „kanalpflichtigen“ Linien sich bewegenden Tonnenzahl.

Es sei zu besserer Verdeutlichung in dieser Hinsicht auf die dem vorliegenden Werke angehängte zweite Kartenbeilage verwiesen. Auf dieser ist in einer besonderen, vom Verfasser auf Grund des Tonnengehalts und der Schiffahrtsverschiebung entworfenen graphischen Zeichnung der regelmäßigen, monatlichen Dampfschiffahrt zwischen Nord- und Ostsee das Quantum der Tonnenbewegung zwischen den einzelnen Nord- und Ostseehäfen durch entsprechend breite Verkehrsbänder mit beigeschriebener Tonnenzahl dargestellt. Als durch den NordOstsee-Kanal gehend ist nur jenes Quantum angenommen worden, welches von und nach Häfen verkehrt, die südlich von Hull, mit Hull beginnend, an der englischen, französischen, belgischen, niederländischen und deutschen Nordseeküste liegen, sowie derjenige Schiffsverkehr, der durch den englischen Kanal nach west- und südeuropäischen, sowie nach überseeischen Häfen geht. Es sei dazu noch bemerkt, daß bei jedem einzelnen Hafen der Nordsee, sowie beim überseeischen Verkehr durch eine Zahl genau die Anzahl der Seemeilen angegeben worden ist, um welche sich die Fahrt zwischen Nord- und Ostsee durch den Nord-Ostsee-Kanal gegenüber der Fahrt um Skagen verkürzt. Als auf den Kanal entfallend ist nur derjenige Verkehr angenommen, der eine Abkürzung von 424,8 Seemeilen (Hamburg) bis 180,8 Seemeilen (Hull) erfährt. Die Fahrten von Newcastle und nördlich, welche eine Abkürzung von nur 106,8 Seemeilen (Newcastle) und weniger durch den Kanal erfahren würden, sind nicht als durch den Kanal gehend angenommen, sondern in der Zeichnung schwarz, als bleibende Fahrten um Skagen dargestellt. Wie die Zeichenerklärung unten rechts in dem Bilde ergiebt, ist die nach Eröffnung des Nord-Ostsee-Kanals stattfindende Fahrt, möge sie nun neu sein infolge Verlegung der Schiffahrtslinie durch den Kanal, oder auf den alten Wegen bestehen bleiben, durch schwarze Zeichnung dargestellt, während die von jenem Zeitpunkte ab auf den alten Routen fortfallende Fahrt durch punktirte Zeichnung in den alten Fahrtrichtungen markiert ist. Da nun auch die Breite der bandförmigen Streifen, welche die Verkehrswege der Schiffahrt markieren, genau in einem der Größe des Tonnenverkehrs entsprechenden Verhältnis zu einander steht, so bietet die Zeichnung ein mit einem Schlage übersichtliches Bild der Schiffahrtsrichtungen und ihrer Bedeutung nach Tonnengehalt zwischen beiden Meeren.

Das Resultat, welches sich aus dieser Darstellung ergiebt, zeigt, daß rund $^5/_6$ der bestehenden regelmäßigen Dampferfahrten zwischen Nord- und Ostsee pro Sommermonat 1890 durch den Nord-Ostsee-Kanal, $^1/_6$ um Skagen gehen würden.

Legt man diese Thatsache als Maßstab zur ungefähren Beurteilung der zukünftigen Kanalfrequenz an, so gelangt man an der Hand desjenigen Verkehrs, der sich in Wirklichkeit bisher zwischen Nord- und Ostsee durch den Sund, den Belt und den Eiderkanal entwickelte, zu einer ganz erheblich bedeutenderen voraussichtlichen Kanalfrequenz, als wie sie s. Zt. in der Regierungsvorlage für den Bau des Nord-Ostsee-Kanals berechnet worden ist. Es sei in dieser Hinsicht auf die nachstehenden Zahlenangaben verwiesen, welche den verdienstvollen Dahlström'schen Arbeiten über die Herstellung einer leistungsfähigen Kanalverbindung zwischen Nord- und Ostsee und deren Ertragsfähigkeit entnommen sind.

Der Verkehr zwischen Ost- und Nordsee, einschließlich der weiter herkommenden Schiffe, umfaßte im Durchschnitt von 1871 bis zum Jahre 1880

durch den Sund	. . . . .	35 246 Schiffe,
durch die Belte	. . . . .	4 000 „
durch den Kanal	. . . . .	2 258 „
zusammen		41 504 Schiffe.

Der Sundverkehr ist hierbei in stetem Wachsen. Er betrug

1858	. . . .	24 541 Schiffe,
1889	. . . .	30 562 Schiffe.

Mithin hat sich die Schiffahrt in den 31 Jahren im Durchschnitt jährlich um 200 Schiffe gesteigert.

Einen Nachweis über die Zunahme des Schiffsverkehrs der **Sundpassage**, welche als die bei Weitem wesentlichste in der Nord-Ostseefahrt anzusehen ist, giebt die folgende Tabelle für die 32 Jahre von 1858 bis 1889:

Im Jahre	Schiffe.	Im Jahre	Schiffe.	Im Jahre	Schiffe.
1858	24,541	1869	32,984	1880	38,087
1859	25,543	1870	32,365	1881	32,394
1860	27,938	1871	35,496	1882	38,788
1861	28,065	1872	34,238	1883	36,958
1862	24,414	1873	35,443	1884	34,510
1863	27,564	1874	37,782	1885	31,156
1864	27,388	1875	31,183	1886	31,200
1865	31,552	1876	33,038	1887	33,107
1866	29,886	1877	36,580	1888	33,946
1867	26,455	1878	36,670	1889	30,562
1868	27,821	1879	33,944		

Soweit über den Raumgehalt dieses Schiffsverkehrs durch den Sund Zuverlässiges zu ermitteln war, ist es in der nachstehenden Tabelle mitgeteilt.

Jahr.	Segler		Dampfer		Totalverkehr	
	Schiffe.	Register-Tonnen.	Schiffe.	Register-Tonnen.	Schiffe.	Register-Tonnen.
1875	24,183	—	7,000	—	31,183	ca. 9,400,000
1876	25,950	—	7,088	—	33,038	ca. 8,500,000
1877	27,790	6,185,730	8,790	4,097,403	36,580	10,283,133
1878	27,500	6,384,290	9,170	4,268,490	36,670	10,653,780
1879	24,176	5,795,499	9,768	5,762,159	33,944	11,557,658
1880	28,211	6,730,883	9,876	5,987,493	38,087	12,718,376
1881	22,772	5,451,466	9,622	5,774,096	32,394	11,225,562
1882	26,392	6,475,660	12,396	7,401,186	38,788	13,876,846
1883	22,998	5,624,356	13,960	8,349,767	36,958	13,974,123
1884	20,328	—	14,182	—	34,510	—
1885	17,356	—	13,800	—	31,156	—
1886	17,750	—	13,450	—	31,200	—
1887	18,303	5,548,548	14,804	10,586,215	33,107	16,184,763
1888	16,811	5,091,525	17,135	12,310,011	33,946	17,401,536
1889	14,114	4,226,778	16,448	11,795,291	30,562	16,022,069

Was den gesamten Tonnengehalt der Schiffe anbetrifft, so ist derselbe (über die Jahre 1875 und 1876 liegen Nachweise des Tonnengehalts nicht vor, ebenso nicht über die Jahre 1884, 1885, 1886) vom Jahre 1877 von 10283133 bis zum Jahre 1889 auf 16022096 gestiegen. Über die Bewegung des Schiffsverkehrs durch den Sund, sowohl was die Schiffszahl und den Tonnengehalt der Segler und Dampfer betrifft, wie auch in Bezug auf den gesamten Verkehr geben die auf der zweiten Kartenbeilage dieses Werkes enthaltenen graphischen Darstellungen ein viel augenfälligeres Bild, als wie es in den Zahlen einer Tabelle gegeben werden kann. Es geht aus diesen Darstellungen in besonders prägnanter Weise hervor, daß der Verkehr zwischen Nord- und Ostsee in einer ganz bedeutend aufsteigenden Entwickelung sich befindet, daß er jenes Verkehrsquantum schon weit überschritten hat, welches bei Berechnung der mutmaßlichen Kanalfrequenz seitens der Regierungsvorlage grundleglich gemacht war, daß daher auch die mutmaßliche Frequenz des Kanals schon im ersten Jahre der Eröffnung (1895/96) wesentlich höher sich gestalten wird, und somit die Voraussetzung einer Verzinsung des Anlagekapitals selbst dann erfüllt werden wird, wenn der Tarif niedriger festgesetzt wird, als s. Zt. veranschlagt wurde.

Die vorstehenden Tabellen weisen, wie schon oben gesagt, eine bedeutende Zunahme der Schiffszahlen des Sundverkehrs nach, jedoch zeigen diese Zahlen bei allerdings stetig steigender Tendenz doch erhebliche Schwankungen im Einzelnen. Mit 24500 Schiffen im Jahre 1858 beginnend, wurde als höchste Zahl die von 38788 Schiffen im Jahre 1882 erreicht, dazwischen liegen jedoch im Jahre 1862 nur 24414 Schiffe, im Jahre 1867 26455, und erst vom Jahre 1869 an bleibt die Zahl von 30000 stetig überschritten, um allerdings im Jahre 1889 wieder auf 30562 herabzusinken. Man sieht nun an der Eigentümlichkeit der Bewegung der Schiffszahlen, daß hier sehr ungleichartige Elemente zusammengefaßt sind, bei denen verschiedenartige Lebensbedingungen wirken; und in der That sind die Einflüsse, denen die Segelschiffahrt und die Dampfschiffahrt unterliegen, von durchaus verschiedener Art. Die Segelschiffahrt zeigt, wie aus der zweiten Tabelle hervorgeht, einen beständigen Rückgang in der Schiffszahl vom Jahre 1875 bis zum Jahre 1889. Im Sundverkehr ging die Zahl der Segelschiffe von 24183 Schiffen auf 14114 zurück, also rund um $^2/_5$, dabei zeigt auch der Tonnengehalt der Segler eine stetige, nur kleinen Schwankungen unterworfene Abnahme. Im Jahre 1877 betrug derselbe 6185730 und sank bis zum Jahre 1889 auf 4226778; auch dieser Rückgang des Tonnengehalts zeigt nahezu dasselbe Verhältniß wie der Rückgang der Schiffszahl.

Ein ganz anderes Bild bietet die Bewegung in der Dampfschiffahrt. Von 7000 im Jahre 1875 steigt der Sundverkehr auf 16448 im Jahre 1889, hat sich also um fast 130% gehoben. Ebenso ist der Tonnengehalt der Dampfer in stetiger Weise im Steigen begriffen, und zwar in noch stärkerem Maße, als wie die Zunahme der Zahl der Dampfer. Von 4097403 Rg.-T. im Jahre 1877 stieg der Raumgehalt der Dampfer bis zum Jahre 1889 auf 11 795 291, derselbe hat sich also in demselben Zeitraum nahezu verdreifacht.

Es wird in diesen Zahlen zum Ausdruck gebracht,

1. daß die Segelschiffahrt in stetigem Rückgang nach Zahl und Raumgehalt ist,
2. daß die Dampfschiffahrt in stetiger Zunahme nach Zahl und Raumgehalt ist,
3. daß die Zunahme der Dampfschiffahrt an Raumgehalt noch erheblich stärker ist als an Zahl, d. h. also, daß die Größe der Schiffe im beständigen Wachsen ist.

Aus diesen Thatsachen ist ersichtlich, daß bei den verbesserten Verkehrsmitteln unserer Zeit den gesteigerten Anforderungen an die Leistungsfähigkeit aller Verkehrseinrichtungen im Seehandel ganz erheblich erweiterte Bahnen gesteckt sind. Denn die großen Schiffe bedingen und ermöglichen es, am überseeischen Verkehr, am Welthandel, teilzunehmen, weil sie allein in genügender Weise den Transport sowohl in Bezug auf Billigkeit als auch auf Schnelligkeit zu vermitteln vermögen, um im Wettbewerb zu bestehen. Dieses Anwachsen der Dampfschiffahrt im Sundverkehr nach Zahl sowohl wie nach Größe der Schiffe deutet darauf hin, daß der Ostseeverkehr seinen Wirkungskreis bereits erheblich über die westlichen Grenzen des englischen Kanals hinaus ausgedehnt hat und am überseeischen Verkehr im bemerkenswerten Grade teilnimmt. Ein Blick auf das diesem Werke angehängte zweite Kartenblatt zeigt auch beispielsweise, daß von dem auf diesem Blatte graphisch dargestellten Nord-Ostseeverkehr pro Sommer 1890 diejenige Tonnenmenge, welche durch den englischen Kanal geht, einen ziemlich erheblichen Anteil an dem gesamten Verkehr jenes Sommers ausmacht; es entfallen, wie die Zeichnung darstellt, nicht weniger als 70 400 R.-T. auf die Fahrt durch den englischen Kanal, ein Betrag, der beinahe $^1/_4$ der gesamten Nord-Ostsee-Fahrt ausmacht.

Was nun schließlich noch den Gesamtverkehr durch den Sund anbetrifft, wie er in den letzten beiden Rubriken der zweiten Tabelle (S. 113) wiedergegeben ist, so hat sich die Schiffszahl nahezu konstant gehalten. Im Jahre 1875 betrug sie 31 183, im Jahre 1889 30 562. Die höchsten Zahlen in der Zwischenzeit waren 1880 mit 38 087 und 1882 mit 38 788. Diese hohen Zahlen sind einem vorübergehenden Aufschwung in den Jahren 1880 und 1882, an dem auch die Segler in bemerkenswerter Weise Teil gehabt, zuzuschreiben, sie bilden aber in der Gesamtreihe eine Ausnahme.

Der Verkehr durch die Belte wäre, da eine bis auf die neueste Zeit reichende Statistik hierüber nicht existiert, nur schätzungsweise in Rechnung zu stellen, und daher sei auf denselben hier nicht näher eingegangen. Der Verkehr durch den Eiderkanal kann, wie die nachstehenden Zahlenangaben erkennen lassen, als im Beharrungszustand befindlich angesehen werden. Für die Beurteilung der Schiffahrtsbewegung zwischen Nord- und Ostsee fällt er seiner Geringfügigkeit wegen kaum irgendwie ins Gewicht, denn unter seiner Zahl von 4000 Schiffen befinden sich doch kaum 1500 in wirklich durchgehender Fahrt, alle übrigen entfallen auf den internen Kanalverkehr, und es handelt sich bei allen den Eiderkanal befahrenden Schiffen um Fahrzeuge sehr kleiner Art.

Verkehr durch den Eiderkanal.

Jahr	Schiffe	Davon Dampfer	Jahr	Schiffe	Davon Dampfer
1858	3200	—	1871	4744	—
1859	3517	—	1872	5222	136
1860	3600	—	1873	4556	177
1861	3626	—	1874	4500	142
1862	3762	—	1875	4487	100
1863	4293	—	1876	4398	148
1864	2949	—	1877	4489	97
1865	4131	—	1878	4038	99
1866	4204	—	1879	4163	88
1867	4336	—	1880	4706	143
1868	4808	—	1881	3999	96
1869	4754	—	1882	4204	176
1870	3583	—	1883	4510	200

Daß eine Fortentwickelung des Verkehrs durch den Eiderkanal nicht stattfinden kann, liegt angesichts der für die heutige Seeschiffahrt durchaus unzulänglichen Beschaffenheit dieser nur dem kleinsten Schiffsverkehr zugänglichen Wasserstraße auf der Hand. Der außerordentlich große Fortschritt, den in dieser Hinsicht der neue Nord-Ostseekanal darstellt, geht durch einen schematischen Vergleich des alten Eiderkanals mit demselben, wie er in der betreffenden Zeichnung auf dem zweiten, diesem Werke angehängten Kartenblatt oben links gegeben wird, hervor.

Stellt man nämlich den gemeinsamen Mündungspunkt beider Kanäle bei Holtenau am Kieler Hafen, wie es die vorgenannte Zeichnung thut, untereinander, so ergeben sich sowohl in Hinsicht der Wegelänge, die auf jedem der Kanäle zurückzulegen ist, wie in Betreff der Vorteile des Nord-Ostseekanals gegenüber den Treppenabstufungen der sechs Schleusenhaltungen des Eiderkanals, als auch in Bezug auf den Kanalquerschnitt, also die Benutzung durch die eigentliche Seeschiffahrt, eine solche Menge von bedeutenden Vorzügen zu Gunsten des Nord-Ostseekanals, daß seine hohe wirtschaftliche Bedeutung dadurch in leicht faßlicher Weise veranschaulicht wird. Gegenüber einer Wegelänge der Fahrt durch den Eiderkanal und die Untereider nach Tönning von 172,7 km hat der Nord-Ostseekanal nur 98,65 km aufzuweisen. Als reiner Durchstich im Meeresniveau geführt, also ohne Schleusen auf der Strecke, läßt er den mit 6 Schleusen und den entsprechenden verschiedenen Niveauhaltungen des Wasserspiegels belasteten Eiderkanal in Bezug auf Leistungsfähigkeit weit hinter sich zurück.

Der Nord-Ostseekanal wird, vermöge seiner weit über das Bedürfnis der Handelsschiffahrt hinausgehenden Schiffahrtseinrichtungen, selbst einer in starkem Maße zunehmenden Steigerung der Schiffsfrequenz auf alle absehbare Zeit hinaus vollauf zu genügen vermögen.

Ueber den Anteil, welcher von der Nord-Ostsee-Schiffahrt dereinst auf den Kanal entfallen wird, lassen sich selbstverständlich zahlenmäßig zuverlässige Angaben und Berechnungen vorher nicht aufstellen. Bei Begründung des Gesetzentwurfs über den Bau des Nord-Ostsee-Kanals ging man davon aus, daß der Sund in den Jahren 1877 bis 1881 durchschnittlich jährlich von 35 000 Schiffen passiert worden, von denen auf jenen Verkehr zwischen beiden Meeren, der vermöge der wesentlichen, durch den Nord-Ostsee-Kanal zu erreichenden Wegeabkürzung sich in Zukunft voraussichtlich dieses Kanals bedienen wird, rund 24 000 Schiffe mit 8 300 000 Registertonnen entfielen. Von diesem, theoretisch dem Nord-Ostsee-Kanal gleichsam pflichtigen Verkehr nahm die Regierungsvorlage jedoch nur 18 000 Schiffe mit rund 5 500 000 Reg.-Tonnen als zu erwartenden Kanalverkehr an.

Diese Annahme mußte schon damals als durchaus niedrig bemessen angesehen werden. Sie bleibt aber in ganz erheblichem Maße hinter der Wirklichkeit zurück, wenn man die enorme Steigerung in Betracht zieht, welche der Sundverkehr thatsächlich inzwischen erfahren hat. Von 11 225 562 Reg.-Tonnen im Jahre 1881 ist derselbe auf 16 022 069 im Jahre 1889 gestiegen, hat also eine Zunahme von über ein Drittel erfahren. Man kann denselben Maßstab der Zunahme auch an den dem Kanal zufallenden Anteil dieses Verkehrs legen, denn gerade jene Schiffahrt, bei der es vor allen Dingen auf Schnelligkeit der Beförderung der Waren ankommt, die Dampfschiffahrt, hat jene Zunahme des Sundverkehrs allein bewirkt. Im Verhältnis zu diesem Verkehrsquantum, wo gerechnet sind

Sundverkehr*)	Kanalpflichtig	Kanalverkehr
11 287 702	8 300 000	5 500 000**)

würden sich also schon jetzt, nach dem im Jahre 1889 erreichten Verkehr durch den Sund, für die drei vorstehend bezeichneten Relationen folgende Zahlen ergeben:

Sundverkehr 1889	Davon kanalpflichtig	Vermuthlicher Kanalverkehr
16 519 456***)	11 550 000	**7 685 000**

Bei einer recht niedrigen Veranschlagung des auf den Kanalverkehr entfallenden Anteils angesichts der enorm gestiegenen Höhe des Sundverkehrs kommt man also zu einem zu erwartenden Verkehr durch den Nord-Ostsee-Kanal auf Grund der Sundverkehrszahlen von 1889 von 7 685 000 R.-T. Vergleicht man diesen Kanalanteil mit jener Verhältniszahl, die sich nach dem auf S. 111 enthaltenen Tabellen-Auszuge über das Verhältnis des — theoretisch — kanalpflichtigen Verkehrs zum gesamten Nord-Ostsee-Verkehr mit rund $^5/_6$ des letzteren ergiebt, so erweist sich auch von diesem Standpunkte aus der hier dem Kanal zugesprochene Verkehr von nur

*) Im Durchschnitt der Jahre 1877 bis 1881. **) Nach der Regierungsvorlage von 1886. ***) Im Durchschnitt der Jahre 1887 bis 1889.

7 685 000 R.-T (statt 5/6 von 16 519 456 = rund 13 750 000) als ganz außerordentlich niedrig.

Der Kanalverkehr fällt zwar unmittelbar für die Verzinsung des für den Kanalbau aufgewendeten Kapitals ins Gewicht, über welche bereits früher (S. 24) das Nähere gesagt worden ist. Indirekt aber drückt sich in ihm ein bedeutender volkswirtschaftlicher Nutzen aus; denn durch die Kanalfahrt wird allen Ostseehäfen die Teilnahme am Welthandel erschlossen bezw. wesentlich erleichtert; die Möglichkeit, ihre überseeischen Beziehungen zu pflegen und zu erweitern, den Import von im eigenen Hafen bezw. im Inlande zu verarbeitenden Rohstoffen zu fördern, wird ihnen dadurch erst gegeben, und andererseits wird ihnen steigende Erleichterung für ihre Ausfuhrbeziehungen geboten. Es muß als sehr wesentlich in Betracht gezogen werden, daß der Gewinn an Wegelänge und Zeit, mit dem sich eine entsprechende Ermäßigung fast aller Transportkosten verbindet, unter den heutigen Verkehrsverhältnissen so sehr ins Gewicht fällt, daß er in vielen Fällen über die Konkurrenzfähigkeit gewisser Hafenplätze entscheidet.

Im Einzelnen dies hier näher darzulegen, würde zu weit führen. Daß aber die Verhältnisse in der That sich in dieser Richtung entwickeln, das zeigt das Verhalten Kopenhagens. Dort fürchtet man, und mit Recht, eine wesentliche Einbuße an eigenem Schiffahrts- und Handelsverkehr, weil für fast die gesamte Nordostseefahrt die Nötigung fortfällt, den Sund und also Kopenhagen zu passieren, aus welcher Thatsache dieser Handelsplatz so vielfältigen Nutzen in seiner Eigenschaft als Umschlagsplatz und Knotenpunkt an einer bedeutenden Seeschiffahrtsstraße zu ziehen vermochte. Die Ostseeplätze können sich nun auf wesentlich direkterem Wege und ohne eines fremden Zwischenhafens in dem bisherigen Maße bedürftig zu sein, und unmittelbarer am früher übersundischen, jetzt überseeischen Verkehr beteiligen, und sich dem Großhandel in Ein- und Ausfuhr direkter zuwenden als bisher. Diese Veränderung der Situation wird durch das äußerst energisch geförderte Bestreben, mit dem sich Kopenhagen durch Schaffung eines bedeutenden Freihafens die alte Position als Vermittelungsplatz zu sichern sucht, deutlich gekennzeichnet. Wie bedeutend die Anstrengungen sind, die Kopenhagen angesichts des drohenden wirtschaftlichen Verlustes macht, geht aus folgenden kurzen Angaben über die Kopenhagener Freihafenanlagen hervor.

Der projektierte Freihafen wird im Nordosten der Citadelle der Stadt Kopenhagen durch Vorschiebung eines breiten, geräumige Quai-Anlagen tragenden Dammes in die See hinein gebildet, welcher zwischen sich und dem Ufer des festen Landes geräumige Hafenbassins einschließt. Das gänzlich neu angelegte Hafenterrain, dessen Bau mit allen Kräften betrieben wird, so daß seine Fertigstellung noch vor derjenigen des Nord-Ostsee-Kanals zu erwarten ist, ist als Freihafen angelegt und mit der entsprechenden Zollgrenze gegen das übrige städtische Terrain umgeben. Zahlreiche Quaispeicher mit vielfach sich verzweigenden, direkten Anschluß an das Staatsbahnnetz bietenden Geleiseanlagen bedecken die Uferflächen.

Die Gesamtkosten für diese Bauten beziffern sich auf rund 20 Millionen Mark, es werden damit sehr bedeutende Quailängen, zu denen eine große Anzahl von Lagerschuppen treten, und die sämtlich mit ausreichender Geleiseanlage zum direkten Umschlag der Waren von Schiff zu Bahn und umgekehrt versehen werden, hergestellt. Die Gewährung der Freihafenstellung sichert dem Kopenhagener Handel alle jene Facilitäten in der Behandlung der Waren, ohne die ein Großhandel im kaufmännischen Sinne in der That nicht bestehen kann.

Die deutschen Ostseehäfen haben ihr Augenmerk vornehmlich auf die Gewährung von Freibezirken, in denen die Behandlung bezw. Abfertigung der Waren ohne zollamtliche Kontrole stattfinden kann, gerichtet, und es scheint Aussicht vorhanden, daß dies Bestreben Erfolg haben wird. Durch einen erleichterten Warenbezug, wie ihn die erweiterte Verkehrsmöglichkeit durch den Nord-Ostsee-Kanal bietet, werden die deutschen Ostseestädte in die Lage versetzt, den industriellen Betrieb, welcher auf billigen und direkten Warenbezug angewiesen ist, mehr zu pflegen als bisher, und dadurch ihrem Handel nicht nur vermittelst des Imports von Rohprodukten, sondern auch vermöge des Exports von Halb- und Ganzfabrikaten einen lebhafteren Impuls zu geben. In dieser Hinsicht sind die Verhältnisse in Hamburg und Bremen, sowie in Stettin bemerkenswert, und namentlich verdient das Bestreben Kopenhagens nach Festhaltung der altgewohnten, bevorzugten Position durch Neuschaffung von Freihafenanlagen und Begründung industrieller Betriebe volle Beachtung.

Neben der im Sinne der Großschiffahrt sich vollziehenden Belebung des Nord-Ostsee-Verkehrs wird sich in verhältnismäßig starkem Maße durch die Eröffnung des Nord-Ostsee-Kanals ein Einfluß auf die deutsche Küstenschiffahrt bemerkbar machen, und dieser Einfluß wird seine Wirkungen bis weit in das Binnenland hinein erstrecken. Durch die Herstellung des Kanals werden gerade jene deutschen Küstengebiete, die vermöge des Umweges der Schiffahrt um die jütische Halbinsel zur See am weitesten von einander entfernt waren, sich gegenseitig sehr nahegerückt. Dies würde nun an sich wenig besagen, aber es tritt die Eigentümlichkeit der deutschen wirtschaftlichen Verhältnisse hinzu, daß die durch die jütische Halbinsel bisher voneinander getrennten Küstengebiete östlich und westlich derselben ihrerseits ein sehr verschiedenes Hinterland haben, welches sich in seiner produktiven Leistungsfähigkeit gegenseitig ergänzt. Der kornbautreibende Osten entbehrt der eigenen industriellen Produktion, welche im deutschen Westen bei weitem überwiegt, und das hauptsächlichste Naturprodukt des Westens, die Steinkohle, kann zur Zeit in den Hafenplätzen des Ostens keinen, die englische Konkurrenz zurückdrängenden Einfluß erlangen, weil es eine direkte Wasserfracht dorthin für sie noch nicht giebt, die Bahnfracht aber zu teuer ist.

In dieser Sachlage wird durch den Nord-Ostsee-Kanal und die neueren deutschen binnenländischen Kanalbauten eine bedeutende Änderung eintreten. Wie die auf der zweiten, diesem Werke angehängten Kartenbeilage oben rechts enthaltene Darstellung der **norddeutschen Wasserstraßen** zeigt, wird durch den Bau des **Dortmund-Ems-Kanals** namentlich dem Industrie- und Kohlenreviere des Westens der Zutritt zur Nordsee bei Emden erschlossen. Bisher bildete **Rotterdam**, vermöge der bei ihm ausmündenden Binnenwasserstraße des Rheins, den Ausfuhrhafen für die Produkte des deutschen Westens. Wie bedeutend diese letzteren ins Gewicht fallen, das geht aus der Thatsache hervor, daß eine selbständige **Rhein-Seeschiffahrt** mit einer in stetiger Vermehrung begriffenen eigenen Dampferflotte sich bereits auf Grund des Güterverkehrs rheinabwärts gebildet hat, welche die englischen und deutschen Nordseeküsten nicht nur anlaufen läßt, sondern ihren Verkehr bereits bis zu den Ostseehäfen (Stettin) ausdehnt, trotzdem die Fahrt dorthin zur Zeit noch in vielfacher Hinsicht schwierig ist. Der Dortmund-Ems-Kanal wird nun den Punkt, in welchem jene Produkte des Westens jetzt die See erreichen, von wo aus ihnen der Weg nach allen Küstengebieten offen steht, ganz erheblich näher nach Osten verlegen. Die Eröffnung des Nord-Ostsee-Kanals bietet ihnen sodann in erhöhtem Maße die Möglichkeit, in wirksamer Art mit dem fremden Import in den deutschen Ostseehäfen in Wettbewerb zu treten. Namentlich wird dies für die Produktion des Ruhrkohlengebietes von hohem Werte sein, da dasselbe dann, sei es auf dem Wege über den Rhein, sei es auf demjenigen durch den Dortmund-Ems-Kanal daran denken kann, seine prachtvolle Steinkohle, die in ihrer Güte der Cardiff-Kohle vollkommen ebenbürtig ist, und sowohl auf der Kaiserlichen Marine als auf den Handels-Dampfern der Nordsee leicht Verwendung finden würde, zur Geltung zu bringen.

Da dem Nord-Ostsee-Kanal die Fertigstellung des Dortmund-Ems-Kanals in kurzer Zeit zur Seite tritt, so muß der Verkehr zwischen Nord- und Ostsee hierdurch eine ganz wesentliche Steigerung erfahren. Denn dadurch, daß der deutschen Kohle ein reiches Absatzfeld in der Ostsee eröffnet wird, werden manche Schiffe, welche jetzt verhältnismäßig lange in den Elb- und Weser-Häfen auf eine Fracht nach der Ostsee warten, durch die kürzere Kanalfahrt veranlaßt werden, Kohlen zu billiger Rückfracht oder für eigene Rechnung zu laden und **dadurch den Kanal häufiger** frequentieren.

Wie die westlichen Landesteile, so haben auch die östlichen binnenländischen Gebiete an dem Nord-Ostsee-Kanal reges Interesse, da bedeutende Plätze des Binnenlandes, wie Berlin, Magdeburg, Breslau u. s. w. durch die via Stettin hergestellte Wasserverbindung mit der Ostseeschiffahrt in Berührung stehen, und jede Hebung des Handelsverkehrs der einzelnen Hafenplätze an der Ostsee dem betreffenden näheren oder entfernteren Hinterlande stets von Vorteil sein wird.

Eine wie große Rolle das Fluß- und Kanalsystem Norddeutschlands für den Seehandel spielt, kann als bekannt vorausgesetzt werden. Ist doch bei dem größten deutschen Seehandelsplatze, Hamburg, der vermittelst der Binnenwasserstraße der Elbe dort zum Umschlag kommende Warentransport genau gleich so groß, wie der gesamte außerordentlich bedeutende Warenverkehr, der von fernen Weltmeerküsten kommend daselbst durch die eigentliche überseeische Schiffahrt, den kaufmännischen Großhandel, vermittelt wird. Die westdeutschen Produktionsgebiete gewinnen, sobald das deutsche Wasserstraßennetz im Binnenlande ausgebaut ist, wie auch in unserer Karte skizziert worden, nach Eröffnung des Nord-Ostsee-Kanals vermöge der gerade den deutschen Küsten im stärksten Grade zufallenden erheblichen Wegeabkürzung der Fahrt zwischen beiden Meeren den bedeutendsten Vorsprung vor dem bisher an den deutschen Seeküsten vorherrschenden fremden Import.

Unmittelbare Verkehrsbeziehungen zwischen den beiden getrennten deutschen Küstengebieten konnten bisher nicht bestehen, denn gerade die geographisch einander am nächsten benachbarten Küstenteile waren bisher durch die Jütische Halbinsel am weitesten von einander getrennt. Die Wegeabkürzung zwischen ihnen durch den Nord-Ostsee-Kanal erreicht hier das höchste Maß, 428 Seemeilen, in welcher Zahl sich die bedeutsame Wandlung der gegenseitigen Verkehrsrelation ausspricht. Dieselbe kann daher nicht ohne merklichen Einfluß auf den beiderseitigen Verkehr bleiben, denn es wird immer eine gewisse Masse von Gütern geben, die vorteilhaft nur auf dem Wasserwege verschifft werden können, für welche also die Eisenbahnen nicht als Konkurrenz in Frage kommen. Man geht daher nicht fehl, wenn man eine starke Belebung der deutschen Küstenschiffahrt voraussieht. Ja für diese und die ihr nahe verwandte Hochseefischerei wird der Kanal eine ganz besondere Wichtigkeit haben. Daß zur Hebung der letzteren bezügliche Unternehmungen selbst in der Ostsee geplant werden, ist bekannt. Für diese wird die schnelle Erreichbarkeit der Fischergründe in der Nordsee gegenüber den englischen Fischerflotten von ganz wesentlichem Vorteil sein. Was aber die Küstenschiffahrt Deutschlands anbetrifft, so wird dieselbe selbst in nautischen Kreisen noch vielfach unterschätzt. Nach der Statistik des Deutschen Reichs bezifferte sich schon die Schiffsbewegung des Jahres 1879 in allen deutschen Häfen auf 103 277 Schiffe mit 14 751 861 Reg.-Tons, von welchen Summen auf den Verkehr der Häfen unter sich 55 788 Schiffe mit rund 2 400 000 Tons kamen, von denen 83% auf deutsche und 17% auf fremde Flaggen fielen. Seitdem ist dieser Verkehr bedeutend gestiegen.

Von den deutschen Ostseehäfen wird später die deutsche Nordseeküste, die zur Zeit am weitesten von ihnen entfernt ist, am leichtesten erreichbar sein, während an der Ostsee jetzt die englische Schiffahrt aus der Nordsee gegenüber der deutschen präponderiert; der Seeweg von der nördlichen englischen Küste nach der deutschen Ostseeküste ist nämlich zur Zeit erheblich kürzer, als der von den deutschen Nordseehäfen aus. Es haben z. B. jetzt die Schiffe, die an der Ems oder in den Weserhäfen nach der Ostsee abgeladen werden, fast 300 Seemeilen mehr zu machen, als die von nördlichen englischen Häfen nach der Ostsee fahrenden. Es ist also anzunehmen, daß mit gründlicher Änderung dieses Verhältnisses sich ein ganz neuer deutscher Nord-Ostsee-Verkehr entwickeln wird.

Daß man diese Wirkung des Kanals schon längere Zeit vor seiner Fertigstellung in den Handelskreisen ins Auge gefaßt und die entsprechenden praktischen Konsequenzen gezogen hat, wird durch die Thatsache der Ende 1889 in Hamburg erfolgten Gründung einer „Deutschen Küstendampfschiffahrts-Gesellschaft" bewiesen. Die Zwecke dieser Gesellschaft sind nach der amtlichen Eintragung ins Handelsregister folgende:

1. Vermittelung der Güter- und Personen-Verkehre zwischen den Häfen der deutschen Küsten und schiffbaren Flüsse, zunächst unter Berücksichtigung der Küstenstrecke von der Elbe bis zur Ems. 2. Nach Fertigstellung des Emskanals: Aufnahme des Verkehrs von und nach den Industrie- und Bergwerks-Bezirken in Westfalen und Rheinland. 3. Nach Fertigstellung des Nord-Ostsee-Kanals die Vermittelung der Verkehre von der Ems (holländische Grenze) bis zum Niemen (russische Grenze). 4. Bugsierdienst auf den Flüssen und Revieren, sowie Bergungsdienst. 5. Während der Wintermonate Betrieb von Dampfleichterei.

Die stetig zunehmende Errichtung neuer Dampfschiffslinien in Hamburg und Bremerhafen ließ es den Unternehmern dieser Gesellschaft wünschenswerth erscheinen, daß einerseits den noch in schlechter Verbindung mit den Abgangshäfen stehenden westdeutschen Industrie-Bezirken durch Begründung neuer Verkehrswege eine Möglichkeit geboten wird, ihre Erzeugnisse gleich anderen in dieser Beziehung bevorzugten Orten schnell und billig dem Weltmarkte zuzuführen, und daß andererseits unseren ersten Handelsplätzen neue Absatzgebiete eröffnet werden bezw. eine Erweiterung der schon vorhandenen angestrebt wird. Die aus dieser Erkenntnis zwischen den betheiligten Kreisen geführten Verhandlungen haben obigen Beschluß ergeben, eine Dampfschiffs-Verbindung zwischen den Häfen der Elbe, Weser und Ems anzustreben mittelst eigens für diese Verkehre neu zu erbauender Schiffe. Namentlich die Verbindung mit der nordwestdeutschen Provinz Ostfriesland war lange Zeit eine recht mangelhafte, und es konnte aus diesem Grunde kaum einem Zweifel unterliegen, daß eine regelmäßige Dampfschiffahrt ab Hamburg den schon vorhandenen Verkehr wesentlich heben und eine lebhaftere Auswechselung industrieller Erzeugnisse einerseits und bekannter Consum-Artikel andererseits bedingen würde. Weiter aber wünschte man eine Verbindung zu unterhalten zwischen den Nordseehäfen einerseits und den östlichen Ostseehäfen andererseits. Die hierzu verwendeten Schiffe sind besonders für Holzladung, als auf dieser Route am meisten vorkommend, eingerichtet. Es ist durch diese, voraussichtlich nicht vereinzelt bleibende Gesellschaft jedenfalls ein erster bedeutsamer Schritt zur Entwickelung der deutschen Küstenschiffahrt vermittelst des Nord-Ostsee-Kanals gethan.

Die Nähe einer Welthandelsstraße zur See giebt erfahrungsgemäß fortlaufend vielfältige Gelegenheit für die mittlere und kleine Schiffahrt, sich am Warenverkehr zu beteiligen; die Knotenpunkte an solchen Verkehrsstraßen, zahlreiche Hauptseehäfen, liefern hierfür den Beweis, sehr naheliegend ist in dieser Hinsicht das Beispiel Kopenhagens. Durch Verlegung der Schiffahrtspassage vom Sund nach dem Nord-Ostsee-Kanal wird nun gerade der deutschen Küstenschiffahrt mit einem Schlage die Gelegenheit geboten, in ähnlicher Weise als Zubringer und Verkehrsvermittler in engerem Kreise für die am Nord-Ostsee-Kanal liegenden Seehäfen, in der Ostsee also für Kiel, in der Nordsee resp. Elbe also für Cuxhaven bezw. Brunsbüttel, zu dienen, und dadurch einen lebhaften Aufschwung zu nehmen.

Diese Thatsache ist für unsere Kriegs- und Handelsmarine von nicht unerheblicher Bedeutung, denn speziell die kleine, vielfach ganz naturgemäß noch mit Segelschiffen betriebene Küstenschiffahrt ist am besten geeignet, den Nachwuchs für jenes seegewohnte Menschenmaterial heranzubilden, dessen die Bemannung unserer Schiffe so dringend bedarf.

Betreffs der noch auf Seite 106 erwähnten zahlreichen **Schiffsunfälle**, welche stets auf der Fahrt um Skagen und in den Meeresgebieten zwischen Nord- und Ostsee (Sund, Belte, Skagerrak, Kattegat), sowie in der westlichen Ost- und der östlichen Nordsee vorzukommen pflegen, sei auf die diesem Werke angehängte erste Kartenbeilage verwiesen. Dieselbe giebt eine bildliche Darstellung der Verunglückung von Seeschiffen in der Nord-Ostseefahrt in den Meeresteilen zwischen dem 7. und dem 14. Längengrade. Der die dänischen und schwedischen Meeresgebiete darstellende obere Teil der Karte ist nach der auf Grund amtlichen dänischen Materials verfaßten Wrackkarte von Hohlenberg*) für die 28 Jahre von 1858—85 in vergrößertem Maßstabe der Wracksignaturen zusammengestellt, der untere, die deutschen Meeresteile umfassende Teil der Zeichnung ist auf Grund der amtlichen Statistik des Deutschen Reichs, welche die Schiffsunfälle an den deutschen Küsten von 1873—1887 enthält**) und unter Ausscheidung der die Kollisionen enthaltenden Fälle, vom Verfasser entworfen. Der Art der Schiffsunfälle nach (Strandungen mit Totalverlust, sowie mit nachfolgendem Flottwerden des Schiffes) sind beide Teile der Karte gleichmäßig behandelt, nur ist zu beachten, daß der obere (dänische) Teil eine Periode von 28, der untere (deutsche) nur eine solche von 15 Jahren enthält. Die Schiffsunfälle der oberen Kartenhälfte umfassen also etwa den doppelten Zeitraum wie diejenigen der unteren Hälfte. Wegen der Bedeutung der Zeichen sei auf die der Karte eingedruckte Zeichenerklärung verwiesen. Bei den Zeichen ist ein Unterschied zwischen Seglern und Dampfern, sowie zwischen Totalverlusten und einfachen Strandungen mit nachträglichem Flottwerden gemacht. Von den Strandungen sind diejenigen, welche zu einem Totalverlust führten, soweit möglich, der Küstenlinie zunächstliegend eingezeichnet.

Nach Hohlenberg bzw. den amtlichen dänischen Angaben haben in den dänisch-schwedischen Gewässern von 1858—1885 im Ganzen 6316 Strandungen stattgefunden; dieselben verteilen sich auf die einzelnen Jahre dieses Zeitraumes wie folgt:

---

*) Strandings in the Danish Waters 1858—1885, compiled by J. S. Hohlenberg. Copenhagen, Jacob Lund, 1887.

**) Monatshefte zur Statistik des Deutschen Reichs, und zwar Dezemberheft von Band XXX, Oktoberheft von Band LIX und Oktoberheft vom Jahre 1888, Verlag von Puttkammer & Mühlbrecht, Berlin.

Jahr	Strandungen	Jahr	Strandungen	Jahr	Strandungen	Jahr	Strandungen
1858	**165**	1865	202	1872	**423**	1879	227
1859	177	1866	245	1873	180	1880	282
1860	222	1867	310	1874	223	1881	253
1861	261	1868	193	1875	234	1882	**331**
1862	211	1869	194	1876	261	1883	191
1863	279	1870	**154**	1877	**189**	1884	187
1864	**157**	1871	201	1878	199	1885	**165**

Im Jahresdurchschnitt ergiebt sich hier eine Zahl von 226 Strandungen, das Maximum fand statt im Jahre 1872 mit 423 Strandungen, das Minimum im Jahre 1870 mit 154 Strandungen. Diese Zahlen jedoch waren durch außergewöhnliche Verhältnisse bestimmt, ebenso wie diejenigen der Jahre 1864 und 1877. Im Jahre 1864 wurde die Nord-Ostseefahrt durch den deutsch-dänischen Krieg erheblich beeinträchtigt, im Jahre 1870 durch den deutsch-französischen Krieg und im Jahre 1877 durch den bis Anfang 1878 dauernden, das russische Wirtschaftsleben beeinflussenden russisch-türkischen Krieg, sodaß die Minderzahl des Verkehrs und der Strandungen hierdurch erklärt erscheint. Die Überzahl von Strandungen 1872 ist durch den außerordentlich starken und lang andauernden Sturm (13. Nov. 1872) erklärt. Scheidet man diese Jahre als nichtnormale mit ihren 923 Strandungen aus, so ergeben sich für die verbleibenden 24 Jahre 5393 Strandungen, also bleibt das Mittel mit jährlich rund 225 fast unverändert; als Maximum ergeben sich aber 331 Strandungen für 1882, als Minimum ergeben sich in den Jahren 1858 und 1885 je 165 Strandungen. Also wird das Maximum kleiner, das Minimum größer als nach obiger Tabelle.

Nimmt man in zehnjährigen Perioden nach obiger Tabelle den Durchschnitt der Strandungen von je 10 Jahren, so ergeben sich für

1858—1867 2229 Strandungen, also 222,9 pro Jahr,
1868—1877 2252 " " 225,2 " "
1878—1885 1835 " (8 Jahre) " 229,4 " "

Darnach scheint also eine stetige, wenn auch nur geringe Zunahme der Strandungen gesetzmäßig zu sein. In dem auf dem ersten Kartenblatt enthaltenen obersten Diagramm der Strandungen in der Nord-Ostseefahrt ist der Unterschied in der Häufigkeit dieser Schiffsunfälle jedoch nur in den dänischen und schwedischen Gewässern von 1858—1885 graphisch veranschaulicht. Wie die gleichzeitig in dem Diagramm mit angegebene (obere) Linie des Schiffsverkehrs durch den Sund nach Schiffszahl erkennen läßt, haben die Strandungen ihrer Zahl nach im Verhältnis zum Schiffsverkehr, der seit 1858—1885 von 24,541 auf 30,562 Schiffe gestiegen ist, abgenommen wenngleich sie an absoluter Zahl (s. oben) in den drei betreffenden zehnjährigen Perioden zugenommen zu haben scheinen (vom Jahres doch 222,9 auf 229,4). Vielleicht ist dies dem, in steter Zunahme begriffenen Dampferverkehr zuzuschreiben, der von rund 7000 auf 16448 Schiffe gestiegen ist, und eine größere Unabhängigkeit von meteorologischen Einflüssen besitzt als die Segelschiffahrt. Es ist jedoch diese Verkehrsaufstellung nicht ohne Weiteres mit der Anzahl der Strandungen in einen Vergleich zu bringen, da die letzteren weniger mit der in dem Sundverkehr enthaltenen durchgehenden Schiffahrt, als vielmehr besonders mit dem Orts- bzw. Küstenverkehr in Beziehung stehen.

Verteilt man die Strandungen in den dänischen Gewässern der Zahl nach so, wie sie in dem von Hohlenberg behandelten 28 jährigen Zeitraum auf die einzelnen Monate gefallen sind, so ergiebt sich folgende, in dem Kartenblatt oben ebenfalls graphisch veranschaulichte Tabelle:

Januar	254	Mai	382	September	494
Februar	243	Juni	239	Oktober	985
März	419	Juli	242	November	**1214**
April	**579**	August	330	Dezember	935

Darnach sind zwei Maxima, im April das kleinere und im November das größte, zu konstatieren; ebenso ein Minimum im Juni und ein solches im Februar. Eine augenfällige Darstellung dieser Unfallverteilung giebt das zweite Diagramm auf dem ersten Kartenblatt dieses Buches.

Über die in dem unteren Teile des Kartenbildes wiedergegebenen Strandungen an den deutschen, den Verbindungsstraßen zwischen Nord- und Ostsee benachbarten Meeresküsten ist nach den amtlichen statistischen Aufzeichnungen folgendes anzuführen:

Es sind betroffen an der gesamten deutschen Ost- und Nordseeküste insgesamt von Schiffsunfällen aller Art (Strandungen, Gekentert, Kollision, Gesunken): 1873: 160 Schiffe, 1874: 156, 1875: 170, 1876: 98, 1877: 88, 1878: 133, 1879: 166, 1880: 271, 1881: 262, 1882: 272, 1883: 273, 1884: 299, 1885: 220, 1886: 226 und 1887: 321. — Auf die drei Fünfjahrsperioden verteilt, ergiebt sich:

1873/77	1878/82	1883/87
672	1104	1339

Die aus obigen Zahlen ersichtliche Zunahme ist hauptsächlich eine Folge der Vermehrung der Kollisionen, die jedoch seltener mit Totalverlusten verbunden waren, als die in der Karte verzeichneten Strandungen. Läßt man die Zahl der Kollisionen außer Betracht, so ergiebt sich an Unfällen für die fünfjährigen Perioden:

1873/77	1878/82	1883/87
622	798	759

Es hat also an den deutschen Küsten seit 1882 eine Verminderung stattgefunden. Dies liegt sowohl an der stattgehabten Verbesserung des Leuchtfeuerwesens, als namentlich an dem Anwachsen der vom Wind und Wetter weniger abhängigen Dampfschiffahrt.

Was die Anzahl der Schiffsunfälle und die aus ihnen resultierenden Totalverluste in jenen deutschen Küstengebieten, die für die Nord-Ostseefahrt besonders in Betracht kommen und die auf dem ersten Kartenblatt unten zur Darstellung gebracht sind, anbetrifft, die Unfälle auf den Küstenstrecken Arkona-Dänische Grenze (Heilsminde) und Dänische Grenze (Nahede)

Emsmündung, so ist hierüber folgendes Resultat der drei fünfjährigen Perioden von Interesse. Es fanden durchschnittlich jährlich statt:

	1873/77	1878/82	1883/87
Schiffsunfälle, obige Ostseeküste	27,2	27,0	26,4
obige Nordseeküste	77,4	95,4	105,8
zusammen	104,6	122,4	132,2
davon Totalverluste	41,6	44,2	26,2
im Ganzen Menschenverluste in den Fünfjahrsperioden	69	114	52.

Der unglückliche Ausgang der Unfälle ist also, sowohl was die Schiffsverluste als auch die Verluste an Menschenleben anbetrifft, anscheinend allmälig seltener geworden.

Auf die Jahreszeiten (Monate) verteilt, ergiebt sich folgende Zusammenstellung für die hier in Rede stehenden deutschen Küstenstrecken zwischen Arkona und Wangeroog:

	1873/77	1878/82	1883/87	In den 15 Jahren 1873/87
Januar	13	34	49	96
Februar	11	35	35	81
März	62	52	49	**163**
April	34	52	62	148
Mai	15	42	46	103
Juni	33	23	36	92
Juli	19	24	31	74
August	32	35	55	122
September	38	60	67	165
Oktober	75	158	111	**344**
November	71	101	84	256
Dezember	71	82	102	255
Zusammen	474	698	727	1899

Man ersieht hieraus, fast genau korrespondierend mit den weiter oben nach Hohlenberg mitgeteilten Zahlen über die Verteilung der Strandungen in den dänischen Gewässern auf die einzelnen Monate des Jahres, daß auch bei den Schiffsunfällen in den deutschen Gewässern sich zwei Maximalperioden, im März und im Oktober ergeben. In charakteristischer Weise wird dies durch das entsprechende vierte Diagramm unten auf dem ersten Kartenblatt verdeutlicht.

Der Versicherungswert der auf der deutschen Küstenstrecke Arkona-Ems von 1873—87 verloren gegangenen Schiffe und Ladungen betrug in Summa 25 599 438 Mark.

XII.

Die militärische Bedeutung des Nord=Ostsee=Kanals.

Die Beantwortung der Frage nach dem militärischen Werthe des Nord=Ostsee=Kanals hat, als es sich um die Entscheidung über die Herstellung desselben handelte, eine Zeit lang geschwankt. Kein Geringerer als der verstorbene Generalfeldmarschall Graf Moltke war es, der zu der zeitweiligen Unsicherheit in der endgültigen Beurteilung dieser Frage durch gewisse Auslassungen im Reichstage Veranlassung gegeben hat, und erst eine spätere Zeit hat gezeigt, daß seine erstmaligen Meinungsäußerungen nicht richtig ausgelegt worden sind. Dieselben seien daher in ihrer ursprünglichen Fassung nebst den späteren Erklärungen des Feldmarschalls hier zunächst angeführt.

Graf Moltke sagte in der Reichstagssitzung vom 23. Juni 1873 bei Gelegenheit der Beratung des Marine=Etats, als die Herstellung eines Kanals zwischen Nord= und Ostsee in irgend einer Richtung durch die Provinz Schleswig=Holstein in Frage stand, wörtlich folgendes:

> „Meine Herren! Ich werde die Diskussion nicht lange aufhalten, aber ich glaube, daß es doch nützlich sein kann, die sehr großen Erwartungen, die an die Ausführung des Nord=Ostsee=Kanals geknüpft werden, einigermaßen auf ein richtiges Maß zurückzuführen. Ich thue es nicht gern, weil es ein Unternehmen ist, welches zuerst einen militärischen Nutzen haben soll. . . . . Wenn der Kanal einen militärischen Nutzen haben soll, so muß er auch aus sehr naheliegenden Gründen in die Kieler Bucht hineinführen, und gerade dort, zwischen Rendsburg und Holtenau, stellen sich erhebliche Terrainschwierigkeiten entgegen.*) Der Herr Baurat Lentze berechnet die (durch die militärischen Anforderungen entstehenden) Mehrkosten (über die 28 Millionen Thaler Kosten eines Handelskanals) auf 10 Millionen Thaler. Das sind zusammen 38 Millionen, veranschlagt vor acht Jahren. Wir wissen, wie seitdem die Preise aller Materialien und insbesondere auch der Arbeitslohn gestiegen ist. . . . . Sie würden also den Kanal heute sicherlich nicht unter 50 oder 60 Millionen (Thaler = 150—180 Millionen Mark) herstellen können.**) Nun, meine Herren, daß man die Zinsen dieser Summe nicht herausarbeiten

*) Diese Annahme des Feldmarschalls ist durch den thatsächlichen Bau nunmehr widerlegt bezw. gegenstandslos geworden. D. Verf.

**) Bekanntlich bleibt die Bausumme, trotzdem seit dieser Rede des Feldmarschalls fast 20 Jahre verflossen sind, erheblich näher bei 150 Millionen Mark (156 Millionen Mark), als bei der von ihm limitierten oberen Grenze von 180 Millionen Mark. D. Verf.

wird,*) das, glaube ich, ist außer Zweifel, und es würde nun in Betracht treten der Nutzen, welcher mit so großen Opfern für Schiffahrt und Handel und in militärischer Rücksicht erreicht werden könnte. Man schätzt die Zahl der Schiffe, die den Oeresund passieren, jährlich auf 40000 und glaubt, daß wenigstens der größere Theil davon den Kanal passieren wird.

„In Ausfall kommen zunächst natürlich alle Schiffe, die nach Norwegen, und diejenigen, die nördlich einer Linie fahren, welche man etwa aus der Mitte der Ostsee nach Hull gezogen sich denken kann.**) (Sodann verbreitete sich Redner über die Unterbrechung der Ostseeschiffahrt im Winter, die er irrtümlicher Weise auf 100 Tage annahm. Man vergleiche in dieser Beziehung das auf Seite 108 dieses Buches über die Eisverhältnisse des Kanals und des Kieler Hafens Gesagte. D. Verf.)

Nachdem sodann Redner über den Wechsel der Wasserstände in Unterelbe und Nordsee sowie über die Dauer des Durchschleusens der Schiffe einiges, nach dem damaligen Stande der Kenntnis der nautischen Verhältnisse vielleicht Zutreffendes, das aber jetzt widerlegt ist, ausgeführt hatte, fuhr derselbe fort:

„Nun frage ich aber, meine Herren, für wen bauen wir eigentlich diesen Kanal? Ich kann mich darin irren, aber ich glaube, unsere Ostseestädte handeln nach Skandinavien und nach Rußland, unsere Nordseestädte nach England, nach Amerika u. s. w.***) Ein großer Schiffsverkehr, selbst wenn der Kanal hergestellt ist, zwischen Danzig und Bremen, oder Stettin und Hamburg würde doch wohl kaum stattfinden. Wir bauen vielmehr den Kanal für Schweden und Rußland, für Amerika, Frankreich u. s. w. Nun kann man sagen, in diesem Falle würden diese Staaten sich auch an den Kosten der Anlage beteiligen.

---

*) Hier wurde vom Redner übersehen, daß die aus den Abgaben der Handelsschiffahrt herauszuwirthschaftenden Zinsen nur für die Verzinsung der Bausumme eines reinen Handelsschiffahrtskanals (28 Millionen Thaler) aufzukommen haben würden. D. Verf.

**) Nun vergleiche hierzu die auf Seite 19 dieses Buches enthaltene Karte über die Schiffahrtsverschiebung zwischen Nord- und Ostsee, welche auf Grund der über die Wegeabkürzung vermittelst des Kanals sich ergebendenden amtlich festgestellten Verhältniszahlen entworfen ist. Dadurch wird ferner auch die nach den Worten des Grafen Moltke immerhin mögliche Annahme, daß deshalb die nördlich der Mitte der Ostsee herkommende (oder dahin führende) Schiffahrt keine Abkürzung erfahren würde, widerlegt. Denn für alle Ostseeschiffahrt, auch diejenige aus den nördlichsten Teilen der Ostsee, welche über den gemeinsamen Schnittpunkt in der Ostsee, der zwischen Moen und Rügen liegt, hinaus nach Westen geht oder daher kommt, gelten gemeinsam die in der auf Seite 18 enthaltenen amtlichen Tabelle angegebenen Zeit- und Wegeabkürzungen. D. Verf.

***) Dies ist, wie der auf Seite 111 abgedruckte tabellarische Nachweis sowie die auf dem Kartenblatt 2 dieses Buches enthaltene Zeichnung des Schiffahrtsverkehrs zwischen Nord- und Ostsee, und wie ferner die amtliche Reichsstatistik darthut, ein Irrtum gewesen. D. Verf.

Vielleicht! meine Herren, aber dann*) würde der Kanal ein internationaler, es würde **dann** aber auch der ganze militärische Nutzen verloren gehen, denn im Kriege würden wir den **neutralen** Kanal gar nicht benutzen können, während wir noch im letzten Kriege sehr bedeutende Versendungen nach der Jade bewirkt, sebst kleinere Kriegsschiffe durch den schon vorhandenen Eider-Kanal übergeführt haben. Ob der schon vorhandene Kanal mit außerordentlich viel geringeren Summen sich nicht in besseren Zustand wird versetzen lassen, das will ich dahingestellt sein lassen.

„Was nun den militärischen Nutzen betrifft, so ist behauptet wordern, daß wir durch den Kanal die Möglichkeit gewonnen, die Flotte von einem Meer in das andere zu bringen, also in einem Meere doppelt so stark aufzutreten. Meine Herren, ganz richtig ist das auch nicht. Zunächst können wir in beiden Meeren engagiert sein. In einem Kriege mit Frankreich, dem Dänemark beitritt, können wir die Ostseeflotte in der Ostsee nicht entbehren. Allerdings könnten wir unter Umständen die Schiffe der Ostseeflotte in der Nordsee verwerthen; aber ich glaube, Schiffe wie den „Prinz Friedrich Carl" und den „König Wilhelm" können wir in der Ostsee gar nicht brauchen.

„Ich fasse meine Ausführungen in dem einen Satz zusammen: Wenn wir geneigt sind, für maritime militärische Zwecke eine Summe von 40—50 Millionen Thalern auszugeben, dann würde ich Ihnen vorschlagen, statt eines Kanals für die Flotte eine zweite Flotte zu bauen."

Ein nicht unwesentlicher, das Urteil über den militärischen Nutzen sehr stark beeinflussender Teil obiger volkswirtschaftlichen Ausführungen (internationaler, neutraler Kanal) ist oben beziehungsweise durch die Thatsachen schon widerlegt. Bemerkenswerth ist vor allem die Anerkennung jenes thatsächlichen Nutzens, den der höchst unvollkommene Eiderkanal in Kriegszeiten bereits gewährt hatte.

Sodann fällt ins Gewicht, daß die Annahme einer Nichtverwendbarkeit der Panzerschiffe „Friedrich Carl" und „König Wilhelm" in der Ostsee eine irrtümliche war, wie die jährlichen Flottenübungen im späteren Verlauf der Zeit gezeigt haben. „Friedrich Carl" mit nur 7 m mittlerem Tiefgang konnte eher in der Ostsee verwendet werden, als die später (1874) vom Stapel gelaufenen alljährlich daselbst übenden Panzerschiffe „Kaiser" und „Deutschland" mit 7,7 m Tiefgang (wie „König Wilhelm"), und ebensogut wie „Kronprinz" mit 7,1 m oder „Preußen" mit 7,3 m Tiefgang. Daß Graf Moltke damals die Verwendung von größeren Mitteln zum

*) Diese Frage und ihre daran geknüpften Schlußfolgerungen sind durch den vom Deutschen Reiche nunmehr ausgeführten Bau gegenstandslos geworden. D. Verf.

Bau von Schiffen vorzog, wird sofort einleuchtend, wenn man bedenkt, daß damals an Panzerschiffen nur ein höchst unvollkommener Bestand bei der deutschen Flotte vorhanden war, was bekanntlich zur Aufstellung eines neuen „Flottengründungsplanes" in demselben Jahre (1873) führte. Es waren nämlich nur folgende Panzerschiffe vorhanden:

Schiffsnamen	Deplacement	Pferdekräfte	Tiefgang	Stapellauf	Geschwindigkeit
König Wilhelm	9757 to	8000	7,7 m	1868	14 Seemeilen
Friedrich Carl	6007 „	3500	7,0 „	1867	13 „
Kronprinz	5568 „	4800	7,1 „	1867	14 „
Hansa	3610 „	3000	6,0 „	1872	12 „
Preußen	6770 „	5400	7,3 „	1873	14 „

Außerdem waren noch zwei kleinere Panzerfahrzeuge älterer Art, „Arminius" und „Prinz Adalbert" vorhanden, die inzwischen, ebenso wie Hansa, Preußen, Friedrich Carl und Kronprinz aber bereits ausrangiert sind. Diese höchst ungenügende Anzahl von Panzerschiffen und Fahrzeugen sollte durch den 1873, in demselben Jahre, in welchem Graf Moltke an Stelle eines Nord-Ostsee-Kanals lieber eine Flotte zu bauen empfahl, vom Reichstage angenommenen Flottengründungsplan auf

8 Panzerfregatten
6 Panzerkorvetten
9 Panzerfahrzeuge kleineren Typs
} zusammen 23 Panzerschiffe

vermehrt werden; ein Bauplan, der, nebenbei bemerkt, niemals vollständig erfüllt worden ist.

Die Mehrzahl der oben ausgedrückten Bedenken des Grafen Moltke über den Kanal sind also thatsächlich widerlegt oder durch die späteren Maßnahmen beseitigt worden. Von Interesse ist nun weiter, daß Graf Moltke sich später in ganz erheblich anderem, dem Kanalbau günstigeren und die militärische Bedeutung desselben voll anerkennenden Sinne ausgesprochen hat. Es ist das Verdienst Dahlströms, dieses unermüdlichen Vorkämpfers für die Wiederaufnahme der Idee eines Nord-Ostsee-Kanals zu jener Zeit, als dieselbe fast beseitigt erschien, diese späteren, durchaus günstiger lautenden Auslassungen Moltke's hervorgerufen zu haben. Nach Kenntnisnahme der im Jahre 1879 erschienenen Broschüre Dahlströms „Über die Ertragsfähigkeit eines Nord-Ostsee-Kanals" schrieb nämlich der Feldmarschall dem Verfasser:

„Vom militärischen Standpunkte müßte die Ausmündung desselben in den Kieler Hafen gefordert werden, was sich aber nicht ohne sehr bedeutende Mehrkosten ermöglichen läßt" —

und andere, bei gleicher Veranlassung erhaltene Schreiben sprechen sich in ähnlichem Sinne aus; in einem derselben wurde bemerkt:

„Das Reich selbst wird aber durch den Kanal ganz ungemein gewinnen, denn er wird die Stärke unserer Flotte verdoppeln, da er uns in den Stand setzt, unbehindert und ungesehen vom Feinde, unsere ganzen Seestreitkräfte nach der Ostsee oder der Nordsee zu werfen."

Aus dem hier vorstehend Angeführten geht wohl zur Genüge hervor, daß die früher eine zeitlang aufgestellte Behauptung, Graf Moltke habe „dem Kanalprojekt den militärischen Nutzen vollständig abgesprochen", der thatsächlichen Unterlage entbehrt.

Um nun den Wert, welchen der Nord-Ostsee-Kanal in militärischer Hinsicht besitzt, beurteilen zu können, ist es erforderlich, die technische Beschaffenheit desselben als große Wasserstraße und auch diejenige der vor seinen Mündungen gelegenen Fluß- und Meeresteile sich zu vergegenwärtigen. Wir resümieren darüber hier nochmals kurz folgendes:

Der Nord-Ostseekanal verbindet als reiner Durchstich auf Meereshöhe, also ohne jede Zwischenschleuse geführt, die Ostsee vom Kieler Hafen aus mit der Unterelbe und der Nordsee. Er hat, bei reichlich 60 Meter Breite im Wasserspiegel, 22 Meter in der Sohle und über 9 Meter nutzbare Wassertiefe, also solche Dimensionen, daß unsere größten Schlachtschiffe ihn nach jeder Richtung ungehindert passieren können. Außerdem sind auf seiner Strecke sechs breite Ausweichestellen vorhanden, welche es gestatten, daß die in der Fahrt sich begegnenden Schlachtschiffe einander hier vorbeifahren können, während für alle kleineren Schiffe und Fahrzeuge der Kriegsmarine das Begegnen und Passieren überall auf der Strecke möglich ist. Der Kanal bietet also durch seine Anlage eine Verkehrsleichtigkeit, wie sie besser kaum gedacht werden kann. Bei der mit Rücksicht auf die Erhaltung der Kanalböschungen gestatteten Fahrgeschwindigkeit von $5^{3}/_{10}$ Seemeilen (10 Kilometer) in der Stunde ist die Dauer der Fahrt durch den 98,65 Kilometer langen Kanal, einschließlich einiger kleinen Aufenthalte an den Endschleusen bezw. Brücken auf 10—12 Stunden zu bemessen, innerhalb deren also der ganze Kanal durchfahren wird. Es würde also ein bei Holtenau in den Kanal eintretendes Geschwader nach 10—12 Stunden in der Unterelbe bei Brunsbüttel anlangen. Infolge der sorgfältigen Befestigung der Uferböschungen des Kanals mit Steindeckung und da im Kriegsfalle die Nichtbeschädigung der Böschungen nicht maßgebend für die Unterlassung einer aus anderen zwingenden Gründen etwa zu wünschenden größeren Schnelligkeit bei Durchfahrt eines Geschwaders durch den Kanal sein kann, ist Thatsache, daß der Kanal auch in einer um reichlich ein Drittel kürzeren Zeit von einer Flotte durchlaufen werden kann.

An seiner Ostseemündung hat der Kanal eine Doppelschleuse mit 2 Schleusenkammern von je 150 Meter nutzbarer Länge und 25 Meter lichter Breite, so daß das Passieren der größten Kriegsschiffe unserer Flotte auch bei etwa vorhandenem wechselnden Wasserstande, für welchen allein die Schleuse angelegt ist, gesichert ist. Eine Schleusenanlage derselben Art hat der Kanal bei Brunsbüttel an der Unterelbe, um den Kanal von der Flut- und Ebbebewegung unabhängig zu machen, die auf der Elbe herrscht. —

Über die Beschaffenheit des den Kanalmündungen benachbarten maritimen Territoriums ist im IX. Abschnitt dieses Werkes schon das Erforderliche unter Beifügung von Kartenskizzen gesagt. Die Kieler Ausmündung des Kanals liegt unweit derjenigen Schiffahrtsstraßen, welche aus der Ostsee nach dem Skagerrak und der Nordsee führen; es sind dies der Sund, der Große und der Kleine Belt. Der letztgenannte ist für eine fremdländische Flotte von geringstem Wert; der erstgenannte ermöglicht allerdings das Passieren von mittleren Kriegsschiffen, gestattet jedoch seiner Tiefenverhältnisse wegen den schweren Panzerschiffen die Durchfahrt nicht; für diesen letzteren Zweck kommt ausschließlich der Große Belt in Betracht, wie sich dies noch 1891 bei der Durchfahrt des französischen Panzergeschwaders nach Kronstadt gezeigt hat, wo die schweren Panzerschiffe von Kopenhagen aus den Umweg nördlich um Seeland herum und dann durch den Großen Belt machen mußten.

Ein durch den Großen Belt in die Ostsee dringendes feindliches Geschwader würde bei Austritt aus dem ersteren bei Langeland, sobald es sich weiter nach der Ostsee wenden will, seine rechte Flanke sofort von Kiel aus bedroht bezw. sein Debouchieren aus dem Belt vorher schon verhindert sehen. Die Mündung des Nord-Ostseekanals in Verbindung mit dem Kieler Kriegshafen bildet also eine sehr wichtige strategische Basis für Operationen gegen einen von Norden kommenden, den Großen Belt als Fahrstraße benutzenden Feind, da die Entfernung Kiel—Langeland für ein modernes Geschwader kaum 2 Stunden Fahrt beträgt.

Was das Vorterrain an der Ausmündung des Kanals in die Unterelbe betrifft, so wird dasselbe auf einer Strecke von etwa 50 Kilometern durch den breiten, im Kapitel IX bereits beschriebenen Elbstrom gebildet. Bei der Ausmündung dieses Stromes in die offene See bei Kuxhaven ist keineswegs sofort ein freies Schiffahrtsterrain gewonnen, welches die ungehinderte Entfaltung eines Flottentheils ermöglicht, sondern es erstrecken sich breite Sand- und Watten-Gebiete bis beinahe auf die Hälfte der Entfernung zwischen Kuxhaven und Helgoland. Erst wenn man sich beim Austritt aus der Elbe der Insel Helgoland auf 25 Seemeilen genähert hat, befindet man sich bei der 10 Meter-Tiefenlinie, von wo aus eine ungehinderte Fahrt nach dem Kriegshafen an der Jade, Wilhelmshaven, möglich ist. Aus dieser Situation geht hervor, daß die Erwerbung von Helgoland für die Bewegung der Kriegsflotte zwischen Unterelbe und Wilhelmshaven, d. h. zwischen dem Nord-Ostsee-Kanal und im weiteren also auch zwischen der Ostsee und Wilhelmshaven von hoher Bedeutung ist. Dasselbe gilt natürlich für die umgekehrte Richtung. Unterelbe und Helgoland beeinflussen so sehr die Möglichkeit der Benutzung des

Nord-Ostsee-Kanals, daß sie bei einer Erörterung der militärischen Bedeutung desselben nicht außer Betracht gelassen werden können. Die hier beigedruckte Karte der strategischen Lage von Helgoland zu den Strommündungen und Häfen der Nordsee, welche die Entfernungsangaben von Helgoland aus enthält, diene zur bildlichen Erläuterung. In derselben ist der Teil der Fahrt, welcher von Wilhelmshaven oder von der Mündung des Nord-Ostsee-Kanals in der Unterelbe bis zu dem Punkte zurückgelegt werden muß, an welchem eine Flotte erst die offene See erreicht, durch eine starke Strichlinie markiert. Die Zeichnung unten rechts in der Ecke des Bildes bietet ferner eine Skizze der strategischen Lage und Bedeutung des neuen

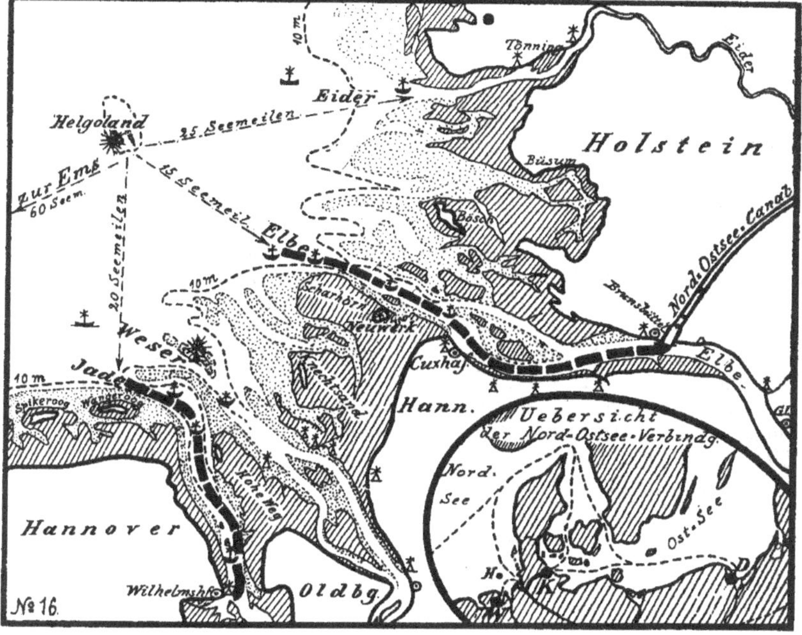

Wasserweges quer durch Holstein gegenüber der Umfahrung von Skagen. Auch sind daselbst die drei Kriegshäfen Danzig, Kiel und Wilhelmshaven markiert und ihre Lage zum Kanal dadurch veranschaulicht.

Außer dem Vorteil, daß der Besitz Helgolands es der deutschen Flotte ermöglicht, ungehindert aus dem Kanal und der Elbmündung zu debouchieren und die Verbindung mit Wilhelmshaven aufrecht zu erhalten, hat andererseits dieser Besitz zur Folge, daß es den Feinden nicht möglich ist, dauernd ein stärkeres Geschwader in der deutschen Bucht der Nordsee zu unterhalten und von dort aus die Häfen und Strommündungen, sowie unsere eigene, in Elbe und Jade getrennt gehaltene Flotte zu blockieren. In gewissem Grade war dies bekanntlich im Kriege 1870 der Fall. Damals ankerte eine feindliche Panzerflotte bei Helgoland, die in der Nordsee vorhandenen deutschen Schiffe waren auf Elbe und Jade verteilt, und wurden durch die Anwesenheit der französischen Flotte bei Helgoland dauernd getrennt gehalten. Es waren damals die Panzerschiffe „König Wilhelm", „Kronprinz" und „Friedrich Carl" in der Jade, von denen nebenbei zwei an einer ihre Gefechtsfähigkeit stark beeinträchtigenden Maschinenhavarie litten, und die eigentlich seeuntüchtigen Monitors „Arminius" und „Prinz Adalbert", welche in der Unterelbe stationiert waren.

Das bei Helgoland ankernde überlegene französische Panzergeschwader hatte dort die Möglichkeit, unter dem Schutze der Insel Kohlen zu nehmen, seine Maschinen also trotz dauernden Kohlenverbrauchs immer in gefechtsklarem Zustande zu halten. Dort, wo dies einer Flotte unmöglich ist, kann dieselbe sich aber heutigen Tages nicht mehr längere Zeit aufhalten. Die modernen Schiffe, welche zu ihrer Fortbewegung ausschließlich auf ihre eigene Dampfkraft angewiesen sind, da sie der Takelage entbehren, müssen von Zeit zu Zeit ihre Kohlenvorräte ergänzen. Das Übernehmen von Kohlen und Munition kann aber nur mit sicherer Aussicht des Gelingens auf einer geschützten Rhede, bezw. in einem Hafen vorgenommen werden. Ein jedes aus der Heimat entsendete Geschwader muß also danach trachten, sich in möglichster Nähe seines Wirkungskreises eine rückwärtige Operationsbasis, einen Hafen oder sonstwie geschützten Ankerplatz zu schaffen, um sich mit dem erforderlichen Quantum an Kohlen jederzeit versehen zu können. Zwar hat man neuerdings bei den englischen Flottenmanövern den Versuch gemacht, auch auf offener See von einem Geschwader Kohlen übernehmen zu lassen, indem man Boote und Kohlenleichter längsseits schickte und von einem mitgebrachten Transportdampfer aus die Geschwaderschiffe mit Kohlen versorgen ließ. Bei ruhiger See ist es auch gelungen, ganz nennenswerte Quantitäten Kohlen überzunehmen; jedoch im Ernstfall kann man nicht immer auf ruhige See und namentlich nicht darauf rechnen, daß man vom Feinde bei dieser Gelegenheit nicht gestört werde. Es ist also ein Geschwader durchaus genötigt, darauf Bedacht zu nehmen, daß ihm die nachzuführende Munition, Kohlenvorräte u. dergl. auf einem gesicherten Ankerplatze an Bord gegeben werden können. Die Frage der Kohlenergänzung ist eine so außerordentlich wichtige im modernen Seekriege, daß sie in vielen Fällen entscheidend für die Aktionsfähigkeit der einen oder anderen Flotte sein wird. Die Schiffe haben nicht die Möglichkeit, zu ihrem schweren Panzer, ihren Geschützen, Munitions- und anderen Vorräten noch ein solches Quantum von Kohlen an Bord mit sich zu führen, daß sie sich auf längere Zeit gänzlich unabhängig vom Lande zu machen vermögen. Fünf, sechs, höchstens acht Tage genügen, um ein Panzerschiff von allen Kohlenvorräten nahezu zu entblößen und alsdann ist dasselbe in einer außerordentlich hilflosen Lage, da es der eigenen Bewegungsfähigkeit entbehrt.

Ganz naturgemäß wird der Verteidiger sein Augenmerk, abgesehen von der vielleicht sich darbietenden Möglichkeit, durch den Sieg in der Seeschlacht den Feind zu vernichten oder zu vertreiben, darauf richten, namentlich wenn er schwächer wie der Feind ist, die feindlichen Schiffe durch fortwährende Alarmierung in Athem zu halten und sie so nötigen, stets mit geheizten Kesseln unter Volldampf zu liegen. Je gründlicher er dieses Verfahren befolgt, um so schneller wird das feindliche Geschwader seiner Bewegungsmöglichkeit beraubt, wenn es nicht in naher Entfernung hinter seiner Aufstellung eine gesicherte Operationsbasis zum Ersatz aller verbrauchten Materialien, also auch der Kohlen, besitzt.

Seitdem nun Helgoland wieder in deutschen Händen und durch Befestigung selbst gegen einen raschen feindlichen Handstreich gesichert ist, bietet sich für eine die deutsche Nordsee zum Operationsfelde wählende feindliche Flotte daselbst keine Möglichkeit, in ihrem Rücken eine Operationsbasis zu haben. Hierin liegt namentlich die Bedeutung Helgolands für die Verteidigung unserer Nordseeküste. Aber auch für den Fall, daß ein genügend starkes deutsches Geschwader von besten Schlachtschiffen vorhanden ist, mit welchem man dem Feinde entgegengehen kann, ist Helgoland von höchster Wichtigkeit. Wie aus der Kartenskizze ersichtlich, ist es nur durch die vorgeschobene Lage Helgolands und den Nord-Ostsee-Kanal den deutschen Flotten der Ostsee und der Nordsee möglich, sich in der südöstlichen Bucht der Nordsee zu vereinigen, um von hier aus geschlossen dem Feinde entgegenzugehen.

In einem zukünftigen Seekriege wird für die Verteidigung Deutschlands zur See alles darauf ankommen, ob dasselbe in der Lage ist, mit einer Schlachtflotte den Kampf auf hoher See zu wagen und den Seekrieg so weit von der eigenen Küste fortzulegen, daß es gelingt, die deutschen Meeresteile vom Feinde frei zu halten, ehe derselbe beträchtlichen Schaden sowohl in wirtschaftlicher, wie auch in unmittelbar kriegstechnisch wirksam werdender Hinsicht angerichtet hat. Es kann die deutsche Handelsschiffahrt, die sich seit dem letzten Kriege in einem vorher nicht geahnten Maße entwickelt hat, durchaus nicht nur von dem Gesichtspunkte aus betrachtet werden, daß es sich bei derselben um den Transport von mehr oder minder wertvollen Kaufmannsgütern oder Passagieren handele, deren Verlust für den Ausgang des Krieges gleichgültig wäre und nur eine wirtschaftliche Einbuße bedeute, wie sie eben in einem Kriege keinem Lande, auch dem Sieger nicht, erspart bleibt. Die Thätigkeit der deutschen Seeschiffahrt muß vielmehr von dem Gesichtspunkte aus ins Auge gefaßt werden, daß sie die Vermittlerin der Zufuhr von Brotkorn und zahlreichen anderen Nahrungsmitteln für das Binnenland ist, welche dasselbe aus eigener Kraft thatsächlich nicht zu produzieren vermag.

Es ist eine volkswirtschaftlich feststehende Thatsache, daß Deutschland weniger Getreide im Jahr, wenn man die Einfuhr und Ausfuhr von einander abzieht, produziert, als wie seine Bewohner zum Lebensunterhalt gebrauchen. Hieraus geht mit unerbittlicher Folgerichtigkeit hervor, daß Deutschland zur Einfuhr von Getreide und anderem Brotkorn gezwungen ist, und dies wird während der Dauer eines Krieges um so stärker sich geltend machen, als dann die Zufuhren über die Landgrenzen voraussichtlich ganz oder zum größten Teil abgeschnitten sein werden. In solcher Zeit kommt dann Alles darauf an, daß die große überseeische Seeschiffahrt, vermöge deren wir allein das fehlende Getreide und Brotkorn zu ersetzen vermögen, die Möglichkeit hat, in die deutschen Nordseehäfen einzulaufen.

Die Nordsee kommt nämlich aus dem Grunde namentlich in Betracht, weil, ganz abgesehen von einem etwaigen Kriegszustande mit Rußland, die überseeische Einfuhr des Getreides gegenüber der Einfuhr aus den russischen Ostseehäfen sich ganz außerordentlich gehoben und die letztere fast zurückgedrängt hat. Nur dann aber wird Deutschland auf der Nordsee in dem Maße herrschen, daß es sich seine Zufuhren sichert, wenn es dazu vermöge einer genügend starken Schlachtflotte imstande ist. Deutschland besitzt aber bekanntlich eine verhältnismäßig nur kleine Schlachtflotte, es hat also das dringende Interesse daran, seine Seestreitkräfte jederzeit nicht nur in der Nordsee konzentrieren zu können, was ihm vermöge des Nord-Ostseekanals gelingen wird, sondern auch sie in gesammelter Kraft von der deutschen Bucht aus auf hoher See zur Geltung zu bringen; dieses Letztere aber wird erst durch den Besitz des strategisch ganz außerordentlich günstig gelegenen Eilandes Helgoland und seines geräumigen Ankergrundes ermöglicht.

Aber nicht nur in Bezug auf die Nordsee und ihre teilweise Beherrschung durch die deutsche Flotte, sondern ebensosehr für die Ostsee und eine etwaige maritime Entscheidung in derselben ist das Vorhandensein des Nord-Ostsee-Kanals von einschneidender Bedeutung. Gegenwärtig beträgt der Weg, den eine Flotte von Kiel nach der Unterelbe oder zurück zu machen hat, ca. 650 Seemeilen. Um mehr als diese Entfernung sind jetzt beide Marinestationen von einander entfernt. Nach Eröffnung des Kanals beträgt die Entfernung nur rund 55 Seemeilen, ist also um 595 Seemeilen verringert. Diese bedeutende Abkürzung der Wegelänge ist für die schnelle Vereinigung der Flottenteile in Nord- oder Ostsee von ganz außerordentlichem Wert, und zwar nicht nur des Zeitgewinns halber. Bisher hatten die Schiffe eine im Kriegsfalle ev. von feindlicher Seite besetzte, jedenfalls aber leicht völlig beherrschte Passage von engen Meeresteilen zwischen den dänischen Inseln und Schweden bezw. Norwegen zu durchfahren, die ihnen alsdann mit großer Sicherheit verwehrt werden konnte. Im Falle eines Krieges mit Rußland bezw. einem anderen, die Ostsee mitbeherrschenden Gegner war eine Heranziehung der deutschen Seestreitkräfte aus der Nordsee leicht auszuschließen, sei es bei den dänischen Inseln, sei es bei Skagen oder durch Blockierung derselben in den Nordseehäfen. Dies ist durch den Kanal von Grund auf geändert. In einem Kriege, bei welchem Deutschland den Hauptangriff zur See von Osten her zu erwarten hat, wird es trotz der Friedensdislozierung der Hauptflottenmacht in Wilhelmshaven dennoch möglich sein, vermöge des Nord-Ostsee-Kanals in ganzer, gesammelter und jedenfalls erheblich größerer Stärke als bisher in der Ostsee aufzutreten. Der Bau und die Ausrüstung unserer Panzerschiffe sowie der trotz ihrer Stärke verhältnismäßig geringe Tiefgang einer größeren Anzahl derselben ermöglichen es diesen, jederzeit und überall in der Ostsee und ihren Häfen zum Schutze derselben wie auch zum wirkungsvollen Angriff auf eine feindliche Flotte aufzutreten.

Für die militärische, bezw. strategische Bedeutung des Nord-Ostsee-Kanals kommt noch die Thatsache in Betracht, daß Dänemark seine am Sunde belegene Hauptstadt Kopenhagen neuerdings durch Vervollständigung der Befestigungsanlagen auf der Land- wie auf der Seeseite zu einem hervorragenden Waffenplatze gemacht hat. Dies kann auf deutscher Seite nur mit einem gewissen Grade von Befriedigung verzeichnet werden; denn dann, wenn Kopenhagen jedem Ansinnen irgend einer kriegführenden Macht gegenüber, ihr die Benutzung Kopenhagens als Operationsbasis ihrer Flotte in dem oben erörterten Sinne zu gestatten, aus eigener Kraft entgegenzutreten vermag, ist eine größere Gewähr für die Neutralität jenes Staates in einem Deutschland betreffenden Kriege gegeben, als wenn Kopenhagen militärisch ungeschützt wäre. Deutschland seinerseits bedarf Kopenhagens als einer eigenen Operationsbasis in irgend einem zukünftigen Seekriege nicht, zumal nicht nach Eröffnung des Nord-Ostsee-Kanals. Man wird in Dänemark dies sehr wohl empfinden und, im Machtbereich des Deutschen Reiches liegend, sich diesem Staate gegenüber lieber neutral verhalten, als feindlich. Jedenfalls ist Dänemark nur dann im Stande, einem dringlichen Ersuchen gegenüber neutral zu bleiben, wenn Kopenhagen ausreichend befestigt ist. Eine fremde Seemacht würde ein unbefestigtes Kopenhagen leicht zwingen, ihr als Operationsbasis zu dienen, um von dort aus, unter der dann möglichen Heranziehung von Landungstruppen, sowohl die deutschen Ostseeküsten zu bedrohen und dort deutsche Heeresteile festzuhalten, als auch den Seehandel in der Ostsee, der infolge der Notwendigkeit der Getreideversorgung Deutschlands auf dem Seewege, aus der Nordsee kommend, von großer Bedeutung für die Fortführung des Krieges sein wird, zu schädigen, bezw. ganz lahmzulegen. Die Thatsache der Befestigung Kopenhagens, die allein die Zurückweisung eines wie oben bezeichneten Ansinnens einer fremden Macht ermöglicht, ist ein Symptom der Hinneigung Dänemarks zum Frieden, bezw. zur Neutralität.

Verhält sich aber Dänemark neutral, so wird in einem zukünftigen, unzweifelhaft zu Lande und zu Wasser zu führenden Kriege die Wirkung des Nord-Ostseekanals voll zur Geltung kommen können. Denn innerhalb des deutschen Teiles der Ostsee hat dann kein feindliches Geschwader die Möglichkeit, eine ähnlich günstige Operationsbasis sich zu seinen Unternehmungen gegen Deutschland zu schaffen.

Aber selbst in dem ungünstigeren Falle, daß eine fremde Flotte sich mit Zustimmung Dänemarks auf das befestigte Kopenhagen stützt — ohne Zustimmung wird dies eben infolge der Befestigungen in Zukunft nicht mehr möglich sein — tritt der Nord-Ostsee-Kanal als das einzige, aber sichere Mittel, die deutsche Schlachtflotte mit aller Kraft in der Ostsee zu verwenden, in Wirksamkeit.

Da die Art der Befestigung von Kopenhagen für die Beurteilung des Wertes dieser Festung von Wichtigkeit ist, so seien hier an der Hand der Skizze auf S. 139 einige Angaben gemacht.

Auf der Seeseite umgiebt die Stadt ein Kranz von Forts und Batterien, von denen die Forts Christiansholm, Charlottenlund, Kalkbränderie, Trekroner, Kastellet, an der Ostseite der alten Citadelle, Mellemfort, Pröveſten, Strikkers Batterie und die Batterieen bei Kastrup, sowie ferner die bastionirte Südostenceinte der Stadt vollendet sind. Ferner sind zur besseren Beherrschung des Fahrwassers des Sundes das Mittelgrundfort, und auf der Insel Amager die Forts von Maglebh, Tömmerup und Längstehoj angelegt.

Auf der Landseite ist im Westen von Kopenhagen die 5—6 km vor die Stadt vorgeschobene Westfront, welche aus einer zusammenhängenden, von einer großen Anzahl Redouten mit breitem nassen Vorgraben gebildeten Umwallung besteht, großenteils vollendet resp. im Bau begriffen. Dieselbe beginnt im Süden am Meere am Kallebodstrand und reicht in einer Ausdehnung von 14 km bis an das bei Husum beginnende Überschwemmungsgebiet der Nordwestfront. Der Westfront vorgelagert sind zwei Werke bei Vallensbaeck und Bröndbyvester.

Die Nordwestfront der Landbefestigungen wird zunächst durch ein durchschnittlich 600 m breites, ca. 11 km langes Überschwemmungsgebiet, welches von Husum bis zum Garderhöifort reicht und sich von dort auf der Nordfront bis nach Klampenborg fortsetzt, gebildet. Die schmalsten Stellen dieser zusammenhängenden Inundationen werden bei Söborg und Gentofte durch starke Werke geschützt. Vor dem Inundationsgebiet liegen die mit nassen Gräben versehenen vollendeten Werke von Thinghöj, Budinge und Vargede, ferner das Gammelmosegaardsfort und als nordöstlichstes das Garderhöifort. Der Kanal von Lyngby und der Bagswaardsee bilden Annäherungshindernisse vor der Nordwestfront. Etwa 3 km vor derselben ist ferner eine Reihe von Werken westlich Gladsaxe projektiert. Die Nordwestfront ist besonders deshalb so stark mit Werken dotiert, weil hier das waldige Gelände an dem ihr vorgelegenen Bagswaardsee die gedeckte Annäherung eines Angreifers gestattet.

Noch mehr wie auf der Nordwestfront ist dies jedoch mit dem der von Fort Garderhöi nach Klampenborg reichenden Nordfront vorgelegenen Dyrehavn, dem Buchenwalde bei Klampenborg, der Fall. Unmittelbar an die Südlisière desselben schließt sich die hier mehrere 100 m breite Inundation an, und hinter dieser liegt im Osten an der Küste zunächst das das Defilé von Klampenborg sperrende Fort Christiansholm, dem sich westlich die besonders starke, zusammenhängende Befestigungslinie der Nordfront in einer Länge von $2^1/_2$ km anschließt.

Der Nord-Ostsee-Kanal sichert also dadurch, daß er uns in jedem der beiden Meere das Auftreten mit größerer Flottenmacht als früher ermöglicht, die Herrschaft über beide Meere, wenigstens bis zu dem Grade, daß eine Blockade der deutschen Seeküsten, ein Lahmlegen des deutschen Seehandels, eine Unterbindung der im Kriege so äußerst wichtigen Getreidezufuhren zur

See verhindert werden kann. Die Möglichkeit feindlicher Landungen mit größerer Truppenmacht an einem oder mehreren Punkten der Ost- oder Nordseeküsten erscheint nahezu ausgeschlossen. Nur wenn ein Seekrieg gleichzeitig in beiden Meeren geführt werden muß, findet eine Unterstützung

Die Festungsanlagen von Kopenhagen.

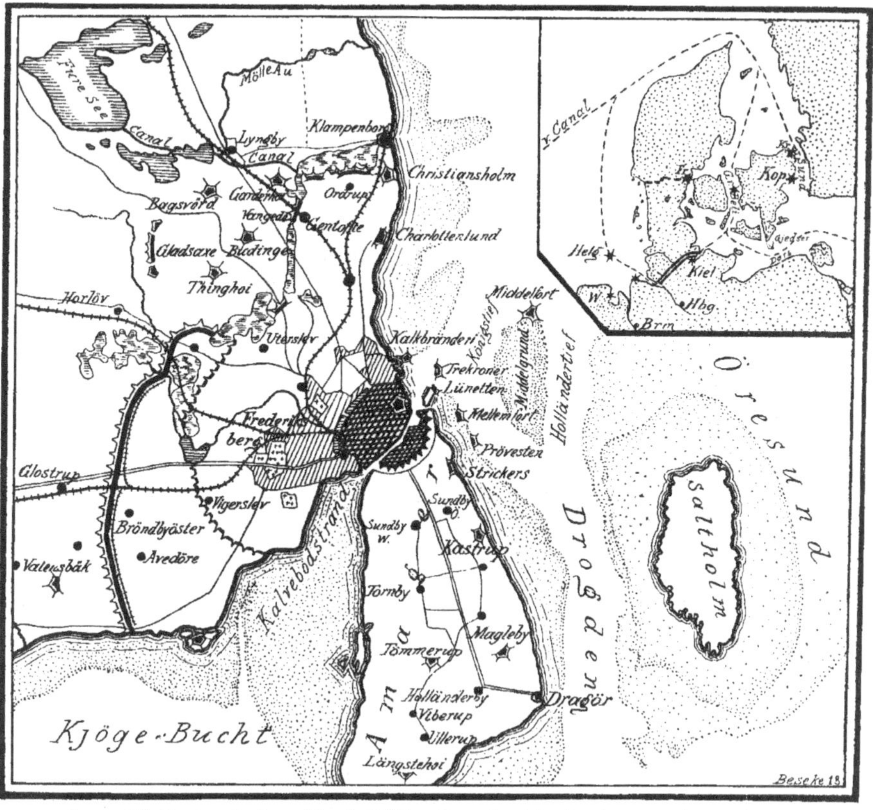

unserer Flotte durch den Nord-Ostsee-Kanal nicht in dem vollen, oben erörterten Maße statt. Jedoch gestattet der Kanal auch dann noch unserer Flotte, in einem der beiden Meere der jeweiligen Situation entsprechend die Verwendung unserer Schiffe in zweckmäßigerer Weise nach Zahl und Arten, als dies bisher möglich ist.

Was nun etwaige Landungen an deutschen Küsten anbetrifft, so scheidet die Nordseeküste in dieser Hinsicht schon wegen ihrer, Landungen in größerem Stil unmöglich machenden Beschaffenheit und wegen ihrer weiten Entfernung von dem eigentlichen Operationsziele, Berlin, aus. In der Ostsee aber können Landungen neben dem bereits kurz erwähnten Falle einer aktiven Teilnahme Dänemarks an einem Kriege gegen Deutschland von einer feindlichen Flotte nur unter Aufwendung ganz außerordentlicher Transportmittel unternommen werden. Dänemark, als Feind Deutschlands, könnte rund 60 000 Mann seiner Feldarmee hierzu hergeben und damit das Vorgehen einer anderen Macht wirksam unterstützen. Im Falle seiner Neutralität scheidet aber diese Eventualität aus. Alsdann kommt in Betracht, daß zum Transport eines Heereskörpers von 30—45 000 Mann, eine geringere Stärke würde selbst nach geglückter Landung ohne Wirkung sein, ein so starkes Geschwader von Transportschiffen aller Größe und Art erforderlich wäre, daß dasselbe durch eine eigene Kriegsflotte schwer zu schützen sein würde. Mehr als hundert Dampfschiffe, vom größten transatlantischen Seedampfer bis zu den weniger als 500 Mann fassenden kleineren Schiffen, wären hierzu erforderlich. Eine derartige, höchst ungleichmäßig zusammengesetzte Flotte würde sich nach Fertigstellung des Nord-Ostsee-Kanals an jedem Punkte der Ostsee dem überraschenden Angriff der gesammten zeitweise hierzu disponibel gemachten deutschen Flotte ausgesetzt finden und diesem aller Voraussicht nach bald unterliegen. Hierbei ist die Beschaffenheit der im Allgemeinen vortrefflichen deutschen Küstenverteidigungsanlagen in engerem Sinne noch gar nicht in Rechnung gezogen. Also auch für diese Kriegslage wird sich der Nord-Ostsee-Kanal in seiner Art für die deutsche Küstenverteidigung in vorteilhafter Art wirksam erweisen.

Aus der Natur des Kanals und seiner Bestimmung geht hervor, daß seine Bedeutung und Wirkung fast ausschließlich auf maritimem Gebiete liegt. In einem Landkrieg, der sich zum Teil in der Nordprovinz abspielen könnte, wird der Kanal dann allerdings auch im Sinne eines Terrainhindernisses von ungewöhnlicher Ausdehnung zur Geltung kommen. Jedoch liegt er einerseits so weit südlich von der Nordgrenze entfernt, tief in Holstein hinein zurückgezogen, daß er schon deshalb nicht in erster Linie in Frage kommen kann; andererseits liegen weniger leicht zerstörbare, gut zu verteidigende Terrainabschnitte noch nördlich von seinem Gebiete, die in erster Linie in Anspruch genommen werden würden.

Ein finanziell sowohl wie im volkswirtschaftlichen Sinne und namentlich im Hinblick auf die Verteidigung Deutschlands zur See so wertvolles Objekt, wie der Nord-Ostseekanal, erheischte auch eine besondere militärische Sicherung. Diese ist in einer stehenden Land- und einer beweglichen Seeverteidigung gegeben. Die Landverteidigung wird durch Befestigungsanlagen im Bereiche des Kanals gebildet. Über diese veröffentlichte im Mai 1892 der Hamburgische Korrespondent in einem längeren Artikel im Wesentlichen die folgenden Angaben:

Bei Kiel besitzt die Mündung des Kanals genügende Befestigungen in den starken Batterien der Forts Falkenstein, Friedrichsort, Stosch, Jägerberg, Korügen, Heidberg, Möltenort ꝛc., die den Eingang zum Kieler Hafen und zu der Kanalmündung bei Holtenau der stärksten Flotte sperren.

Auch ca. 4 Meilen vor der Westmündung des Kanals bei Brunsbüttel besteht bereits seit geraumer Zeit eine Anzahl starker Strandbefestigungen. Sie liegen auf dem linken Ufer der Elbe bei Kuxhaven, wo neuerdings die Batterie Kugelbaake, sowie die Batterie Grimmerhörn erweitert und verstärkt sind. Dazu kommt die Bäder-Batterie, das Fort Döse, das Fort Duhnen westlich der beiden letzteren Werke, ferner das Fort Osterhornerstack, das Fort Groden und die in der Anlage begriffene Panzerbatterie Oster Riff südöstlich von diesem, sowie endlich in zweiter Linie in der Höhe von Stade die Werke von Barnkrug und Grauerort, die das Fahrwasser der Elbe südlich der Brunsbütteler Kanalmündung bestreichen. Projektiert sind auf dem rechten Elbufer im Süden von Marne die Panzerbatterie Westerdeich oder Platenrönne und ein Fort bei Brunsbüttel, sowie vor der Elbmündung bei Kuxhaven die Befestigung und die Armierung der Insel Neuwerk mit den weittragendsten Geschützen.

Die Mündung der Elbe ist zwischen Groden und der Batterie Westerdeich ca. 19 km breit, so daß freilich die schwersten Geschützkaliber, die ca. 10 km und darüber tragen, zu deren wirksamer Bestreichung, ganz abgesehen von der schwierigen Beobachtung ihrer Schußwirkung, nicht ausreichen; allein die auf dieser Strecke gelegenen Untiefen des Medem-Sandes, der Nordergründe des Neufelder Watt und andere besitzen eine derartige Ausdehnung, daß sich das an Kuxhaven vorbeiführende südliche Fahrwasser der Elbe auf einen nur ca. 1 km breiten Zugangsweg von 10—33 m Tiefe reduziert, der von den genannten zahlreichen Forts und Batterien im Verein mit mehrfachen Torpedoreihen vollkommen beherrscht zu werden vermag.

Wohl würden schwächere feindliche Abteilungen, vermittels der Boote der Kriegsschiffe am südlichen Ufer der Elbmündung gelandet, den Angriff einer Flotte auf die Befestigungen von Kuxhaven zu unterstützen versuchen können; allein die Forts und Batterien bei Kuxhaven sind auch nach der Landseite hin fortifikatorisch völlig gesichert und überdies von einem die Annäherung eines Gegners zu Lande derart erschwerenden, von Wassergräben durchschnittenen Gelände umgeben, daß ein derartiger Landangriff sich als außerordentlich schwierig und aller Voraussicht nach als völlig erfolglos darstellen würde.

Die Straße durch den Nord-Ostsee-Kanal ist daher für die Geschwader der deutschen Flotte ganz außerordentlich gesichert. Denn einmal ist ihre Westfront durch die jede Landungsoperation in größerem Maßstabe ausschließende Beschaffenheit der Küstengewässer der Nordsee geschützt, zu welchem Schutze die bereits vorhandenen und die neu geplanten Befestigungen des einzigen Zugangsweges bei Kuxhaven kräftig mitwirken; andererseits ist die Ostmündung des Kanals durch die ungemein starken Befestigungen von Kiel gesichert. Außerdem würden die erforderlichen Landtruppen zweifellos jederzeit bereit gehalten werden, um einen überdies höchst unwahrscheinlichen Angriffsversuch auf die innere Kanallinie energisch zurückzuweisen.

Die mobile Verteidigung des Kanals liegt naturgemäß der Flotte ob. Diese kann in ihrer Gesamtheit natürlich nicht dazu verwendet werden,

Das Panzerschiff „Beowulf“ ist 73 m lang, 15 m breit und geht 5,4 m tief. Es verdrängt 3600 cbm Wasser, d. h. also es hat 3600 Tonnen Deplacement, denn ein Kubikmeter Wasser hat eine metrische Tonne Gewicht (1000 Kilo). „Beowulf“ ist ein mit Gürtelpanzer versehenes Schiff, d. h. die Panzerung erstreckt sich in einer Breite von $2^1/_2$ m in der Wasserlinie über die ganze Länge des Schiffes. Auf der Zeichnung ist der Panzergürtel tiefschwarz gehalten, und die Wasserlinie durch eine weiße Strichlinie angedeutet. Unter Wasser ist das Schiff vorn (auf der Zeichnung links) mit einem Sporn zum Rammen feindlicher Schiffe versehen, in welchem sich außerdem ein Torpedo-Lanzierrohr befindet. Das Schiff erhält seine Bewegung durch zwei Maschinen von zusammen 4800 Pferdestärken; als Propeller dienen zwei dreiflügelige Schrauben. Die Fahrgeschwindigkeit beträgt 16 Knoten, d. h. also, das Schiff wird mit einer Geschwindigkeit von 16 Seemeilen oder 4 deutschen Meilen in der Stunde durch das Wasser getrieben. Außer einer ausreichenden Anzahl von Schnellfeuergeschützen ist das Panzerfahrzeug mit 3 schweren Geschützen von 24 cm Kaliber armiert, die in gepanzerten Türmen vorn und hinten Aufstellung haben und über Bank feuern. Zeichenerklärung: Th = Panzertürme; G = schwere Geschütze in den Türmen; St = Steuervorrichtung auf dem Oberdeck; V, V = Ventilatoren; E, E = elektrische Scheinwerfer von 20 000 Kerzenstärke; O, O = optische Signalvorrichtungen; B, B = Schiffsboote; K = Kommandobrücke; N = Torpedonetz; S = Rammsporn; R = Steuerruder.

denn der Kanal ist ein Mittel, ihre Kraft und Schlagfertigkeit zu steigern, nicht aber ist die Flotte des Kanals wegen da. Es sind aber eine Anzahl von besonders zur offensiven Verteidigung der Kanaleingänge geeigneten Schiffen vorhanden bezw. neu geschaffen, die in wesentlicherem Grade diese Aufgabe zu vollführen haben, als andere Schiffe der Marine. Dies sind die größeren Panzerfahrzeuge der Siegfriedklasse. Über diese, von denen wir im Bilde eine teils als technische, teils als Ansichtzeichnung gehaltene Skizze des Panzerfahrzeuges Beowulf auf Seite 142 bringen, ist das Wesentliche beim Bilde selbst angeführt.

Für die militärische Ausnutzung des Nord-Ostsee-Kanals zum Zwecke der Landesverteidigung ist von Bedeutung, in wie fern in nächster Nähe dieser Seestraße Werftanlagen, die der Kriegsflotte zu dienen vermögen, vorhanden sind. An der Ostseemündung des Nord-Ostsee-Kanals ist ein Hauptkriegshafen des Reiches mit allen für die Wiederherstellung der im Kampf verletzten Schiffe erforderlichen Werfteinrichtungen vorhanden. Über diesen letzteren sei zur Orientierung die auf S. 144 stehende Skizze der Kaiserlichen Werft in Kiel gegeben. Es ist hier gleich zu bemerken, daß die gegenwärtigen Anlagen dieser Werft in naher Zeit eine wesentliche Erweiterung durch die Hinzufügung zweier neu zu erbauender Trockendocks erfahren werden, die für das Docken der größten Panzerschiffe der deutschen Marine ausreichen werden.

Die Kaiserliche Werft umschließt eine Fläche von nahezu 61 Hektaren, wovon rund 80,000 Quadratmeter mit Gebäuden bedeckt sind. Sie zählt mit ihrem 10 m tiefen großen Bassin, den anschließenden 4 Trockendocks, dem Holzhafen, dem Schwimmdock, den 3 Helligen und dem durch eine Steinmole umfaßten Torpedohafen zu den größten und besteingerichteten Marine-Etablissements Europas. Das äußere oder Ausrüstungsbassin steht durch eine 100 m breite offene Einfahrt mit der Kieler Bucht in Verbindung. Am nordöstlichen Kai ist das beständig für den Kriegsfall gefüllte Kohlenlager vorhanden. Die Kettenprobierstation hat eine Wasserdruck-Kettenprobiermaschine von 200 Tons Zugkraft und eine ebensolche Zerreißmaschine von 250 Tons Zugkraft.

Das Ausrüstungsbassin ist rings von Schiffskammern umgeben, aus denen die verschiedenen Ausrüstungsgegenstände auf die unmittelbar davor anlegenden Schiffe geschafft werden können. Ein von einer eisernen Drehbrücke überspannter kurzer Kanal führt aus dem Ausrüstungs- in das innere oder Baubassin, welches von den Werkstätten umgeben ist. Auf der nordwestlichen Kaimauer erhebt sich der große feste Krahn von 60 Tons Tragfähigkeit bei 10 m Ausladung, welcher beim Anbordgeben von besonders schweren Gegenständen noch von einem der beiden schwimmenden Krähne von 40 resp. 100 Tons Tragfähigkeit unterstützt werden kann. Neben dem Krahn ist eine elektrotechnische Werkstatt. Die Kesselschmiede hat 1950 qm, die Hauptwerkstatt des Maschinenbaues 3300 qm Flächenraum.

Die vier Trockendocks am Südostende des Baubassins haben ver-

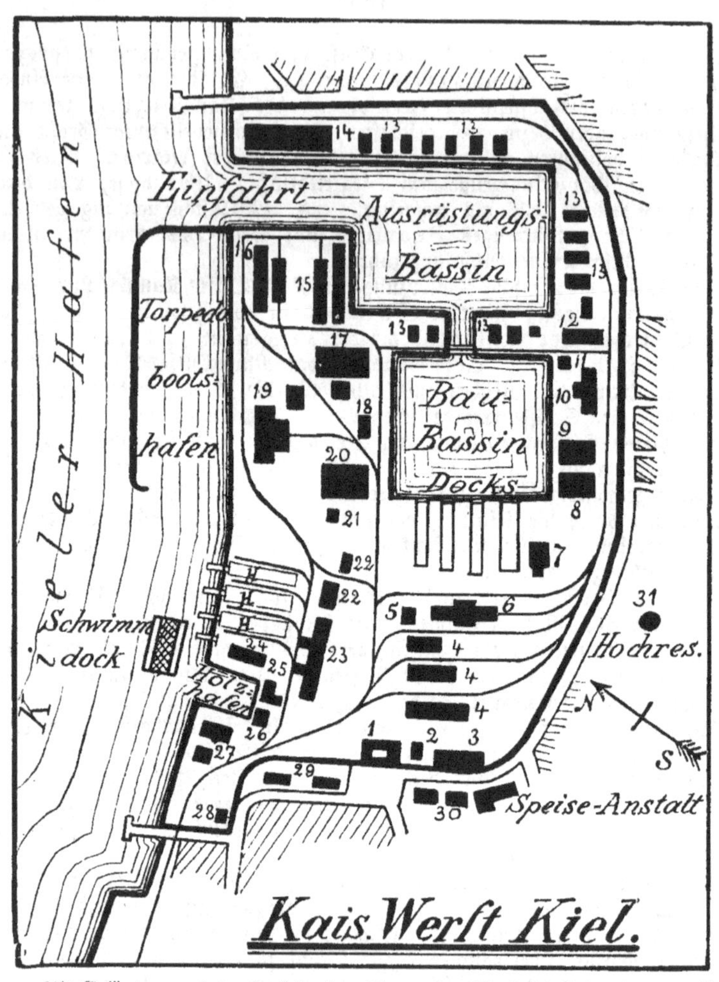

Als Erläuterung des obenstehenden Planes der Werft sei Folgendes angeführt: es bezeichnen: 1. Das Verwaltungsgebäude am Eingang der Werft. 2. Kontrollgebäude für gelieferte Gegenstände. 3. Gasanstalt. 4. Magazin für Materialien. 5. Spritzenhaus. 6. Schlosserei. 7. Pumpstation für Entleerung der Trockendocks. 8. Bootschuppen. 9. Mastenschuppen. 10. Segelmacherwerkstatt. 11. Kleines Inventarienmagazin. 12. Kettenprobiermaschine. 13. Ausrüstungsmagazine für die einzelnen Schiffe. 14. Kohlenlager. 15. Geschützschuppen. 16. Artillerie-Inventar. 17. Kesselschmiede. 18. Bureau, Krahn. 19. Gießerei. 20. Maschinenwerkstatt. 21. Schiffbaubureau. 22. Panzerplattenwerkstätten. 23. Schmiede. 24. Schnürboden. 25. Holzschneiderei. 26. Dielenschuppen. 27. Holzschuppen. 28. Oberwerftdirektor. 29. Beamtenwohnungen. 30. Speiseanstalt. 31. Wasserwerk.

schiedene Größe. Ihre Sohlenlänge variiert von 120 m beim größten bis 100 m beim kleinsten des Docks, in ihnen können Schiffe von 8,5 bis 5 m Tiefgang gedockt werden. Die Docks, deren Breite von 22—19 m schwankt, werden gegen das Baubassin durch eiserne Verschlußpontons abgesperrt.

Die drei Hellinge sind je 120 m lang und haben eine Sohlenbreite von 21,5 m im Verschlußponton. Das unweit der Hellinge verankerte Schwimmdock kann Schiffe bis zu 3000 Tons Deplacement aufnehmen.

An der Westmündung des Kanals fehlt eine ausreichende Kriegshafenanlage mit Werften und Docks gänzlich. Hier ist nur im Kanal, aber innerhalb der Schleuse, ein geräumiges Wasserbassin, ein größerer Binnenhafen, vorhanden, aber keine zu Reparaturen geeignete Werft- und Dockanlage. Der nächste Platz dieser Art ist Wilhelmshaven; jedoch dürfte es in Frage stehen, ob nicht ein geeignetes Etablissement an einem Punkte der Unterelbe, etwa bei Kuxhaven, geschaffen werden muß. Für die Führung eines Krieges zur See ist das Vorhandensein einer mit allen Mitteln zur Kriegführung, mit Kohlenvorräten, Proviant und Reparaturwerkstätten versehenen Operationsbasis von höchster Wichtigkeit. Der Kampf zur See wird nicht, wie am Lande, durch den Verlust und die Beschädigung des Menschenmaterials, sondern des schwimmenden Materials, der Schiffe, entschieden. Auf die Notwendigkeit der Herstellung von Werft-Etablissements am Ausgange der Elbe, bei Kuxhaven, haben verschiedene Marineschriftsteller auch wiederholt hingewiesen. In dieser Hinsicht sagt Stenzel in einer Flugschrift gelegentlich der Bauten des Kuxhavener Handelshafens Folgendes:

„Außer dem allgemeinen Schiffahrts-Interesse kommt noch das des Reichs und im Besonderen das der Reichs-Marine in Betracht. Für letztere gewinnen die Unterelbe und namentlich Kuxhaven erst jetzt ihre volle Bedeutung teils dadurch, daß sie die Verteidigung der Flußmündung zu Lande wie zu Wasser übernommen haben und daß Panzerfahrzeuge eigens für diesen Zweck gebaut werden, teils infolge des Wieder-Deutschwerdens von Helgoland, das grade vor dem Elbe-Fahrwasser liegt und dessen Verbindungen alle nach Kuxhaven weisen, teils durch die Erbauung des Nord-Ostsee-Kanals und dessen Ausmündung etwa 30 km oberhalb Kuxhaven bei Brunsbüttel. Danach werden künftig wohl schon in Friedenszeiten Schiffe unserer Kriegsflotte bei Kuxhaven viel verkehren; einige Fahrzeuge sind jetzt bereits dauernd dort stationiert. In Kriegszeiten aber, wenn es gilt, den Feind mit vereinten Kräften bei Helgoland zu schlagen, wird die durch den Nord-Ostsee-Kanal kommende Flotte ihren Stützpunkt in Kuxhaven haben; außerdem dürften für die örtliche Verteidigung Flotillen von Panzerfahrzeugen, Torpedobooten, Wachtbooten, Minen- und Schleppdampfern u. s. w. daselbst stationiert werden. Was Alles dafür zum Zweck der beständigen Gefechts-Bereitschaft erforderlich ist, soll hier nicht erörtert werden: nur auf einen Punkt sei besonders hingewiesen.

„Die heutige Gefechtsweise zur See geht in viel höherem Maße, als früher, darauf aus, den Gegner nicht blos kampfunfähig zu machen, sondern zu vernichten. Die Artillerie sucht dies nach wie vor durch Beschädigung der feindlichen Schiffe in der Wasserlinie zu erreichen, die neueren Waffen aber, Sporn, Torpedo und Seemine, zielen allein auf Zerstörung unter Wasser ab. Es ist daher mit großer Wahrscheinlichkeit anzunehmen, daß nach einem künftigen Gefecht verhältnismäßig viele Schiffe des Dockens bedürfen werden, manche darunter in einem Maße und vielleicht mit einem Tiefgange, welche ihnen weder nach Hamburg hinauf zu fahren, noch durch den Kanal nach Kiel zu gehen mehr gestattet. Es erscheint daher die Herstellung von Trockendocks hierselbst aus militärischen Gründen geboten."

* * *

Nach dem über die militärisch-maritime Bedeutung des Kanals in Vorstehendem Gesagten kann die Situation wie folgt zusammengefaßt werden:

Vor Eröffnung des Nord-Ostsee-Kanals ist die militärische Situation zur See folgende: Bei einem Kriegseinbruch kann auf Verwendung unserer Flotte nur in geteilter Stärke auf zwei getrennten Meeresteilen gerechnet werden, sobald es dem Gegner gelingt, die Nord-Ostseepassage um Skagen an irgend einem Punkte zu unterbrechen. In diesem Falle würde in der Ostsee, bezw. Nordsee nur derjenige Flottenteil gesondert Verwendung finden können, der sich bei Eintritt der Unterbrechung dort befindet. Man wäre also nicht in der Lage, einem übermächtigen Gegner gegenüber den in Nord- oder Ostsee vorhandenen Flottenteil aus dem in dem anderen Meere befindlichen Flottenbestande zu verstärken, um so auf einem der beiden Operationsgebiete zeitweilig die Uebermacht zu erlangen. Allerdings ist eine kleine Wasserverbindung zwischen Nord- und Ostsee, der Eiderkanal nebst dem Untereiderlauf von Rendsburg bis Tönning, vorhanden; jedoch hat diese vermöge der geringen Ausmaße ihrer Schleusen kaum für das Passieren von Torpedobooten und kleinsten Fahrzeugen Wert; sie ist also für die Verstärkung der Schlachtflotte im Osten oder Westen nahezu gänzlich ohne Belang.

Nach der Eröffnung des Nord-Ostsee-Kanals ändert sich die Sachlage ganz außerordentlich zu Gunsten der deutschen Wehrkraft zur See. Es ist alsdann die Möglichkeit gegeben, in einem der beiden Meeresteile die Flotte nach Bedarf zu verstärken, um dadurch ein Uebergewicht über den Gegner zu erlangen. Solche Verstärkung in einem der Meeresteile kann natürlich nicht bis zur völligen Entblößung des anderen Meeresteiles geführt werden, sondern sie muß die Möglichkeit der Durchführung einer gesicherten Defensive in diesem letzteren stets noch offen halten, so daß in diesem also immer noch ein nennenswerter Bruchteil unserer Kriegsflotte festgehalten wird. Es wäre also unrichtig, von einer vollkommenen Verdoppelung der Stärke unserer Kriegsflotte durch den Nord-Ostsee-Kanal zu sprechen, jedoch ist die Verstärkung derselben in einem der Meere eine ganz erhebliche.

Die militärische, bezw. maritime Bedeutung des Nord-Ostsee-Kanals liegt also im Wesentlichen darin, daß derselbe uns ermöglicht, in der Nordsee sowohl, wie in der Ostsee mit ganz erheblich stärkeren Seestreitkräften aufzutreten, als dies vor seiner Eröffnung möglich ist. Er gestattet ferner, wie dies die Verteilung der Schlachtflotte auf die Marinestationen in Kiel und Wilhelmshaven schon jetzt erkennen läßt, die Hauptkraft unserer Flotte bei Wilhelmshaven zu konzentrieren. Dadurch ist die Lage und Bedeutung Wilhelmshavens als Basis für die Operationen in der Nordsee und weiter erst zur vollen Geltung im Kriegsfalle gebracht. Es ist der deutschen Marine durch Zusammenfassung ihrer stärksten Schiffe zu einer imposanten Flottenmacht in diesem Meere die Möglichkeit gegeben, schon gleich bei Kriegseinbruch in energischer Weise die Offensive zu ergreifen und dadurch einen von Westen herankommenden Feind nicht nur von dem Eintritt in die Küstengebiete der Nordsee fern zu halten, sondern auch ihm die Herrschaft auf dem ganzen Nordseegebiete bis nach Skagen einerseits, nach dem englischen Kanal andererseits streitig zu machen. Von großem Belang ist es hierbei, daß die auf der Nordsee aktionsfähige deutsche Flotte die Verbindungslinie einer nach der Ostsee zu vordringenden feindlichen Flotte ernstlich beunruhigen, wenn nicht unterbinden kann. Alle diese Vorteile resultieren aus dem Vorhandensein des Nord-Ostsee-Kanals.

Andererseits ist es der deutschen Flotte möglich, falls Veranlassung zur Verwendung stärkerer Flottenteile nicht oder nicht dauernd vorhanden ist, bei dem mit einem auf der Ostsee die Herrschaft habenden Feinde zu führenden Kriege auch zur See mit Aussicht auf Erfolg Front nach Osten zu machen, und mit der gesammelten Flottenmacht die deutsche Küste, wie die Seehäfen gegen eine Bedrohung und Vergewaltigung von dort her mit Erfolg zu schützen.

XIII.

Schlußwort.

Mit dem Bau des Nord-Ostsee-Kanals wird ein Werk deutschen Fleißes und deutscher Kraft vollendet, welches in inniger Weise mit dem Werdegang unserer nationalen Einheit zusammenhängt.*) Niemals hätte, solange das dänische Szepter in den deutschen Grenzmarken herrschte, dieser bedeutende Seekanal in irgend einer, dem Wesen seiner heutigen Gestaltung auch nur ähnlichen Form verwirklicht werden können. Das dänische Königreich hätte sonst selbst die Hauptlebensader Kopenhagens, den Oeresund,

*) Nicht ohne Interesse ist in dieser Hinsicht die Thatsache, daß schon 1865 in seinen Verhandlungen mit dem Herzog Friedrich von Augustenburg Fürst Bismarck für den dereinstigen Bau des Nord-Ostsee-Kanals Vorsorge zu treffen suchte. Unter den von ihm dem Herzoge gegenüber am 22. Februar 1865 formulierten Forderungen, deren Erfüllung als Vorbedingung für die Anerkennung des Herzogs Friedrich als Souverain von Schleswig-Holstein seitens Preußens bezeichnet wurde, figuriert auch der Anspruch auf Abtretung des für den Bau eines Nord-Ostsee-Kanals erforderlichen Gebietes. Diese Forderung wurde damals bekanntlich von dem Herzoge zusammen mit den übrigen, die Verschmelzung des Militär-, Post und Telegraphenwesens mit demjenigen Preußens bezw. Deutschlands, sowie den Anschluß an den Zollverein betreffenden Postulaten abgelehnt.

unterbunden und das kräftig pulsierende Leben einer Welthandelsstraße in jenen deutschen Landesteil verlegt, dessen dauernder Besitz ihm niemals sicher erschienen ist.

Es kam noch hinzu, daß Dänemark im Sund jene nach zwei Seiten offene und im Kriegsfalle doch jederzeit mit verhältnismäßig geringer Seemacht zu schließende Verbindungslinie zwischen Nord- und Ostsee in seiner Gewalt hatte, für die es selbst keinen Ersatz aus irgend welchem Grunde brauchte, und deren strategische Bedeutung zu verkleinern es nicht die mindeste Ursache hatte. Der von ihm geschaffene Schleswig-Holsteinische Kanal konnte, das hat er in der Zeitdauer seines Bestehens gezeigt, weder militärisch noch wirtschaftlich jemals dem Sund, und damit dem Herzen des dänischen Inselreichs, Abbruch thun.

Alle Bestrebungen, die zu dänischer Zeit seitens warmherziger deutscher Patrioten in so vielfältiger Zahl auf Erbauung eines Nord-Ostsee-Kanals in diesem oder jenem Teil der Provinz Schleswig-Holstein gerichtet gewesen sind, aus innerer politischer Notwendigkeit mußten sie erfolglos bleiben. Erst dem geeinten deutschen Vaterlande und nach Anschluß der Schleswigholsteinischen Lande an die Krone Preußen, konnte es gelingen, den Kanalbau um seiner politischen, militärischen und wirtschaftlichen Bedeutung willen zur Ausführung zu bringen.

So wird das größte seetechnische Bauwerk, welches zur Zeit das Deutsche Reich aufweist, dessen Grundstein die gesegnete Hand Kaiser Wilhelms I. geweiht hat, dastehen als ein Merkmal unserer politischen Geschichte und noch Zeugnis von der Wirkung eines großen nationalen Aufschwunges ablegen, nachdem die Generationen und ihre Heldengestalten, denen wir denselben verdanken, mit dem erhabenen Gründer des Reiches längst in die Gruft gesunken sind!

„Zu Ehren des geeinigten Deutschlands!"
„Zu seinem fortschreitenden Wohle!"
„Zum Zeichen seiner Macht und Stärke!"

Druck von A. Hopfer in Burg.

Zeitfracht Medien GmbH
Ferdinand-Jühlke-Straße 7
99095 Erfurt, Deutschland
produktsicherheit@kolibri360.de